中小学语文课程与教学研究

马盘林　周毓琼　杨　杨◎著

吉林文史出版社

图书在版编目（CIP）数据

中小学语文课程与教学研究 / 马盘林，周毓琼，杨
杨著. -- 长春：吉林文史出版社，2022.9
ISBN 978-7-5472-8887-0

Ⅰ．①中… Ⅱ．①马… ②周… ③杨… Ⅲ．①语文课
－教学研究－中小学 Ⅳ．①G633.302

中国版本图书馆 CIP 数据核字(2022)第 177997 号

ZHONGXIAOXUE YUWEN KECHENG YU JIAOXUE YANJIU

书　　名 中小学语文课程与教学研究
作　　者 马盘林　周毓琼　杨　杨
责任编辑 陈　昊
出版发行 吉林文史出版社有限责任公司
地　　址 长春市福祉大路 5788 号
印　　刷 三河市华晨印务有限公司
开　　本 185mm×260mm 1/16
印　　张 11
字　　数 241千字
版　　次 2023年 6 月第 1 版　2023年 6 月第 1 次印刷
定　　价 52.00 元
ＩＳＢＮ 978-7-5472-8887-0

前　言

　　语文课程是中小学教学中的重要学科之一，语文课程不仅在学生学习语文基础知识，形成语文素养，了解一般科学文化，提高智力、丰富情感等方面起着重要作用，而且其中蕴含的价值取向对学生未来发展有直接的影响。因此，语文教学已经成为教育界重点研究的对象，通过对教学方式的研究与现代化教学技术相结合，采用先进的科学技术方法，实现中小学语文课程与教学的整合，充分体现出现代教育模式的发展，更能够促进教学水平的提升。

　　鉴于此，笔者撰写了《中小学语文课程与教学研究》一书，在内容编排上共设置六章：第一章作为本书论述的基础和前提，主要阐释中小学新课程改革的文化路向、中小学语文课程中的传统文化教学、中小学语文课程教材的改革与发展；第二章是中小学语文课程的理论支撑，内容包括中小学语文课程标准的阐释、中小学语文课程及其教育技术、新课程标准下中小学语文学科的衔接；第三章分析语文课程资源及其资源库建设、"趣味语文"课程资源的开发、中小学语文课程资源的开发与利用；第四章探究中小学语文识字写字教学、中小学语文阅读与习作教学、中小学语文口语交际与综合性教学；第五、六章围绕中小学语文教学设计及其运用、中小学语文教学的实践进行研究。

　　本书具有以下特点：第一，内容详尽，体系完备。在内容的呈现上，紧扣课程标准和中小学语文教材，以丰富的案例为载体，深入浅出，加深读者对本书的理解。第二，侧重实践，操作性强。理解课程标准，提高教学能力，不仅探讨了识字、写字、阅读、习作、口语交际等相关内容，还重点阐述了相应的教学策略，力求增强实践性和可操作性。

　　笔者在撰写本书的过程中，得到了许多专家学者的帮助和指导，在此表示诚挚的谢意。由于笔者水平有限，加之时间仓促，书中所涉及的内容难免有疏漏之处，希望各位读者多提宝贵意见，以便笔者进一步修改，使之更加完善。

目　录

第一章 中小学语文课程改革与发展

第一节 中小学新课程改革的文化路向

一、中小学新课程改革的文化根源

文化是人类生活的全部内容，是维系人类生存发展的基础。任何一种课程的产生和存在都有其特定的文化土壤和背景。课程缘起于文化的传承需要，沿袭着文化的变迁理论，打上了文化的发展烙印。文化作为课程的母体决定了课程先天的文化性格，并为课程规定了内容来源。因此，课程改革不仅无法规避文化，而且必须植根于文化。

（一）传统文化与文化传统

传统文化与文化传统是文化学的两个核心概念。然而，在当前中小学新课程改革文化路向的相关文章中可以看到二者被混淆使用，部分学者认为新课改忽视了我国的传统文化，也有部分学者认为新课程改革背离了我国的文化传统。鉴于此，理解传统文化与文化传统的内涵是探究新课程改革文化路向的基础要务。

文化传统是文化的命脉所在，反映出某种文化的特质和风貌，是历史上全部风土人情、生活方式、文学艺术、行为规范、思维方式、价值观念等人造物的总体表征。作为一种"文化基因链"，文化传统贯穿历史发展全过程，促使人类代际与代际之间、历史阶段与历史阶段之间保持着连续性与同一性，给人类生存带来了秩序和意义。文化传统具有稳定性和发展性两大特征：一方面，文化传统是在漫长的历史发展过程中积淀成形的，这就决定了它在某一时间段内是相对稳定的；一旦形成，就会持久地存续下去，往往沉积于文化共同体的集体意识之中，以一种潜移默化的形式对人的精神世界和物质生活方式产生久远的影响。另一方面，随着时代的发展和社会的变迁，文化内容越来越丰富多彩，文化传统也会随之变革，增添新的时代元素，进而表现为发展的特性。

总体而言，"不管人们愿意或者不愿意，一个能延续下去的民族的文化总是在其文化传统中"。① 因此，检视新课程改革的文化路向问题，是探讨新课程改革与我国文化传统的关系问题。

（二）我国文化传统的特质

在几千年来的传承和演变过程中，我国形成了独具一格的文化传统，这种文化传统既是围绕不同活动领域而形成的世代相传的处世方式，又是一种对社会行为具有规范作用的文化力量，同时也是在历史长河中的创造性想象的沉淀，它是维持中华民族绵延千年、历久弥新的生命之源，也是促进中华民族屹立世界民族之林的精神支撑。

一般而言，我国传统文化由儒家文化、道家文化、佛家文化三大文化融合构成。然而，深究我国文化传统特质，不同的人有不同的看法，并且差异悬殊。如梁漱溟先生认为中国社会是伦理本位型社会，"中国文化是以意欲自为调和、持中为其根本精神的"。② 石中英教授总结各家学说，将我国文化传统概括为"伦理精神""中庸思维"，认为"中国古代的文化传统是以人生为主题，以伦理为本位，以儒家学说为主线的，不同于西方文化以科学为主题，为主线的"；③ 而李慎之先生则认为："中国的文化传统可以一言以蔽之曰'专制主义'。"④ 在他看来，几千年来中国文化的主流正脉是一种以皇权统治为中心的政治文化和权力文化，而皇权统治的实质就是专制统治。

尽管目前学界对我国文化传统的特质尚缺乏统一认识，就中小学新课程改革与我国文化传统关系而言，正是由于我国文化传统杂家并存、优劣同在的复杂性，导致了新课程改革复杂的文化路向。

二、中小学新课程改革的文化适切

肇始于世纪之初的我国第八次基础教育新课程改革尽管借鉴了建构主义、多元智能、后现代理论等诸多西方理念，但由于它的文化传统在场和对教育传统的继承，决定了其实质上与我国文化传统的适切。

（一）新课程改革的文化传统在场

文化传统不仅是一种精神特质，塑造了整个民族的性格秉性；更是一种生存方式，浸

---

① 邵汉明：《中国文化研究二十年》，人民出版社 2003 年版，第 471 页。
② 梁漱溟：《东西文化及其哲学》，商务印书馆 2011 年版，第 3 期。
③ 石中英：《教育学的文化性格》，山西教育出版社 2007 年版，第 286 页。
④ 李慎之：《中国文化传统与现代化》，载《战略与管理》2000 年第 4 期，第 1 页。

润在人们的日常生活当中。无论是否有明确意识，人们都实实在在地处于所属文化传统的场域包围之中，其思维方式和生活方式无一例外不受文化传统的影响。

因此，发生于本土之上、致力于改革本土教育的，这意味着新课程改革始终是"文化传统在场"，始终立足于我国历史文化语境，始终植根于中华民族的历史文化传统。针对我国基础教育实情，新课程改革提出了六项具体目标，并分别就课程结构、课程标准、教学过程、教材开发与管理、课程评价、课程管理、教师的培养和培训、课程改革的组织与实施等提出了适切的指导规划。通过对《基础教育课程改革纲要（试行）》进行文本解读，可见，新课程的理念的确建立在对各国先进的教育理念开展研究的基础上，但同时也建立在对我国教育和社会状况的研究的基础上，这种借鉴有着质的区别。

（二）新课程改革的教育传统继承

在中华传统文化的浸润中，历经数千年教育实践，我国教育形成了"尊师重教""因材施教""教学相长""学思结合"等优良传统。新课程改革在引介外国教育理念的同时，也继承和发展了我国优良的教育传统。

在课程目标上，新课程改革提出了知识与技能、过程与方法、情感态度与价值观的新课程三维目标，其宗旨最终指向"每位学生的发展"。而以儒家教育为主流的中国传统教育同样追求人的全面和谐发展。中国传统教育的终极目的是培养民族精神，淳化代代人风，提高人的心灵素质，帮助人们修养身心，达到一种真善美统一和谐的人格境界。

在课程内容上，新课程改革力图改变课程内容"难、繁、偏、旧"和过于注重书本知识的现状，着重加强课程内容与学生生活以及现代社会和科技发展的联系。这实际上是对我国传统教育主张的现时代阐释。可见，中国古代的课程尽管有分科，但是却不是以知识为中心的，而是以活动为中心的，或者说是以生活为中心的。从内容上看，中国古代的教育不是与生活相分离的，而是结合得很紧密的。由此可见，新课程倡导"回归生活"并非只是"移植"西方概念，而是对我国古代教育传统的发扬。

在课程实施上，新课程改革强调要改变过于强调接受学习、死记硬背、机械训练的现状，倡导学生主动参与、乐于探究、勤于动手，这些倡议与中国文化传统中的"知行合一"思想不谋而合。"知行合一"反对将知行分作两件去做，以为必先知了然后能行的知先行后说，以及由此而造成的重知轻行的学风。受此影响，中国传统教育教学方法重在启发学生的自觉，要他们自己在日常的生活中去实行、体验和体认。并且，就我国课程传统而言，课程在本质上是通过教师与学生的会话而创生的，这无疑与新课改倡导的"对话教学""倾听教学"等教育理念有着内在的关联。

在师生关系上，新课程理念倡导建立民主平等、互相尊重的师生关系，主张建构新型的"教师—学生"和"学生—教师"角色，这延续了我国传统教育"教学相长"的思想。我国传统教育尽管讲究"师道尊严"，但实际上传统教育学既不是以教师为中心，也不是以学生为中心。教师和学生的地位并非一成不变，在我国课程传统中，学生与教师互为会话者和"道"的共享者——教师与学生共享学习，共享生活，共享成长。

在课程研究上，新课程改革倡导生态主义的研究范式，强调以整体的、联系的、开放的、多元的、发展的视角来观照课程问题。生态主义是一种整体有机论，着重系统内部各要素之间、系统内外部之间的关系，反对"二元论"和"还原论"。这种世界观与我国古代的思想相通，凸显了我国传统文化对主体与客体、主观能动性与客观规律性关系的辩证思考，这一思想规范着传统教育思想的价值取向。之于课程，儒学课程观是一种整体主义课程观。它反对任何机械化、原子化的课程研究。

三、中小学新课程改革的文化创生

在中小学新课程改革稳步推进的当下，我们需要适时变革课程文化来引导课程观念、课程体制和课堂教学的与时俱进。需要注意的是，课程文化变革既不是回归文化传统，也不是继承文化传统，而是创生一种新的课程文化。

(一) 新课程改革的文化创造

如果说新课程改革忽视了我国文化传统，循此思路，那么在未来进程中，新课程改革就理应回归文化传统。然而，倡议新课程改革回归文化传统是基于一种"惰性思维"而构思的错误思路。一方面，传统是一种惰性的力量、保守的因素，它具有扼制人们思想、规范人们行动的本性。在这个意义上，倡议新课程改革回归文化传统的实质就是主张回归保守，进而导致不要改革。另一方面，众所周知，传统是一个发展的概念，随着时代的发展和历史的演进，传统会增加新的元素。在这个意义上，倡议新课程改革回归文化传统实质上是以一种外在的、静止的、简单的视角来看待文化传统。它没有认识到文化传统发展的必然性，进而也就否定了社会向前发展的必然性，以致也否定了教育与时俱进的发展必然性。

同时，课程文化的变革不是文化传统的继承。我国文化传统既具有精华，也带有糟粕。如果说课程文化改革要继承文化传统，显然是指继承文化传统的精华。然而，倡议新课程改革继承文化传统是基于一种"二元思维"而构思的简单化思路，这种倡议忽视了文化传统的复杂性。因此，破解危机的路径就在于创造民主的课程文化，最终使得教师和学生实现自由成长。

（二）　新课程改革的文化超越

尽管新的课程文化脱胎于传统，但它实质上却是对原有课程文化传统的反叛和超越，因为其历史使命就在于将新的元素纳入现行体系之中借以打破传统的稳定性、激活传统的发展性，从而改变根深蒂固的文化标准、实践、结构和制度。在改革的当下，创造新的课程文化的路径即是引进外来的教育理论和课程理念，借新观念对旧习惯的冲击来突破传统教育思维，进而提出教育改革的新范式。这些引进的外来理论不仅仅起着催化剂的作用，还可能被同化而"洋为中用"，进而构成新的传统要素。实际上，任何一种外来新理论，只要被广大一线教师所理解和掌握，就有可能成为一种教育力量，形成新的教育传统。我国课程文化传统的形成正是本土课程思想与国外课程理念交融的结果。

概括而言，新课程改革只是促使中西文化、古今文化碰撞的背景和动因，它本身并不从属于外来文化或现代文化的范畴。

民主是新课程改革的基本价值诉求。民主意味着开放，开放意味着交流，交流意味着对话，对话意味着理解。因此，对于新课程改革引进外来理念的举动，实在没必要保持戒备甚或产生恐惧。在多元文化频繁交流的当下，与其固守文化传统壁垒来阻抗外来观念的引介，不如把握时机来促进本土文化与外来文化的互动融通，从而使我国文化传统焕发出新的生机和活力。

第二节　中小学语文课程中的传统文化教学

中小学语文课程的传统文化教育一直在不断地改革，其间有成就也存在问题，总结历史成就，审视问题，对于推动当前中小学语文课程中的传统文化教育很有必要。

一、中小学语文课程中传统文化教学存在的问题

中小学语文课程传统文化教育的改革，在不断取得成就的同时，也还存在着一定的问题，主要表现在以下方面：

（一）　传统文化教育内容比重尚不足

目前，中小学语文教育中传统文化教育的内容比重有所增加，一定数量的优秀传统文化学经典、古典散文、记叙文、政论文以及诗词作品都被编排进了中小学语文教科书。但如果从教科书的整体内容分析，传统文化教育作品所占比重还是不足。仍然以初中语文教

科书为例，每册各种文体的文言文不过几篇，诗词作品多也不过十一二首。相对于选编的各种形式、文体和内容的现代白话文而言，比例仍然有所失调，这使语文教育的功能不能充分体现出来。

语文教育本身具有两方面的功能：一方面是学科自身功能。语文教育学科本身决定了其功能是教授学生掌握语言和文字，首先是识字，通过语文的学习，学生能够掌握本国的文字。另一方面是语言，学习语文，学生应该学会运用语言进行交流和书写表达自己的思想。自近代以来，受西方语文教育思想和文化的影响，中小学语文教育的变革一直较为注重学科自身功能的发挥，因而一直强调学科内容结构设计和表达形式向有利于语言和文字功能体现的方向调整，从语文科设置之初就一直坚持了这一改革方向，废止读经讲经、文言文改白话文、国文改国语等都是这一改革的具体体现，中小学语文教育在这一方面的变革也取得了显著成就。语文教育进行学科自身功能完善的改革本无可厚非，但关键问题在于语文教育不仅限于学科自身功能，还有另一方面功能，即文化教育的责任和使命。语言和文字是一个国家、民族文化的载体。因为语言、文字所表达的思想、内涵是一种文化的传承，是通过不同时期的语言、文字共同凝结、沉淀而成的。中华民族源远流长的思想、文化和民族精神不仅仅是通过我们现在正在使用、通用的语言、文字表达的，而且也是通过我们现在已经不使用、不通用的传统文言文体现和表达的，文言文是中华民族文化之根，是传统文化的载体，在漫长的历史中，汉语言的灿烂文化得以代代相传、绵延不断并流传了大量优秀的作品，文言文可见非常重要。

（二）传统道德教育的作品有待强化

中国古代崇尚"文以载道"中国传统文化是以道德传承为特征的伦理文化，传承优秀传统道德是传统文化教育的传统。目前中小学语文教科书，如初中语文教科书传统文化教育内容中，散文、记叙文、诗词作品居多，这些作品很多以赞美自然、陶冶情操、劝学、励志、自强等立意为内容，虽然其中也不乏一些德育的课文，但相对于博大精深的中国传统德育文化而言，承载道德功能的经典作品编排得还很不足。此外，在教学过程中，教师对传统文化教育作品的讲授更注重于字、词、修辞、语法等内容的解析与强调，教师力求将传统文化作品"讲深讲透""析细析微"结果反倒将本来美妙的文章、诗词作品肢解得面目全非，这种烦琐、枯燥的"纯技术"式的语文传统文化作品的教学方式，与传统文化教育教学吟悟背诵的教学方法相去甚远，也使学生即使面对包含人生哲理和道德修养内容的作品也无法理解和感悟其中的诸如尊敬师长、严己宽人、谦虚礼貌、诚实守信、勤劳节俭等道德文化内涵。现在个别学生表现出自私自利、对父母和师长缺乏尊重与感恩，对同学缺乏宽容和忍让，社会和公共生活中不讲礼貌，缺少责任感和正义感等行为应该不仅仅和中小学德育课程教育缺失有关，德育课程之外承载德育功能的其他教育包括语文教育德育功能发挥不足也值得关注。所以，适当增加关于尊敬师长、严己宽人、谦虚礼貌等基本人生修养的传统经典文学作品，适当地使语文传统文化教育回归传统教学方式，是当今语文教育回归传统及语文教育本质的体现。

（三）传统文化教育的内容较为单一

目前，中小学语文教科书所编选的传统文化教育作品多以文学性价值比较高的散文、记叙文、诗词歌赋及传统儒家文化经典为主，但无论是文学性作品还是儒家文化经典，实际上都只是传统文化教育的一部分内容，除此之外还有很多涉及德育、语言、文字、文学、历史及其他人文素养的内容，诸如传统科学作品，涵盖饮食、教育、武术、姓氏、养生、茶文化的民俗文化作品以及描写书法、图画、坊间工艺等传统艺术的文化作品等也应是语文学科传统文化教育内容的重要构成，但这些方面的传统优秀作品在当今中小学语文教育内容中很少见到，虽然这些作品在浩瀚的传统文化教育海洋中难以选择，更难以教授，但中小学语文教育回归人文教育、崇尚科学教育也是当今语文教育改革的必然路径选择。

另外，中小学传统文化教育的目的是传承优秀传统文化和提高青少年的人文素养，而目前的大多数中小学传统文化教育教材都关注了传承传统文化的方面，多力求讲读传统文化经典。其实提高青少年的人文素养，促进其身心健康发展，增强其民族意识和民族情怀应是中小学传统文化教育更为重要的目的。目前的很多中小学传统文化教育教材在编排中却往往对此目的有所忽视，造成所讲授内容与当今中小学生的学习和生活环境、身心发展要求相脱节，教材中所讲的可能未必是学生感兴趣和需要的，教材编选的内容与儿童实际社会生活相差较远，让学生有一种穿越的感觉，自然很难提起学生的学习兴趣。

二、中小学语文课程中传统文化教学的完善

随着语文新课程改革的深入发展，语文作为语言训练的工具的特征趋于淡化，文化教育课程的特征日渐突出，语文逐渐承担起了文化建构的使命，回归其学科本质。例如，《义务教育语文课程标准》就将义务教育阶段语文课的课程目标定位于"认识中华文化的丰厚博大，汲取民族文化智慧。关心当代文化生活，尊重多样文化，吸收人类优秀文化的营养，提高文化品位"。《高中语文新课程标准》也规定："高中语文课程必须充分发挥自身的优势，弘扬和培育民族精神，使学生受到优秀文化的熏陶，塑造热爱祖国和中华文明、献身人类进步事业的精神品格，形成健康美好的情感和奋发向上的人生态度……"中小学新课程标准不仅将语文教育定位于文化素质教育，而且着重强调了中华文化、民族文化的教育，这是一个重要改革，凸显了加强语文学科传统文化教育功能的改革方向。

在新课标的指导下，中小学语文教育所关注的不再仅仅是具体的语文知识和元素，比如语言、文字、修辞、语法甚至逻辑，更重要的是开始着重于文化教育。面对加强中小学传统文化教育的时代使命，要根本克服目前中小学语文课程传统文化教育所存在的问题，中小学语文课程的传统文化教育不应仅仅满足于让学生读一些传统文化经典，而应遵循传统文化教育的特点和规律，全面科学地开展传统文化教育。

（一）加强传统文化教育的师资队伍建设

加强中小学语文课程的传统文化教育首先应有足够胜任传统文化教育的师资。因为传统文化教育一方面涉及的内容较多，教育方式比较特殊、注重体悟涵泳；另一方面长期以来中小学语文教师的培养和传统文化教育的需求有较大差异，造成中小学语文课程传统文化教育师资存在着很大不足。同时，现代教师资格准入制度主要考察学历和专业，而传统文化素养、知识与教育能力并不是考量标准，造成了具备教师资格的语文教师可能胜任不了语文传统文化教育的教学，而真正具备较高传统文化素养和知识的人又没办法成为语文教师。

因此，要解决中小学语文课程传统文化教育师资问题，急需建立灵活的教师资格准入制度：第一，聘请社会上具有较高传统文化素养的人士到中小学担任语文课程的传统文化教师，或定期请这些人到学校举办传统文化系列讲座，使这些人获得融入体制内的机会以及获得合法的教学资质，从而丰富中小学语文课程的传统文化教育师资；第二，对现有的中小学语文教师进行传统文化教育培训，使他们在胜任语文教育的同时也能胜任传统文化教育；第三，与大学国学院以及中文专业进行合作，对系统学习了传统文化或与传统文化密切相关知识的毕业生进行教师教育培训，使这些大学毕业生能胜任中小学传统文化教育工作。

（二）建构语文课程传统文化的知识体系

中小学语文课程是以西方课程体系为参照建构的，而今要完善语文课程优秀传统文化教育，可以从三个角度进行着手：

（1）在现有语文课程之外开设传统文化教育课程，诸如"传统经典诵读""传统诗词赏析"等课程，旨在延续中国传统文化教育以儒家教学思想为代表的我国主流教学传统，以道德价值为核心建构教学目的，以宽松的对话、启发，释放教学的想象力，但这种模式在实施过程中应注重传统文化教育与现代教育从内容到形式的融合与碰撞，使传统文化教育与时俱进，规避传统文化教育出现问题。因此，自近代传统儿童语文教育就开启了近代化转型的过程，传统儿童语文教育在近代就因转型为国文进而国语教育而重获新生。近代国文、国语教育的改革成功避免了传统文化教育与近代语文教育的分离，实现了传统教育与现代教育的融合，近代中小学国文、国语教育也成为中国语文教育的优秀传统。

（2）构建传统文化教育视角下新的中小学语文课程体系。传统文化教育以"尊道贵德，明心见性，返璞归真，不言之教"①为特征，注重体悟涵泳的教育方法。新的语文课程体系就是以传统文化教育这些特色为宗旨重新整合中西文化的精华，成为完整且立体的以传统文化教育为根基的课程体系。以蔡元培为代表的一批先贤早在近代就孜孜不倦地进行中西文化的比较和研究，形成兼收并蓄、自成一体的中西文化观。但建构以传统文化教育为核心的新语文课程体系需要从教育理念、培养制度、知识体系、课程模式等多方面展开探索，这虽然对未来中小学传统文化教育意义深远，但也是一种严峻的挑战。

（3）在现有中小学语文课程体系之内增加更多传统文化教育的内容。这应该是目前更易于操作和较现实的变革思路。从文化视角来看，传统文化可以划分为"技艺"与"道"两个层面，"文以载道""以技入道"是中国传统文化的鲜明特征。识字、琴棋、书画、武术、京剧、民俗、小说等，作为技艺层面的传统文化载体，比较容易进入现在的中小学语文课程内容体系中，中小学生在识字、学习各种技艺、诵读浅易诗文的同时，也能慢慢体悟传统文化精髓。如就传统儿童识字教育而言，西汉时就编写了儿童识字教材《急就篇》。《急就篇》选取了当时常用的两千左右个汉字，采用"以类相聚"的方式，前半部分，将同一类型的字以三字句的形式编排在一起，后半部分则将同一类型的字如衣着、农艺、饮食、器用、飞禽、走兽等用七字韵句分别罗列。这种识字教材的编排，既方便学生诵读又可集中识字，所以这种诵读与识字齐头并进的识字模式一直被传承下来，《急就篇》这本识字教材在历史上被使用了几百年应该很能说明这一问题。

另外，取代《急就篇》的传统儿童识字教材如《千字文》《百家姓》《三字经》就更为人们所熟悉。这些识字教材多像《急就篇》一样，以三言、四言、五言等韵句，遵循"以类相聚"的原则进行内容编排，使学生边诵读边识字，而且因为文字内容还蕴含了道德、生活及科学常识教育的内容，学生在诵读和识字的同时也能受到传统文化的熏陶，《千字文》《百家姓》《三字经》在传统历史上一直流传了千年，诵读加识字的传统小学语文教育模式也在中国盛行了上千年。中国千百年以来，小学生们都是通过这种诵读加识字的模式在小学低年级先集中识字，之后开始系统阅读《论语》《诗经》《大学》《中庸》等书。识字与阅读分阶段教学，既提高了识字教学的效率，也提高了之后的阅读教学效率。当然，这种思路的不足在于将中国传统文化分割性地塞入西方学科逻辑体系中，影响了中国传统文化所强调的整体性，中国传统文化中那些无法与西学对应的部分将被忽视，甚至被淡忘，这是尤其要注意规避的。

---

① 赵颖霞：《中小学语文课程中的传统文化教育》，载《保定学院学报》2017年第30期。

（三）回归语文课程传统文化的教学方法

传统文化教育在教学方法上强调直觉悟性的思维方式，这就要求中小学语文课程的传统文化教学应采取相应的教学方法。

1. 传统文化经典的"诵读"

"诵读"传统文化经典是传统中小学语文教育的一大亮点。例如，胡伯威先生就曾在其回忆录《儿时"民国"》中感慨其儿时国文课的诵读之美："朗读在那时是国文教师的基本功底，听李先生的朗读有如听音乐。课本上选的文章都是精品，文言文除古文外还有清代姚鼐、袁枚等脍炙人口的散文；白话文有胡适、徐志摩、朱自清等开创文字新风的代表作。文章好，诵者如痴如醉投入其中。诵即是唱，有腔有调。就像造房子打夯喊号子一样，各地有各地的腔调，也许还有门有派，各有千秋。李先生的师传当然来自宁波，用'贼骨挺硬'的宁波话进行儒雅斯文的唱诵，其效果竟然出人意料。演滑稽相声的说，宁波人说话像唱歌，那是揶揄调侃。意思是说宁波话里面都是'do rei mi fa so la xi'，李先生用宁波话让我们听到了真正美妙的音乐，他的调门我现在还记得清清楚楚。有一次他还把我的一篇作文拿在班上朗读，写的是什么不记得了，唯一记得的是提到了在寝室的床上看到中秋的月亮。多少年来已经不讲究文章唱诵了，'摇头摆脑，抑扬顿挫'成了耻笑迂腐老学究的贬义词。其实唱诵的确有助于充分发挥文章的音韵之美，习学作文还是要借鉴老祖宗的熟读熟唱，自然达到潜移默化。"[1]

其实对于"诵读"，何止胡伯威先生一人情有独钟，古训有"读书百遍，其义自见"之说，东坡则有诗云："故书不厌百回读，熟读深思子自知。""诵读"即高声、有节奏的朗读，在中国传统文化教育中真可谓"'读'占鳌头"，算得上最经典的传统教学方式。中国汉语言一字一音、一形一义，每一个字、每一个词、每一句话都有其各自独立的具体含义。汉语又非常讲究声韵之美，要真正懂得字、词、句的内在、准确含义，就必须将字、词、句的含义贯通起来，从上下文中体悟、品味，同时读之于口、听之于声，才能"声与心通言皆若出于吾之口，意皆若出于吾之心"[2]。

因此，中小学语文教育中，应着力提倡学生诵读传统文化经典名篇，《三字经》《弟子规》《百家姓》《千字文》《易经》《诗经》《论语》《大学》《中庸》《孟子》以及唐诗、宋词、元曲等优秀传统文化经典走进中小学课堂，对传承和发展传统文化必定意义深远。为了便于中小学生更好地学习传统文化经典，可以依中小学生理解程度将中华优秀传统文

---

① 胡伯威：《儿时"民国"》，广西师范大学出版社2006年版，第260页。
② 赵颖霞：《中小学语文课程中的传统文化教育》，载《保定学院学报》2017年第30期。

化经典进行不同层次的划分，从易至难依次科学地、合理地安排到中小学语文课程中，使学生"眼观其文，口诵其声，心唯其意"地"诵读"，使中华传统文化在琅琅的诵读声中，如春风化雨般"随风潜入夜，润物细无声"，陶冶、熏陶学生的人文素养。

2. 传统文化经典的"阅读"

汉语言与西方字母语言有很大区别，讲究意蕴，深具含蓄之美。西方字母语言表达人的思念之情的时候，可能会用到"想念、很想念、非常想念"这样的词语，很直白地表述，除此之外再没有其他更好的语言和方式。汉语言则完全不同，同样是表达人的思念情感，汉语言却偏偏不用"思念、想念"等这样的词语直白表达，而是用"望穿秋水""望眼欲穿"等这样一些词。这些看似与人的思念情感没有关联的一些词，仔细体味，却都很准确、生动地表达了人的思念之情，而且意境又如此之美。思念一个远在千里之外的异乡人，却又无法见到，心中无比惆怅又无比期望，用"望眼欲穿"，一个"穿"字，让人有了跨越时空，得以见到想念之人的感觉，何其凄美，与一个人思念对方的痛苦缠绵的情感何其吻合！汉语大多都是以这样的一种方式表情达意，因此，体悟涵泳就成为中国传统文化教育的重要方式。体悟涵泳要求中小学语文教育应重多读、熟读，学生在阅读中体会语言所蕴含的意境和情感。当今的中小学语文教学因为应试教育、历史改革等因素的影响，往往忽视了涵泳教学方式的价值。

另外，语文教学主要有两个缺点：一是多余的、没有必要的讲解和提问太多；二是对语言因素的分析太少，对文学因素的分析太多。多余的讲解与提问不只是浪费教学的时间，而且不能吸引学生的注意，教学效果当然不会好。教师只注意讲解生字、新词，对于语言的精密处不大注意，更不会指点儿童注意。不能把语言和实际间、语言和语言间的关系交代清楚，因而也就不能使儿童真正理解课文，不能使儿童从不自觉地掌握语言提高到自觉地掌握语言。对语言因素的教学极不细致，对文学因素的教学却要求过高，每课都要分析主题思想，分析故事情节，分析人物形象。也就是说，小学（包括高阶段）语文的教学，语言因素的教学应是主要的，文学因素的教学只应适当注意。而传统儿童语文教育则呈现"涵泳者如春雨之润花，如清渠之溉稻……涵泳者，如鱼之游水，如人之濯足……善读书者，须视书如水，而视此心如花、如稻、如鱼、如濯足，庶可得之于意之表"的意境，讲求学生读文章、诗词时，应全身心地沉浸在诗文的语言环境中去口诵心咏，以知其意、得其趣、悟其神。这种体悟涵泳的儿童语文教育方式，是真正符合汉语文教学的优秀教育传统，值得传承和发扬光大。

3. 传统文化经典的"背诵"

"背诵"经典也是传统儿童语文教育中传承几千年的教育方式，近代背诵式的中小学语文教学方式被评价为机械、了无情趣、戕害儿童，这也成为废止中小学"读经讲经"的重要理由。但事物总是有两方面，且不说"背诵"经典能在中国传统文化教育史上传承几千年一定有其合理之处，就是即使到了近代，如鲁迅先生等这样力主新文化、新文学的教育家、文学家、思想家们，也并未完全否定"背诵"经典这一传统语文教育模式的内在价值。其实传统"背诵"式儿童语文教育模式并非一味地、全没有任何思考地让学生死记硬背，"背诵"也有其精妙之处。如通常是根据学生的年龄和学习特点设计或编排背诵内容的次第，多是从易到难、从简到繁。要求低年龄蒙童背诵的读物主要是比较容易的，往往蒙童通过"背诵"，不仅能熟记所背诵的内容，而且多不用教师讲解也能理解所背诵内容的内涵和情感。

"背诵"其实就是学习知识的过程和方式，并非简单、机械、单纯地背诵。同时，背诵的内容编排多用适合相应年龄学童语言习惯和特点的浅显易懂、朗朗上口的语句，学生背诵的过程实际也是享受汉语之美的过程。如低年龄蒙童通常背诵《三字经》《千字文》《百家姓》《弟子规》《神童诗》《古文观止》《唐诗三百首》等，这些经典都是教授孩子语言、文学、历史、地理以及儒家伦理和做人做事的基本准则等知识，因为语句极适合学童朗读、背诵，因而这些经典及所承载的知识就往往不是由教师讲给学童，而是由学童自己首先背诵经典，反复背诵、记忆。背下来了，记住了，其内容的含义也相应领会了，汉语言的意境和美感也体会了。传统私塾中人们司空见惯的儿童大声诵读、背诵的"人之初，性本善；性相近，习相远"，不仅只有 12 个字，读起来朗朗上口，极易记忆，而且还将儒家"性善说"的深刻思想讲得浅显、明白；紧接着以同样的方式、语言形式讲为学之方、父母之责、幼童基本礼仪、天地四时、仁义礼智、人情好恶、孝悌忠信及经学常典、千年历史、勤学故事等。

学生只须背诵这些经典也就明白、懂得了这么多人生道德和行为准则。年龄稍长的学生则背诵"四书""五经"等，因为同样与学生的年龄和理解力相适应，所以学生背诵、记忆、下来也并不觉得困难。通过背诵，学生也能对所记忆的知识领会理解，融会贯通，所以背诵经典名篇的传统语文教育模式并非一无是处，反倒是我们今天完全摒弃背诵经典模式的语文教育应该反思传统。今天中小学语文教育中，"琅琅读书声"已经成为历史名词，背诵经典名篇也备受冷落。其实中国古今的经典名篇，大多都最适合诵读甚至背诵。音节分明、抑扬顿挫、错落有致的诗文，只有诵读与背诵才能体会到其美感与乐感。学生们诵读经典名篇，童稚天籁、书声琅琅、抑扬顿挫，不仅能激发学生对语文的兴趣，也有益于增进学生的知识，增强其智力，陶冶其情操。

中华民族传统文化教育传统有其独到之美，这决定了其教育内容与方法也与众不同。在几千年来的儿童语文教育历史中，无数的教育先贤摸索和总结出很多优秀的教育内容与方法，儿童语文教育中的传统文化教育虽然在几千年的沧桑历变中不可避免地也会有很多时代局限性，但很多历史积淀下来的优秀传统仍不失其时代价值，是完善当今中小学语文课程传统文化教育的重要资源，应该为我们当今中小学语文教育继承和发扬。

第三节　中小学语文课程教材改革与发展

一、中学语文课程教材改革与发展

20 世纪以来的语文教育发展史上，初中语文教材一直为适应时代的需要而改变着。回顾初中语文教材百余年的发展轨迹，认真总结其中的经验和缺陷，可以加深对语文教材编写规律的认识，为今后初中语文教材的编写提供借鉴与启发。

(一) 中学语文课程教材改革与发展的历程

1. 20 世纪前期（1904—1949）

(1) 清末民初过渡时期（1904—1921）的初中语文教材。1904 年，清政府颁布《奏定学堂章程》，其中列出的 12 门中学堂课程中与语文性质相关的有"读经讲经"和"中国文学"。章程规定，中学五年"读经讲经"规定的学习内容是《春秋左传》和《周礼》，基本沿用过去的儒家经典，没有另编教材的需要。而"中国文学"含读文、作文、习字等项，此实是语文单独设科之始，于是出现了新编的"中国文学"教材。其中影响较大的有刘师培编《中国文学教科书》（国学保存会 1906 年印行）和吴曾祺编《中学国文教科书》（商务印书馆 1908 年版）。刘师培编《中国文学教科书》共 10 册，承接国学传统，十分重视"六书之文"的"小学"，先明"小学"之大纲，接着分析字类，讨论句法、章法、篇法，及至总论古今文体，然后才编列选文。这种体例打破了传统文选式的陈规，开语文知识编入中学教科书之先河。吴曾祺编《中学国文教科书》分为 5 册，按文学史逆序选文，由近及远，第一册为清文，第二册为金元明文，第三册为五代宋文，第四册为晋唐宋文，第五册为周秦汉魏文。每个朝代以名家为中心，搜罗其各种体裁代表性作品，以此让学生了解作家创作道路、文学成就与风格。此书特色鲜明，一是选材范围广泛，重视应用之文、经世之文，甚至选入当代针砭社会时弊之作，引导学生关注现实问题，如第一册选入晚清思想家冯桂芬的《〈校庐抗议〉序》、鲁一同的《秦论》等文章，令人耳目一新；二是把义学史知识纳入中学教科书，每册之首设例言一篇，总论其时文学之渊源、文章之优劣；三是其体例也见特色，书眉有细批，题下略述评语，概言命意所在，间及结构之法，精要而富有启发性。

总体而言，清末时期的语文教科书处在由传统教科书向早期近代化教科书的过渡阶段，内容还是偏重儒家纲常和伦理道德，选文以"经史子集中平易雅训之文"为宗，语体一律采用文言，有比较浓重的经学味。其编写形式也还滞留在传统文选型教科书的窠臼里：选文以文学史上的大家为重点，结构以时代发展逆序为经，以体裁为纬；课文以文章为中心，略加题解和评点。但已经开始按照学制分册（每册供一学年或一学期使用）编写，并编入了语文知识，设置了简略的助学系统，具备了现代教科书的初步特征。

民国初年（1912）1月，南京临时政府教育部颁布《普通教育暂行办法》，规定："凡各种教科书，务合乎共和国宗旨。清学部颁行之教科书一律禁用。"[①] 并将中学堂学制改为四年。随后颁布带有临时课程标准性质的《中学校令施行规则》，对国文课程做了明确规定："国文要旨在通解普通语言文字，能自由发表思想，并使略解高深文字，涵养文学之兴趣，兼以启发智德。国文首宜授以近世文，渐及于近古文，并文字源流文法要略及文学史之大概，使作实用简易之文，兼课习字。"[②] 这些涉及选文和语文知识的原则规定对语文教科书的发展产生了很大影响。

这时出现的中学语文教科书影响较大的当推许国英编《共和国教科书国文读本》（商务印书馆1913年版）。全套分4册，全是文言文，逆序选文，第一册选清至宋文，第二册选明至唐文，第三、四册选唐汉以上至周秦经史文为主。在选材上比较注重历史题材，并注重体现每一时代的文学现象，具有厚重的历史感。其编辑大意言："于文与文之排比次第，不仅用深浅分量为主，且暗含意义比较或事实互相之作用。"[③] 前后课文或文体相同，或题材相关，且在思想内容和写作方法上有可比较学习之处。此或可视作教材单元编制模式之雏形。此外，还有谢无量主编《新制国文教本》（中华书局1914年版）。全书4册，每册分若干编，每编的选文均属同一种体裁，共分"传志之属""论著之属""序录之属""诗赋之属"等13种体裁，开创了按体裁分单元编排文章的先例。

当时出版的中学语文教科书，语体选择偏重浅易之文言文，全书一般采取由近溯远的逆序排列方法。课文仍以文章为中心，略加评点，但评点则着重于文学趣味的培养和训练。在选文的组织上，多以体裁为线索，但分类更为集中明了，出现了"传志之属""论著之属""序录之属""诗赋之属"这类一般性的体裁概念。这个时期教科书的特点是分类分组的趋势更明显，语文知识（文字、文法、修辞、文学史）以简明扼要的形式编进课文中。

清末民初的语文教科书基本上还是采用文言文。但五四新文化运动后，白话文是否进

---

① 李杏保、顾黄初：《中国现代语文教育史》，四川教育出版社2000年版，第40页。

② 课程教材研究所：《20世纪中国中小学课程标准·教学大纲汇编·课程（教学）计划卷》，人民教育出版社2001年版，第69页。

③ 阎苹、段建宏：《中国现代中学语文教材研究》，文心出版社2007年版，第14页。

入教科书成为争论的热点。1920年1月24日，教育部正式下令将小学国文改为国语，并自秋季起教科书一律改用白话。随后中学语文教科书也迅速采用白话。1920年，商务印书馆出版洪北平、何仲英编《中等学校白话文范》，全书4册，所选文章大多数是当时报纸、杂志发表的文章，也选了一些古代白话小说、诗歌、语录等，并试行新式标点，这成为最早的一套专选语体文的中学语文教科书。

清末民初，是中国社会从封建社会向近现代社会转型的过渡期，在语文教科书的建设上也是如此。一方面，文言文还是占据着主导地位，传统经学思想还是语文课本中的主流，传统纯文选型还是教科书的主要形式；另一方面，新的理念在萌芽，白话文进入课本，新思想在艰难地渗透，关注现实的倾向日益明显，语文知识开始在教科书中占有一席之位，单元组合方式也在悄然摸索。旧与新的交织成为过渡期初中语文教材的基本特点。

（2）民国实行新学制后（1922—1949）的初中语文教材。到1922年11月，北洋政府公布《学校系统改革案》，宣布实行新学制，改学制为"六三三"制（小学六年，初中、高中各三年）。同年12月公布新学制课程纲要草案。《初级中学国语课程纲要》按学年对初中三年的"教材支配"提出了明确要求：其一，每学年的教材对应"作业支配"（学习范围），应包含读书（分精读、略读）、作文、写字三方面内容。其二，对"精读"文章提出了明确的文体要求，初一的文体为"传记、小说、诗歌、兼及杂文"，"取材偏重近代名著"；初二、初三的文体为"记叙文、议论文、小说、诗歌、杂文"，"取材不拘时代"。其三，"精读"选文中，语体文和文言文并重，按学年则语体文渐减，文言文渐增，各学年分量的比例依次为3∶1、2∶2、1∶3。其四，提出了"略读书目举例"。其五，作文要求，初一、初二"以语体为主，兼习文言文"，初三则"语体文言并重"。

课程纲要关于教材的这些原则要求改变了初中语文教科书的面貌。首先是语体文在教科书中取得了和文言文的同等地位，而且渐渐占了主导地位；其次，体现时代新思想的新文学优秀作品大量入选课本，选文内容更贴近时代和现实，有的教科书甚至以社会问题为中心线索来组织选文，以培养学生的积极思想。

民国实行新学制后这一时期出版的重要初中语文教科书，有孙俍工、仲九编《初级中学国语文读本》（上海民智书局1923年版），顾颉刚、叶绍钧等编《新学制初中国语教科书》（商务印书馆1923年版），沈星一编《中学初级国语读本》（中华书局1924年版）等。孙俍工、仲九编《初级中学国语文读本》比较充分地体现了这一时期初中语文教科书的特点。这是一套全部采用白话文的国语教科书，第一至四册主要是新文学运动以来重要作家作品及部分唐宋以来白话戏曲及小说，第五、六册则全是翻译的国外小说名作。这套教材在选材内容上突出一个"新"，重在传播科学、民主，宣传个性解放，启迪民智，培养有才学、有思想，能以国家民族兴亡为己任、有远大理想、奋发向上的新一代，它在书前设置"教授大纲",规定课程、教材、教法、批评等事项及阅读、写作、说练之目标,在结构上采取文选、注释、各段大纲之提要及批判相结合的形式,试图对教科书在目标、编写结构上做量化及程序化探索。

南京国民政府成立后,先后于1929年和1932年颁布了中小学课程暂行标准和正式标准,并在1936年、1940年、1948年多次进行修订。1929年《初中国文暂行课程标准》继承了1923年课程纲要的基本架构,把"教材支配"发展完善为"教材大纲",对教材编写提出了更详细具体的规定。其次,提高了语体文的分量,语体文与文言文三年分量的比例递次调整为7:3、6:4、5:5。再次,"各种文体编选需错综排列,其中第一年偏重记叙文抒情文,第二年偏重说明文抒情文,第三年偏重议论文、应用文"。最后,增加了学习"文法与修辞"的具体要求,如文法的词性、词位、句式、修辞的组织法、藻饰法和文体的分类等,并就精读的选文中采取例证及实习材料。此外,还在"略读"中提出了具体的"选用读物的标准",之后的修订略有调整,但变化不大,只是更进一步明确了三年中精读课文中记叙文、说明文、抒情文、议论文的比例。这些教材编写标准的提出和完善为教材编写提供了基本依据和指导意见,逐渐塑造了现代初中语文教材的基本面貌。经过多年的探索,现代初中语文教材呈现出了一些比较稳定的基本特征:

第一,语体文与文言文并存,语体文成为主流。经过清末民初过渡期的争斗,在五四新文化运动的影响下,语体文在社会上得到推广。新学制课程纲要首次以正式文件的形式规定语体文和文言文并存的格局,其后数次课标修订进一步明确规定语体文与文言文的比例,语体文从此在初中语文教科书中取得了"合法的地位",总分量最终超过了文言文,初中语文教科书的基本面貌因此发生本质性的改变。

第二,初中语文基本教学文体确立。初中语文教科书在初期都把选文按古文种类来分类,名目繁多,不利于教学。后来有教科书(如中华书局1914年出版的谢无量主编的《新制国文教本》)把这些选文种类再做归并,形成一些较大的文体类型。此后,1923年新学制《初级中学国语课程纲要》明显是借鉴西方文体分类法,在"精读"要求中出现传记、小说、诗歌、杂文、记叙文、议论文等文体名称。1929年《初级中学国文暂行课程标准》则进一步明确初一"偏重记叙文抒情文",初二"偏重说明文抒情文",初三"偏重议论文应用文"。

第三,初中语文基本知识体系建构成形。现代意义上的语文学科课程从以学习经典为主的传统综合课程中剥离、独立的过程,实质上是一个学科知识体系的创生过程。清末民初过渡时期的语文教材肇始于"中国文学",基本是按历史线索选择文学史上的经典作品作为课文,无意识中把文学(史)知识纳入了语文学科知识范畴。接着,为了编排组织选文,编写者尝试着对大量的选文进行归类合并,而且教科书中引导学生阅读的评点文字往往也会从文体角度切入，于是文体知识也成为语文学科知识的组成部分。到了新学制时期，受引进的西方文学、文体理论的影响，1923 年"课程纲要"把这种教科书编者无意识中创生的语文知识转变成为明确的规定，并形成了"读书""作文"（包含口头作文，其中还提出了文法与修辞的要求）、"写字"三线并进的知识结构。此后，有意识的语文知识体系建构开始，1929 年"暂行课程标准"把"文法与修辞"的要求位移至"精读"部分，1932 年"课程标准"则把"教材大纲"改为"阅读"和"文章作法"两大板块，在"文章作法"中分列"（一）语法文法（句式，词位，词性）"和"（二）文章体制（取材、结构及描写法）"，知识的体系化得到强化。至此，"读写说""文章文学文体""语法修辞文法"共同构成初中语文基本知识体系。这一体系已接近 20 世纪后期出现的更为全面的中学语文知识体系，唯缺"听"与"逻辑"而已。

这一语文知识体系的成形，汇聚、整理了语文教育研究者和教科书编者的各种探索，体现了使语文课程科学化的追求。受其影响，不少教科书开始直接在选文之间穿插知识短文。如江苏省教育厅编《初中当代国文》（上海中学生书局 1934 年版）便直接把选文和文法混合编制，6 册书中共穿插了文法 36 讲，集中讲语法知识和文体知识：初一集中讲词的知识，包括名称、代名词、形容词、副词、介词、连词、叹词、助词等；初二集中讲句子的知识，包括句子成分及其搭配、单句与复句、复句各分句间的关系等；初三集中讲文体知识，包括书启、联语、契据、公牍等基本应用文的类型和格式。

最能体现这种科学化追求的初中语文教科书当推夏丏尊、叶圣陶等编《国文百八课》（开明书店 1938 年版）。这套教材被后人视为语文教科书科学化道路上的一个里程碑。其编者提出："想给国文科以科学性，一扫从来玄妙笼统的观念。"它以语文知识为中心线索来编制课文。每"课"（即单元）含"文话"、"文选"、"文法"（或"修辞法"）、"习问"四个部分。"文话"是一篇语文知识短文，集中阐述一个读写知识点，是每课核心，起统摄全课的作用；"文选"则选择了两篇作为读写知识点范例的作品；"文法"（或"修辞法"）是语法知识或修辞知识，精心取例，对选文做进一步研究；"习问"则是围绕"文话"和"文法"（或"修辞法"）的知识点提出问题，引导学生分析文选的作品，巩固知识。全书分 6 册，每册编制 18 课，共 108 课，每课"文话"、"文法"（或"修辞法"）分别是一个知识点。全书形成由读写知识和语法修辞知识织成的一张双线知识网络，共有 216 个语文知识点。由于抗日战争爆发，全书只出了 4 册，每册文话的知识点各有侧重，大体是第一、二册重点为记叙文，兼及总论、应用文，第三册重点为说明文，兼及小说、韵文、散文、诗歌，第四册重点为议论文，兼及宣言、对话等杂文体。总体而言，该书是按照文章学的系统编排的，构成了一个严密有序的文章读写知识体系。

第四，语文教科书单元编排方式成为主流。经过多年的摸索，按单元编制语文教材逐渐成为主流的编写方式。

组织单元的线索多种多样，按体裁、题材、主题等组织单元成为普遍的模式，而且产生了不少创新模式。如前述《国文百八课》是以语文知识点（"文话"）为线索来组织单元的，完全颠覆了传统教材的文选模式；傅东华编《复兴初级中学国文教科书》（商务印书馆1933年版）把两篇精读选文与一篇习作结合起来组织单元，形成读写结合单元；北平崇慈女子中学1934年出版的《国文初级中学教科书》则以比较阅读来组织单元，每单元由两篇从某个角度构成对比的课文组成；沈荣龄编《试验初中国文读本》（上海大华书局1934年版）则用多种方式灵活组织单元，初一（第一、二册）为与小学衔接按中心（个己、家庭、社会）组织单元，初二第三册按表达方式组织单元，第四册按体裁组织单元，初三则按时代组织单元，第五册由今溯古以社会问题为中心，第六册由古及今以文学系统为线索。

有些教材不仅仅是按一定标准来组织单元，而且每个单元都有集中明确的单元教学目标，全册教材之首还有《教材支配表》，详细罗列各单元各课的教学目的、体裁、内容简介。此足见教材的单元编制已经是由表及里，涉及了教学内容的选择和组织，具备单元教学法之本质。

单元编制体例也逐渐由简单变得完善，层次丰富，结合紧密。这在一些学校组织编写的教科书中显得尤为突出。如北平师大附中国文研究部教师集体编的《初级中学国文读本》（1934年版），该书每册的精读课文按题材或文体分成若干组，每组内2~6篇不等，每组课文后又"就题类比"选录"副教材"一两篇，供学生略读，构成一个单元。单元之中，还有以附录形式出现的补充正文内容的相关资料。而且，单元中语体文和文言文交错安排，文言文往往附语体文译文，外国翻译作品则同时选编文言文和语体文两种译文。这样的安排，使单元内的文章形成了多种层次。每篇精读课文注解分为"题解""作者""注释"三部分："题解"介绍背景知识，有时也进行阅读提示；"作者"介绍作者情况；"注释"不仅对疑难处进行释义解惑，而且"文中传神虚字，雕词技巧，以及文体流别，凡足以佐助传习，增深趣致，而为初学者所能理解者，均依据文法、修辞，及古今文论，择要说明"。这样多层次、多角度的注解形成了一个丰富的助学系统，尤其是结合具体的字词句篇来学习抽象的语文知识，更便于学生自学。

值得注意的是，陕甘宁边区教育厅编《中等国文》（新华书店1946年版）也是一套典型的单元编制教科书。这套教科书共6册，供初中三年使用。它提出了"汉语汉文的基本规律"概念，以此为核心来整体构思全书。"每册30课……每5课为一组（一个教学的单元），每组的前4课（第一册是3课）是读文，末一课（第一册是2课）是语文规律的说明。每册每组都大致有一个中心……"选文分文艺文和实用文两大类，侧重于实用文，均着眼于语文规律、政治内容和一般文化知识价值。这套由胡乔木主持编写的初中语文教材成为中华人民共和国第一套统编初中语文教科书的蓝本，所产生的影响极其深远。

初中语文教科书演进的特征：从内容取向上看，已由传统的崇尚儒家经典教育转向经典文化与现实问题并重；从功能取向上看，从传统的重视思想教育转向注重语文的工具性、实用性；在选材上看，语体文与文言文并存，语体文从无到有，比重逐渐增加，并最后超过了文言文；从文体看，由含混无序到形成基本教学文体，并确立由偏重形象思维的记叙文逐步转向偏重抽象思维的议论文的学年发展路向；从编制结构上看，从以单篇文章为中心，以时代与体裁为经纬的文选型过渡到以一组文章为范例，辅以严密的助学系统和作业系统，并具有教学法功能的单元编制型。可见，经过近半个世纪的探索，初中语文教科书逐渐走向成熟了。

2. 20 世纪后期（1949—2000）

（1）统编阶段（1949—1993）的初中语文教材。1949 年中华人民共和国成立，教材编写制度发生改变。1950 年 12 月人民教育出版社正式成立，1951 年 2 月，政务院文化教育委员会批准出版总署《1951 年出版工作计划大纲》，提出"人民教育出版社开始重编中小学课本，并于年内建立全国中小学课本由国家统一供应的基础"，由国家统一中小学教材编写、审定、出版、供应的制度从此确立。由此至 1988 年，除了"大跃进"和"文革"期间由各地自编教材外，这一时期的教材均由人民教育出版社（含其前身出版总署编审局）统一编写，将此时期称为"统编阶段"。

在统编阶段，人教社组织编写的初中语文教材共有 9 套，以下具体探讨：

第一套是宋云彬等编《初级中学语文课本》（出版总署编审局编，新华书店 1950 年版），这套教材以陕甘宁边区《中等国文》课本为蓝本改编而成，有如下几个特点：其一，首次以"语文"命名，明确提出听、说、读、写四项基本任务。《编辑大意》解释道："说出来的是语言，写出来的是文章，文章依据语言，'语'和'文'是分不开的。语文教学应该包括听话、说话、阅读、写作四项。这套课本不用'国文'的旧名称，改成'语文课本'。"从此，"听、说、读、写"成为语文教学的基本内容。其二，强调语文科要进行思想政治教育："无论哪一门功课，都有完成思想政治教育的任务。这个任务，在语文科更显得重要。"其三，选文都是语体文，没有文言文。全套共 142 篇课文，解放区和中华人民共和国成立后的白话文作品以及苏联等外国进步作品约占 70%。其四，不分单元，没有知识短文，课后"思考·讨论·练习"大多是关于课文内容和思想政治教育的，在第 1~4 册中有少量涉及语文知识的习题。1952 年，这套教材被人教社再次改编，主要是减少和调整课文，换上了不少表现爱国主义和苏联社会的时文，改写"注解"，调整"思考·讨论·练习"，加强语文知识的练习。

第二套是张毕来等主编《初级中学课本·文学》和张志公主编《初级中学课本·汉语》（1956 年版）。1956 年秋，受苏联影响决定实行汉语与文学分科教学，为此编写的分科教材具有以下特点：建立比较完整的汉语与文学教学体系，各年级有明确具体的教育目的和教学要求；加强语文知识的系统性；选文典范性强，以名家名作为主；编排方式灵活多样，如文学课本初一按照思想内容组织单元，初二按照时代顺序编排，初三按照文学体裁组织单元。但文学与汉语两本教材不能很好地配合，分量偏重，内容偏深，要求偏高，过分强调文学教学和语文知识的系统性，忽视对学生一般读写能力的培养，未能解决作文教学问题。

第三套是《初中语文课本》（1958 年版，无编者署名），课文数量少，古典文学作品更少，五四以来中华人民共和国成立之前的作品除鲁迅著作外基本未收录。

第四套是《十年制学校初中课本·语文（试用本）》（1961 年版）。1960 年，中央决定中小学实行十年制教育，人教社总结前期经验教训，编写了十年制中学语文教材。编者在教学参考书中对这套教材的编写意图做了明确阐述："使学生懂得一些语文的基本规律，以便理解和运用祖国的语言文字，逐步提高现代汉语的阅读能力和写作能力；逐步培养学生的道德品质、革命精神；扩大学生的眼界，丰富学生的文化知识。"强调提高语文水平，提高思想认识，丰富文化知识，在语文教学中是不可分割的，这套教材特色鲜明，一是重视培养学生初步阅读文言文的能力，文言文课文约占 34%；二是注重读写训练，根据读写训练重点组织单元，单元课文、知识短文、课文练习都紧扣训练重点，形成一个有机的教学整体；三是注重语文知识，初步建立了读写知识、语言（语法、修辞、逻辑）知识、文言知识和文学体裁构成的中学语文知识体系。

第五套是新编十二年制《初级中学课本·语文》（1963 年版）。1963 年 5 月，教育部制定《全日制中学语文教学大纲（草案）》，大纲指出："语文是学好各门知识和从事各种工作的基本工具。"明确了语文学科的工具性质；提出中学语文教学的目的是培养学生的语文运用能力，要加强阅读、写作等基本技能训练，一般不要把语文课讲成政治课，也不要把语文课讲成文学课。大纲提出了"文质兼美"的选材标准。根据大纲要求，人教社编写十二年制学校的《初级中学课本·语文》只出版了前四册。这套未完成的教材，课文文质兼美，题材广泛，注重古今中外优秀作品；充分体现语文是基本工具的指导思想，以阅读、写作能力训练为主要线索，组成由浅入深、循序渐进的体系：初中一年级着重培养记叙能力，二年级着重培养说明能力，三年级着重培养议论能力。

第六套是《全日制十年制学校初中课本·语文》（1978 年版）。1978 年，教育部颁发《全日制十年制中小学教学计划试行草案》，统一中小学学制为十年制，并颁发中小学各科教学大纲（试行草案），基本上继承了 1963 年大纲精神。根据 1978 年大纲编写的初中语文课本，基本恢复 1963 年语文课本的做法，以读写训练为核心，按照表达方式的顺序分年级设计编排，各年级都有重点：初一着重培养记叙能力；初二继续培养记叙能力，着重培养说明能力；初三继续培养记叙和说明能力，着重培养议论能力。这样，三个年级教材编排由易到难，由浅入深，循序渐进。每册按照文章体裁组成若干单元，古代作品编排在每册之末，不分单元，编排顺序兼顾文章深浅和时代先后。最见匠心的是全书的课后"思考与练习"。其中设计了如下几种类型练习题：思想教育类题目、课文理解类题目、写法借鉴类题目、字词训练类题目、读写结合类题目、口头表达训练类题目、扩展阅读类题目。把全书中同一类型题目全部联系起来，又分别构成了一个小系统，如写法借鉴类题目就构成教材的阅读训练系统，读写结合类题目构成写作训练系统，使教材以读写训练为核心的意图得以有效落实。这样，大系统和小系统严密配合，形成一个相对完整的读写训练体系。这标志着强调工具性的语文教材及单元型语文教材编制技术逐渐走向成熟，20 世纪前期语文教学科学化的追求重新得到延续。

第七套是全日制十二年制《初级中学课本·语文》（1982 年版）。为了适应中小学教育推行十二年制的需要，人教社在 1981 年下半年对原试用本教材重新修订，改为正式本，于 1982 年秋季发行。这套教材有如下特点：一是清除"左"的影响，提高课文质量。减少领袖文章及政论文，代之以文质兼美的名家名篇。二是教学要求明确化。把读写训练要求进一步分解细化，落实到每个单元、每一课。三是完善写作训练。为弥补原教材写作训练的缺失，在单元后增设"单元练习"，设计写作训练题目，形成了具体、全面的写作训练系统。四是知识短文更系统化。对原有的知识短文体系重新调整，有的合并，有的细化，并增强知识短文与单元课文之间的关联性。

第八套是《初级中学课本·语文》（1988 年版）。1986 年，国家教委颁布修订后的《全日制中学语文教学大纲》。大纲提出"初步具有鉴赏文学作品的能力"的教学要求，并要求初中生背诵文言文的一些篇或段，并对各年级的具体要求，从听说读写到基础知识都做了明确规定，还规定了初中课文基本篇目 110 篇。人教社根据此大纲修订了 1982 年课本，于 1988 年秋季在全国投入使用。修订教材注意保持相对稳定，训练体系、知识能力结构基本不变。编入 110 篇基本篇目，适当增加了课文数量，每册由 30 课增至 40 课，同时调整文体比例，适当减少文言文，增加了文学作品类课文（约占 22.7%）。为了不加重教学负担，课文分为讲读、课内自读、课外自读三类。此外，单元结构体例做了调整，明确各单元各课的教学重点，独立设置写作训练和听说训练，一个单元内统筹安排听、说、读、写训练，使之形成联系紧密的教学单元。读写知识和语法知识的短文安排也更加系统化。1991 年，再次修订了这套课本，主要目的是加强思想政治教育及降低难度、减轻负担。这套教材一直使用到了 1993 年，几经修订，不断完善，成为人教社统编教材的高峰。

第九套是六年制重点中学初中语文课本《阅读》和《写作》（1982 年版）。1980 年 10 月，教育部颁发《关于分期分批办好重点中学的决定》。1981 年 4 月，颁发《全日制重点中学教学计划（试行草案）》，对语文课程设置做了如下说明："语文课分阅读课和写作课。初中的阅读课，指导学生阅读各种形式的好文章；写作课讲授语法、修辞、逻辑知识，并有计划地进行写作指导。"人教社据此编写分编型重点中学初中语文课本，1982—1985 年编出试教本《阅读》与《写作》，1986—1989 年修订为试用本《阅读》与《写作·汉语》。这套教材阅读和写作听说训练分线进行，各成体系又相互配合。《阅读》按体裁组织单元，前四册文白混编，后两册文白分编。每单元，开始时提出"教学要求"，课文 5 课，分讲读和自读，讲读课文重点教阅读方法，自读课文重点教自学门径（不少自读课文采用了旁批、夹批、评注的形式）；最后还设置了"单元练习"。整个单元的助读系统设计层次丰富、细腻，着眼于培养学生自学能力。《写作》包括"写和说的训练"（又分"作文训练""说话训练"）和"现代汉语常识"。"写和说的训练"强调技能训练，每课设置一个技能训练重点，全套书形成一个循序渐进的技能训练体系，强调写作、说话与生活的联系，注重内容与形式的统一。"现代汉语常识"由浅入深、次序分明地安排了 47 个训练点，构建了相对完整的知识系统，初一主要学习语音、文字、语汇，初二主要学习词类、短语、单句，初三主要学习复句、句式变换、句群、修辞手法等。

在叶圣陶等先生影响下的人教社语文教材编写队伍对语文的工具性有着深切的认同和自觉的追求，尤其形成了其对语文知识科学体系和语文教材科学化的执着追求，深刻地影响了统编教材的面貌，一方面使其教材编制水平达到了新的高度，另一方面则造成了其在世纪之交遭到猛烈批评的明显局限。

需要注意的是，随着思想的解放和改革开放大潮的形成，一些教师或学校自发进行了教材的编写和实验，涌现了一批探索性的初中语文实验教材，如北京景山学校编写的初中语文实验课本（1980 年版），华东师大二附中杨达平、谢德和主编的初中语文实验课本（1980 年华东师范大学出版社出版），陕西西安六中编写的以语文知识为主干的初中语文实验课本（1980 年版），湖南师大附中邓日主编的初中语文《阅读》与《作文》实验课本（1980 年版），中央教育科学研究所编写的初中语文《阅读》与《作文》实验课本（1981 年教育科学出版社出版），广西耿法禹主编的初中语文读写训练实验教材（1981 年广西教育学院教研部内部印刷），华东师大一附中陆继春主编的"分类集中分阶段进行语言训练"的初中语文实验课本（1982 年华东师范大学出版社出版），四川颜振遥主编的初中语文"自学辅导教学"实验课本（1983 年四川教育出版社出版），北京东城区赵大鹏、王有声主编的初中语文实验课本。从某种意义上可见，这些可贵的探索为下一阶段教材多样化的实践奠定了基础。

（2）"一纲多本"阶段（1993—2000）的初中语文教材。1988年8月，国家教委颁发《九年制义务教育教材编写规划方案》，提出"九年制义务教育的教材，必须在统一基本要求，统一审定的前提下，逐步实现教材的多样化"，要"把竞争机制引入教材建设，通过竞争促进教材事业的繁荣和教材质量的提高。鼓励各个地方，以及高等学校、科研单位，有条件的专家、学者、教师个人按照国家规定的教育方针和教学大纲的基本要求编写教材。在教材内容的选择和体系的安排上允许有不同的风格和不同的层次"。同年9月，颁布了拟在1991年或1992年实施的《义务教育全日制小学、初级中学教学计划（试行草案）》和24个学科教学大纲（初审稿）。根据方案，国家教委统筹部署"一纲多本"教材编写工作：人民教育出版社编写面向全国的"六三"和"五四"两个学制的教材各一套，北京师范大学编写一套"五四"学制的教材，广东省负责编写面向沿海地区的教材，四川省负责编写面向内地和西部地区的教材，河北省与人民教育出版社合作编写一套针对农村特别是山区小学复式班的教材（这套教材没有初中部分，被称为"半套"），8所师范院校出版社联合编写一套教材。同时，为了为全国未来的课程教材改革积累经验，国家教委还批准上海和浙江两地开展课程教材体系改革试验。由此，产生了被称为"八套半"的义务教育教科书。与此同时，全国各地自发的教材改革试验结出硕果，涌现一批富于探索精神的地区性实验教材。

1993年秋季起，我国开始全面实施九年义务教育，经全国中小学教材审定委员会审定通过推荐在全国范围内使用的义务教育初中语文教材共有12套。其中7套是按国家教委教材编写统一规划编写的：顾振彪主编的人教版三年制和四年制课本各一套，广东曹础基主编的沿海版课本，四川潘述羊主编的内地版课本，北京师范大学张鸿苓主编的四年制课本，上海徐中玉主编的H版课本，上海姚麟园主编的S版课本。有5套是各地总结教改经验自主编写的：北京市教委教学研究部和北京师大实验中学合作，由沈心天、赵育民主编的初中语文实验课本（1993年开明出版社出版），河北郑祥五等主编的初中语文实验课本（1992年中央教育科学出版社出版），广西耿法禹主编的初中语文实验课本（1994年广西教育出版社出版），江苏洪宗礼主编的初中语文实验课本（1993年江苏教育出版社出版），辽宁欧阳代娜主编的分编型《阅读》与《写作》实验课本（1992年辽宁教育出版社出版），北京张志公主编的初中语文实验课本（1997年北京大学出版社出版）。

此外，出现了一些地方性的实验教材，如广东省湛江市李寰英主编的《情理智能连环引导初中语文课本（实验本）》（1993年教育科学出版社出版），浙江师范大学王尚文主编的初中语文实验课本（1998年版），湖北省武汉市第六中学洪镇涛主编的初中语文实验课本（1999年开明出版社出版）。这些教材酝酿时间较长，变革意识强烈，有的还经过了长期实验。相比统编阶段的教材，出现了以下一些鲜明特点：

第一，大多构建了以能力训练为主的体系。作为教材编写依据的 1992 年颁布的《九年义务教育全日制初级中学语文教学大纲（试用）》进一步突出了听、说、读、写能力训练的地位，具体提出了能力训练 48 条，其中阅读训练 18 条、写作训练 15 条、听话训练 7 条、说话训练 8 条。能力训练，成为义务教育初中语文教材编写的主线。各套教材的区别主要在于听、说、读、写四条线索何为主线、具体内容如何组合。其中出现了不同的组合方式：一种是四种能力并重，四条线齐头并进地组合在单元中，如人教版初中语文课本；一种是阅读和表达分编，以阅读为主线，如上海 H 版初中语文课本；一种是在每册各个单元侧重某种能力训练，各册循环，如沿海版初中语文课本；还有一种是四种能力综合安排，有主有辅，多数教材是采取这种方式。

此外，听、说、读、写训练的设置有了更具体、更多样的研究探索。如上海 H 版初中语文课本的阅读训练系列。它把初中四年的阅读训练分为三个层次。六年级为第一层次，侧重于训练认读、感知能力。两册教材设计了五个"朗读"训练单元：正确清楚，自然流畅，传情达意（两个单元），熟读背诵；五个"默读"训练单元：借助注释阅读，借助字（词）典阅读，阅读中的圈画（两个单元），摘录和制作卡片。七、八年级为第二层次，侧重训练理解能力。七年级设计六个"精读"训练单元：理解词的含义并体会用词的准确性，体会词语所蕴含的思想感情，理解句意（两个单元），理解段意，把握中心；两个"速读"训练单元：集中注意、整体认知，控制视线、加快速度。八年级设计三个"质疑"训练单元，从词与句的质疑，到段与篇的质疑，再到综合训练；三个"比较阅读"训练单元，从立意、选材及表现手法等方面进行比较阅读训练。九年级为第三层次，侧重训练初步的鉴赏能力，设计了诗歌、小说、散文、剧本、杂文、报告文学六个专题阅读。这样，就形成了一个循序渐进、梯度恰当的阅读训练序列。类似的探索在不同教材中都有尝试，有些教材更是形成了自己的理论体系，如王尚文主编的浙江版初中语文课本提出的听、说、读、写实践活动理论，张志公主编的北大版初中语文课本提出"以知识为先导、以实践为主体并以实践能力的养成为归依"的思想和情境性的语言交际训练理论，洪镇涛主编的开明版初中语文课本提出的由"三主（精粹语言、目标语言、伙伴语言）一副（语言知识及训练）"构成的以"学习语言"为核心的语感型训练理论，这些探索丰富并创新了中学语文的能力训练体系，是这一时期语文教材建设的一大成果。

第二，重视学生基本语文素养的培养。义务教育提出要进行素质教育，引发了语文教材编者新的探索。在听、说、读、写训练之外，有些教材还提出了思维训练和学法指导等线索。如张鸿苓主编的北师大版初中语文课本有计划地安排了思维方法的训练，每册教材第一单元以思维训练为重点，八册教材依次安排观察与积累、想象与联想、分析与综合、分类与比较、归纳与概括、推理、系统整理、综合运用等思维训练点；曹础基主编的沿海版初中语文课本每册第七单元都是围绕一种读书方法组织单元（六册依次为略读、精读、读书笔记、比较阅读、拓展阅读、发现性阅读），第八单元都是与读写结合的思维训练（六册依次是观察和感受、联想和想象、理解和记忆、对比和类比、分析、综合）；郑祥五等主编的河北版初中语文课本则突出学法指导，每篇课文前有"学法指导"，每次写作训练有"写法指导"，把学法指导贯穿于语文学习的全过程。

有的教材注重培养学生的自学能力，如欧阳代娜主编的辽宁教育版初中语文课本，提出初中语文能力过关的基本目标，课文编写的体例着眼于为学生自学创造条件，每篇课文都安排以下5个项目：教学目的要求、预习提纲（或自学提纲）、课文与注释、自学参考材料（有关时代背景、作家介绍等材料）、课后思考与练习。还出现了颜振遥主编的以自学辅导教学为基本特点的探索性教材，教材编写明确提出"可自学与可接受原则"和"适当步子适当速度原则"，课文分"必学课文"和"选学课文"，课文体例设计注重"自学辅导"功能，设置了"学习要求""复习旧知识""辅读""旁批""脚注""练习题"等，而且把评点式阅读和比较式阅读这两种便于学生发挥主体性的阅读方法作为阅读训练的基本内容。

第三，加强了语文与生活的联系，增强了语文教材的开放性。

首先，义务教育教材的总体框架，除了传统的以三大文体为序和以训练阅读与表达能力为主线来组织和编排单元，还出现了一种把语文与生活的联系作为主线来安排的新模式。如人教版初中语文课本，它以语文与生活的联系为主干，安排三个互相承接、逐步递进的训练阶段：第一册，课文按生活内容分类组织单元，使学生认识语文与生活运用的关系，着重培养一般的吸收与表达能力；第二至四册，课文按记叙、说明、议论三种表达方式组织单元，联系生活，着重培养记叙、说明、议论的能力；第五、六册，课文按若干实用体裁组织单元，培养在日常生活中运用语文的能力，以及初步欣赏文学作品的能力。

其次，语文实践活动得到重视。随着研究的深入，人们认识到语文学习主要不是依靠理论和知识的学习，而是必须重视语文实践活动，这一时期的语文教材开始探索通过语文实践活动来提高学生语文能力的新途径。如王尚文主编的浙江版初中语文课本由文选、语文实践活动、语文常识和文化常识三大板块组成。语文实践活动每册安排20个左右"专题"和一个"学期活动"，主要供读写教学之用。专题以学生作为人的心理发展和生活需要的线索取代知识体系，以生活的范围逐步扩大、关照生活的视野不断拓宽、反映生活的程度逐渐加深为序，每册教材各有重点：第一册，激发兴趣，指点门径；第二册，打开通往语言艺术世界的窗口；第三册，记叙、描写、说明、议论、抒情等言语变体；第四册，感知、联想、想象、思维等言语心理；第五册，诗歌、散文、小说、戏剧等文学作品的鉴赏；第六册，中国文学发展源流举隅。又如郑祥五等主编的河北版初中语文课本，打破文选型的传统格局，采用文选和语文活动相结合的形式来组织单元，每个单元都设计了语文活动，形成了包括诗词背诵、信息交流、字词积累、书写练习、杂记荐评、阅读拓展、办手抄报、编辑实践、讲演比赛、组织文学社团等形式的丰富多彩的语文学习实践序列。

"一纲多本"阶段堪称初中语文教材编写的"激情燃烧岁月"，众多学者、专家及一线教师共同参与，教材编写的创造性得到较充分的发挥，推动初中语文教材建设达到了一个新的高度。

3. 21 世纪初期（2001 年至今）

21 世纪，在普及九年义务教育之后，我国教育发展进入新的阶段。2001 年，义务教育阶段的新一轮课程改革正式启动。2001 年开始执行的是《义务教育语文课程标准课程标准（实验稿）》（以下简称《实验稿》），"实验稿"三字说明是一次课程方面的教育改革实验。将课程改革定为"实验"，体现的是变革现实理想与科学探索态度的结合。教育实验大致过程是：以新的理论做指导，设计实验措施，根据研究目的，在自然条件下，有计划地贯彻实验措施，在规定的时间内，就实验效果进行比较分析或重复实验，证明、修正或证伪原来的理论假设，揭示教育因果关系，改进教育现状。此次实验历经十年，《义务教育语文课程标准》（以下简称《语文课程标准》）终于在 2011 年定稿出版。

另外，通过全国中小学教材审定委员会初审、在各地使用的初中语文课标教科书共有 7 套，分别是：顾振彪主编的人民教育出版社版，史习江主编的语文出版社版，洪宗礼主编的江苏教育出版社版，孙绍振主编的北京师范大学出版社版，郭预衡、章培恒、陈平原主编的中华书局版，王先霈、徐国英主编的湖北教育出版社版，王富仁、傅中和主编的河北大学出版社版。其中在全国使用范围较广的是人教版、语文版、苏教版、北师大版。此外，还有一些因应各地特殊情况编写、限于当地使用的教材，如上海教育出版社根据《上海市中小学语文课程标准》编写的二期课改教材，张翼健主编、长春出版社出版的地方特色教材，以及山东、黑龙江等省适应"五四"学制需要而改编使用的人教版四年制教材，这些现行初中语文教材吸收了前人的教材编写经验，努力践行课程标准的基本理念，对比之前的初中语文教材有了长足的进步。此外，课标教科书总体上呈现出以下一些特点：

第一，各版本教材努力追求自身特色，教材多样化的局面正在形成。如人教版大胆探索，立足于语文实践，把写作、口语交际、综合性学习融为一体；江苏版九年级以读书方法为线索组织单元，并在每单元后设计"综合学习与探究"，根据单元读书指导的总要求，提出跨课文的综合性思考题；北师大版将比较贯穿整套教材，突出课文之间的"同类比较"，注意同中求异、异中求同，打破了孤立展示经典文本的旧格局；河北版明确提出面向农村中学，服务农村中学的教学需要。这些教材编写的创意，表明我国初中语文教材多样化的局面正在形成。

第二，按主题组织单元成为主流，教材价值取向和编写指导思想有较大改变。从选文角度看，按主题组织单元有利于凸显语文学习的人文性。采用这种组元方式的教材，基本都是循着课程标准提出的"自然、社会、人生"三大板块来构建主题序列，选文视野比较开阔，由此带来了教材整体面貌的改变，呈现出复兴文化传统、以人为本以及开放包容的多元文化价值取向。从教学角度看，为了以主题引领学习活动，教材在设计上有意识地将知情意行、读写听说融为一体，增强了综合性、探究性和实践性，突出了学生的学习主体地位，有利于学生语文素养的整体发展。

第三，古诗文的比重有所增加，注重传承中华民族的传统文化和继承汉语文教学的传统经验。对比课改前的教材，各版本教材古诗文选文的视野和标准在拓宽，比重略有提高，中华版教材古诗文选文更是达到了占全部选文的50%以上。这反映出课标教材普遍注重传承中华民族的传统文化。同时，对于汉语文教学的传统经验的继承也成为各版本教材的自觉追求。如在练习设计中，各版本普遍重视发挥积累、体验、感悟等传统学习方式的作用；多个版本教材重视诵读教学，设计了专门的诵读板块；中华版等还把传统的点评融入课文的导学系统中。

第四，淡化知识倾向明显，谨守课程标准提出的"不宜刻意追求语文知识的系统和完整"的原则。各版本教材都按照课标要求"不宜刻意追求语文知识的系统和完整"，改变了之前编写语文教材普遍按能力点和知识点来构建读写听说（思）多线交错的知识网络和训练体系的做法。在现行课标教材中，明显体现的语文知识安排有两个板块：一是大多数版本采用的附录列举方式和部分版本采用的课文后补白的形式；二是在练习题干中穿插的"随文学习"形式。这样的安排显示出淡化语文知识的明显倾向。当然，各版本教材均努力以现代知识观念来重新审视知识，普遍重视建构与初中学生学习心理相适应的、用以指导学生阅读理解和表达交流行为的程序性知识，如北师大版通过练习设计体现出来的比较法、还原法、差异矛盾法、关键词法等四大文本分析方法，江苏版九年级用以建构单元的九大读书方法。但大部分教材出现了语文知识更新不足和核心知识缺位的状况。

第五，阅读课文的核心地位依然牢固，强化表达与交流的努力效果不彰。课程标准按照识字与写字、阅读、写作、口语交际、综合性学习五个方面提出各学段课程目标，体现出纠正语文教学以课文阅读教学为核心的弊端、强化表达与交流的意图。但各版本初中语文课标教材基本还是文选式的，阅读课文的核心地位依然不可动摇。表达与交流（写作、口语交际）在教材中形式上得到了重视，或是有相对独立的板块，或是在综合性学习中占据主要地位，但是，由于大部分教材中的相关设计或是随着单元主题走，或是由简单的写作（口语交际）要求加点拨构成，基本上还是停留于布置学习任务的模式，单个设计的可操作性不强，整个学段的安排又缺乏序列和梯度。因此，各版本强化表达与交流的努力效果都不理想。

（二）中学语文课程教材改革与发展的理性思考

1. 语文教材内容的理性思考

语文教材内容实质上涉及两个方面：一是选文，二是知识。

（1）选文。选文是最基本的问题。百年来教材选文一直在文言文与语体文之间、实用文与文学作品之间纠缠、摇摆。20 世纪初，文言文在语文教材中占据着统治地位，随着五四白话文运动的开展，到民国新学制之后，语体文取得了与文言文并重的地位，且在初中教材中所占比重略高于文言文（6∶4）。然而，中华人民共和国成立之初，文言文被逐出初中语文教材。后来，汉语、文学分科的文学教材选入少量的文言文，1963 年大纲规定文言文可占课文总数 40%以上，但教材中只占到 30%左右。直到 2000 年，才提高到 30%左右。20 世纪初有要不要学语体文的争论，到 21 世纪初则出现是否要学文言文的争论，语体文和文言文的比例看似没有较大不同，但它影响着语文教材的基本难度，在教材编制中较为重要，需要进行实验论证，以取得一个比较客观的结论。

实用文与文学作品之间的摇摆，也是语文教材选文中的关键问题，一方面涉及价值取向问题，另一方面还涉及文学作品的教学功能问题，选入教材的文学作品是作为纯粹的文学作品来学习，还是作为一般的阅读课文来学习；是侧重于情感体验和审美熏陶，还是侧重于一般的语文训练，对此认识不同，语文教材中文学作品的分量和处理会有很大的不同。

（2）知识（从广义上而言）。语文学科诞生以来，教材编制一直存在语文知识的价值取向和取舍问题。传统的语文学习，往往是经典学习，以掌握内容为基本目的，同时也从文章写作的角度来传授技巧。20 世纪前期，语文教材里的知识创生也多是从文章学的角度进行的，后又借鉴西方的文体知识和语法知识等，初中语文教材逐步形成了以三大基本文体为核心的文体读写知识。20 世纪后期，延续语文学科科学化的追求，文章、文体、文学与语法、修辞、逻辑等知识体系逐步完善；又在语文工具论思想的指导下，逐步形成读、写、听、说训练体系，技能训练得到高度重视。这一阶段的语文教材基本都是以读、写、听、说训练为线索来编制的。到 21 世纪，课程标准提出"工具性和人文性的统一，是语文课程的基本特点"，并倡导自主合作探究的学习方式，在此思想引导下，语文教材普遍倾向于把主题引领下的读、写、听、说综合学习活动作为核心线索，努力以语文实践为教材的纲，由重视传授狭义的语文知识，到重视语文能力训练，再到重视语文实践活动，语文知识的观念在转型，但知识转型极不彻底，实践型语文知识的创生还任重道远。

2. 语文教材组织的理性思考

语文教材的组织形态，最早是单篇选文的汇集，接着是按照一定分类标准来组织选文单元，后来出现了具有教学组织功能的教学单元。教学单元有明确的单元教学目标，单元内的课文根据落实教学目标的需要来选择，并合理分工，形成不同层次（如教读课文、自读课文），课文后的练习设计也注意紧扣单元教学目标，整个单元的体例注意服务教与学，方便教与学的开展。这类型的教学单元的出现，标志着语文教材的组织逐步走向成熟，也代表着语文教材的发展方向。

另外，一套教材中，各单元之间如何互相配合、互相策应？这是教材组织应该而且必须思考的另一层次的问题。而且，由于语文学习的非线性特点，教学单元之间的组织与配合在语文教材编制中应该具有更为重要的意义。

二、小学语文课程教材改革与发展

现行的九年义务教育小学语文教材是在总结历套教材改革经验的基础上编写的，与前几套教材相比，质量和水平均有明显提高。但是，其内容和编排方面确有很多不适应的地方。面对实施素质教育这一重大课题，现行小学语文教学大纲已做修改，现行教材也将随之进行修订。

教材是教学大纲的体现，是教学活动的凭借，对实现教学目标有举足轻重的影响。能否将教材修改好，关键在于编写人员的思想是否能跟上时代的步伐，对素质教育是否有深刻的理解，在教材编写过程中能否体现教学大纲的改革思想。

（一）小学语文课程改革的特征

新一轮基础教育课程改革以"教育要面向现代化，面向世界，面向未来"为指导思想，以培养学生的创新精神和实践能力为核心目标，要求全面推进素质教育。《全日制义务教育语文课程标准（实验稿）》（以下简称《标准》）是语文教学的依据和蓝本，对语文课程性质与地位、基本理念、阶段目标和实施建议进行了原则性规定，体现了国家对不同阶段学生在语文知识和技能、语文学习过程和方法、情感态度和价值观等方面的要求。

（1）工具性与人文性。语文是最重要的交际工具，是人类文化的重要组成部分。工具性与人文性的统一是语文课程的基本特点。其中"工具性"着眼于语文课程培养学生语文能力的实用功能和课程的实践性特点，"人文性"着眼于语文课程对于学生思想感情进行熏陶感染的文化功能和课程所具有的人文学科特点，两者需要和谐统一在语义教与学的过程中。语文教学致力于提高学生的语文素养，为全面发展和终身发展奠定坚实的基础。

（2）倡导自主、合作、探究的学习方式。学生是学习和发展的主体。语文课程必须根据学生身心发展和语文学习的特点，关注学生的个体差异和不同的学习需求，爱护学生的好奇心、求知欲，充分激发学生的主动意识和进取精神，倡导自主、合作、探究的学习方式。

（3）开放有活力的课程。要"努力建设开放而有活力的语文课程"，包括课程内容的大视野、大语文教育观和强烈的资源意识等方面。大视野指语文课程应植根于现实、面向世界、面向未来，要有时代气息、世界胸怀和超前意识，真正从观念、内容、方法、评价上符合社会需要，成为名副其实的现代语文课程。大语文教育观指建立课内外联系、校内外沟通、学科间渗透融合的课程体系，拓宽语文学习和运用的领域，注重跨学科的学习和现代科技手段的运用，使课程开放而有活力。强烈的课程资源意识指认识语文课程资源，努力开发、积极利用课程资源。"课程资源的开发与利用"是《标准》的重要章节，为语文教学走出课堂，走向社会、走向生活、走向自然奠定了基础，为培养学生具有创新精神、合作意识、开放视野和实践能力建立了教育平台。

（4）多元的评价体系。课程评价是课程改革成功与否的一个关键因素。《标准》指出，"语文课程评价的目的不仅是为了考查学生实现课程目标的程度，更是为了改进师生的教与学，改善课程设计，从而有效促进学生的发展，而不应过分强调语文课程评价的甄别与选拔功能"。在评价指标上，突出"语文课程评价的整体性和综合性，要兼顾知识能力、过程方法、情感态度价值观三个维度，从识字写字、阅读、写作、口语交际、综合性学习五个方面进行全面评价"。

（二）小学语文教材改革与发展的原则

1. 教材内容应具有思想性与教育性

德育是素质教育的核心。小学语文作为义务教育阶段的基础学科，对培养学生的思想道德素质和科学文化素质，弘扬祖国的优秀文化，提高全民族的素质，具有重要意义。语文又是一门工具学科，对学好其他课程、提高学生的学习能力和交际能力也具有重要意义。

在教材改革中，我们应当高度重视德育问题，充分利用语文学科的特点和优势，使教材具有鲜明的思想性和教育性，使学生在学习语文的同时，身心得到全面、健康的发展。

德育的内涵是广泛的。通过教材可以有效地渗透德育的有关内容：培养学生爱祖国、爱人民、爱社会主义的情感；培养学生有理想、有道德、有纪律的品德和明辨是非美丑的能力；培养学生爱美的情趣，活泼的性格，坚忍不拔、积极进取的精神，形成健康的个性；对学生进行科学思想方法的启蒙教育，培养创新精神等，这些思想教育内容应当以具体而生动的课文为载体，成为教材的"魂"，便于教师在教学过程中自然地渗透，使学生自然而然地接受。

2. 教材内容应具有知识性与趣味性

所谓知识性，是说教材既要给学生一定的语文知识，又要给他们一定的自然科学和社会科学知识，而且，要随着科学技术的发展，不断更新课文，使教材具有鲜明的时代感。之所以提出这一点，是因为在"科教兴国"战略的推动下，科学技术正在我国社会主义建设中发挥着"第一生产力"的作用，只有掌握现代科学技术才能成为 21 世纪的合格人才。在课文中多介绍一些科技知识，可以激发学生从小爱科学、学科学的志趣。另外，小学生的好奇心是最强的，对各种事物、现象总有疑问，在课文中多介绍身边的科学知识，符合他们的心理需要，能够激发学生的创新意识和创造精神。

小学语文教材，还必须具有趣味性。这有利于激发学生的学习兴趣，调动学生学习的主动性，使他们对语文学习始终保持极大的热情。课文内容要尽量贴近学生的实际。这样，学生会感到亲切，容易理解。这里说的实际，包括生活实践，即发生在学生身边的事，也包括精神活动的实际，如天真烂漫的想象天地。当然，学生实际是就整个小学生的群体而言的。具体到每个个体，生活实际则是有局限性的。对某些学生是熟悉的事物，对另一些学生则不一定是熟悉的。这正是扩展学生知识和视野的机会。

3. 教材要培养学生能力与智力

要成为 21 世纪的合格人才，不仅要有丰富的知识，而且要具有独立学习和运用知识解决实际问题的能力。因而小学语文教材的改革应着眼于对学生智能的开发和实践能力的培养，为培养学生的创造思维和实践能力创造条件。在教材编写过程中，要处理好传授知识、培养能力和培育创造意识的关系。教材要力求体现引导学生在语文实践中主动获取语文知识，掌握学习方法，从而逐渐提高独立学习、创造性学习的能力。

教学要以学生为主体，编写教材就一定要以学生的需要为出发点。教材从课文的选材到练习和实践活动的设计，都要从学生的学出发，都要考虑能否发挥学生学习的主动性、积极性和创造性。教材本身应该体现如何训练学生的听说读写能力，如何指导学生学习，如何发展学生的智力，如何培养学生的品质、情感以及习惯。这是全面提高学生素质的需要，是教材编者必须重视的问题。

4. 教材的编排应具有科学性与规范性

教材的科学性是指教材的编排体系要完整、有序，要符合语文教学规律和学生的认识规律。

（1）"完整"包含内层意思：一是在语文教材中无论知识安排、能力培养还是情感熏陶都应有适当的内容，形成各自的系统；二是这三方面要很好地融合，构成一个完整的体系。如果不能做到这一点，就会影响教材质量，影响到全面培养学生的素质。例如，在

"朗读"训练中，从知识的角度应要求学生掌握字词的准确读音；从培养能力的角度要求学生随着年级升高逐步提高朗读的水平；从情感熏陶角度则应训练学生准确地表达出作者的思想感情。将知识、能力、情感三方面紧密联系在一起，有利于从整体上提高学生的语文素质。

（2）"有序"是说教材中知识的难易程度和能力训练要求达到的水平，应当符合学生的年龄特点，符合循序渐进的教学原则。同时，还要突出各个阶段的训练重点，注意训练的连续性和渐进性。例如，汉语拼音教材的编排，低年级的重点应放在汉语拼音的学习、利用汉语拼音识字和学习普通话上；到了中、高年级，就不仅要求学生能够利用汉语拼音识字、学习普通话，还要要求能根据读写需要借助拼音熟练地查字典，独立识字。又如，"写"的训练，在不同阶段也要体现出渐进性。低年级在"写"的方面应把重点放在培养学生写话兴趣上；到了中年级，就要重点培养学生勤于观察思考和乐于动笔的习惯，使他们能不拘形式地把自己的见闻和想象写出来；到了高年级，则应进一步提出能写简单的纪实作文和想象作文，能写读书笔记、书信等要求，并做到内容具体，感情真实；有一定条理，不写错别字，标点正确。同时还要加大习作量，使学生在习作实践中不断提高作文能力。诸如识字训练、阅读训练、口语交际、语文实践活动等安排也要体现出"有序"的编排特点。

教材的规范性，是指教材中的所有语言、文字都应当规范。语文教材是学生学习语言文字的样板。只有规范的教材，才能使学生领悟到祖国语言文字的准确、鲜明、优美、形象，才能激发对祖国语言文字的热爱，才能有效地培养理解与表达能力，才能养成良好的语言习惯。教材中的所有文字，包括课文、预习提示、课后练习等，每个词、每句话、每个标点，都应当准确无误，鲜明生动，富于表现力，符合儿童的年龄特点。

5. 教材改革应吸收教育改革的新成果

多年来，我国小学语文教学改革较为活跃，在人们的共同努力和探索下，取得了许多宝贵的经验。教学改革和教材建设是紧密相连的，二者是相互促进的。好的教材可以促进教学改革，教学改革的成果又为教材编写提供了新鲜经验。吸收教改新成果不仅可以丰富教材内容和形式，增强教材活力，还能使教材更加符合教学规律，便于教和学，从而推动教学改革的深入发展。

进行小学语文教材改革，还要注意研究和借鉴国外和港台地区的经验。他们的教材在编排体系、练习设计等方面有不少值得我们学习、借鉴之处。教材编者要博采众长，将其融入自己的教材体系之中，使教材更加完善。

（三）小学语文教材改革与发展须注意的问题

1. 汉语拼音教材要降低难度，增加趣味性

汉语拼音是帮助识字和学习普通话的有效工具，在小学语文教材中这方面的内容必不可少。但长期以来，汉语拼音难教、教学时间长、学生感到乏味的问题确实困扰着不少教师。这种状况的存在有教师方面的因素，也有大纲、教材方面的因素。修订后的大纲对汉语拼音教学的要求进行了调整。教材便可以从以下两方面加以改进：一是适当降低难度，二是增加趣味性。

现用汉语拼音教材编排了拼读和直呼两种学习拼音的形式。由于大多数教师尚未掌握直呼音节的教学方法，这就给拼音教学带来了一定困难。另外，以直呼形式出现的音节、音节词语和句子在教材中占有一定比重，挤占了拼读练习的地位，学生得不到大量的拼读练习，必然影响准确拼读的效果。改编教材时，应删去直呼音节的内容，增加拼读练习，使学生在拼读练习中，由不会到会，由正确拼读到熟练拼读，起到利用汉语拼音识字、正音、学习普通话的作用。

汉语拼音对多数刚入学的儿童而言较为陌生，他们学习这些平时极少见到、听到的字母时，难免会感到困难。改编教材时，可采取边学拼音边出现儿歌、谜语的方式，使学生了解汉语拼音与识字的关系，激发他们学习拼音的兴趣。例如，学习字母 b、p、m、f 和这四个声母与单韵母的拼音，随即安排一首汉字注音的儿歌或一则谜语，儿歌或谜语中分别含有声母 b、p、m、f。这样编排，不仅有利于活跃课堂气氛，激发学生兴趣，巩固所学的拼音知识，还有利于通过教师领读、背诵、提早学习书面语言，甚至可能在无意中认一些字。

2. 增加识字量，为阅读和作文奠定基础

识字是阅读和作文的基础。低年级如果不能识比较多的字，中、高年级的阅读和作文就不能顺利进行。现行的六年制小学语文教材，一、二年级共识汉字 1180 个，仅占小学阶段识字总量的 2/5 多一点。这个数字比教育部规定的脱盲标准 1500 字还少 300 多字，显然是不能满足阅读和作文需要的。因而，必须加大低年级的识字量。为了不加重学生的负担，可以在教学要求上采取分步走的方法，一部分生字要求学会，一部分只要求认识，不要求书写和运用，识写分步，多认少写。采取这种方法，既可以在低年级认比较多的字，使广大学生较早进入利用汉字阅读，又可以为识字能力强的学生提供主动识字、独立识字的条件，也不会给学习程度低的学生造成压力，使全体学生都能体验成功的喜悦，增强学习的信心。

3. 坚持在语言环境中识字的编排方法

在语言环境中识字，能很好地体现汉字音、形、义三方面的结合，是识字的有效途

径。汉字在字音上有同音字、多音字，在字形上有形近字，在字义上有一字多义和多字一义。许多字只有放在具体的语言环境中才能读准字音，理解意思。结合词句和课文识字，能反复感知字形、巩固字音、了解字义，使学生在头脑中建立字的音、形、义三者之间的联系，从而提高识字质量。

汉字有独体字与合体字之分。不少合体字都是由独体字加偏旁构成的。例如："也"字加上不同的偏旁可以组成"他""地""池""驰"；"方"字加上不同的偏旁可以组成"放""访""纺""房"；等等。先识独体字，后学合体字，可以降低学习汉字的难度，符合由易到难的编排原则，符合识字规律，并有助于学生了解汉字的构字规律及特点。编者在安排生字时，特别是第一册教材，要力争做到先识独体字，后学合体字，为方便教和学创造条件。

4. 课文的体裁和内容要符合儿童的年龄特点

小学阶段的儿童，无论生理、心理、语言，都处于重要的发展时期。低年级学生与高年级学生在阅读范围和理解能力方面存在着明显的差异。低年级学生喜欢阅读童话故事，对他们接触的事物和亲身体验到的生活容易理解，富于想象和幻想。而高年级学生随着年龄的增长，理解能力的提高，则对有意境、有感情、有哲理的课文十分喜爱。根据学生的年龄特点，低年级教材应该多选童话、寓言、谜语、儿歌、儿童故事等作为课文，内容要生动、活泼、有趣，语言要浅近、儿童化。

5. 丰富练习形式，重视培养能力

现行低年级教材的练习形式比较单调，且理解课文内容的要求偏高，对学生自主语言实践重视不够。教材的练习设计不能只限于抄抄写写，读读背背，要注意练习形式的多样化，要减少理解课文内容方面的练习，加强朗读、背诵等积累语言的练习，加强综合性的语言实践，使练习富有实践性、启发性和趣味性。如可以适当增加"读读画画""读读做做""读读唱唱""读读演演"① 等练习，还要重视通过练习启发学生思考，学习提出问题，鼓励说出自己的想法、看法。

教材中的练习是改编的重点。因为语文能力训练主要通过练习来进行。编写练习要特别重视有计划地安排识字、写字、朗读、想象、理解词句、口语交际等能力的训练。在安排上要注意由浅入深、由易到难，符合学生年龄特点，注意体现规律性，以便学生举一反三，触类旁通。练习形式要能激趣、益智，有效地培养学生的语文能力，开发智力。

---

① 蔡玉琴：《对小学语文教材改革的思考》，载《课程·教材·教法》2000 第 7 期，第 11 页。

第二章　中小学语文课程的理论支撑

第一节　中小学语文课程标准的阐释

一、中小学语文课程标准的发展

（一）课程标准和语文课程标准

　　"课程标准是规定某一学科的课程性质、课程目标、课程内容、实施建议的教学指导性文件。"① 课程标准主要有以下特点：①它是按门类制定的；②它规定本门课程的性质、目标、内容框架；③它提出了指导性的教学原则和评价建议；④它不包括教学重点、难点、时间分配等具体内容；⑤它规定了不同阶段学生在知识与能力、过程与方法、情感态度与价值观等方面所应达到的基本要求。

　　《基础教育课程改革纲要（试行）》指出："国家课程标准是教材编写、教学、评估和考试命题的依据，是国家管理和评价课程的基础。"可见，课程标准是教师进行一切教育教学工作的依据，需要教师认真学习，潜心体会。

（二）语文课程标准与教学大纲

　　纵观语文教学指导性文件的历史发展过程，不难发现，"课程标准"和"教学大纲"这两个名称是交替使用的。实际上，"课程标准"并不是一个新词，早在 1912 年中华民国南京临时政府教育部就颁布了《普通教育临时课程标准》，此后"课程标准"一词在中国一直沿用了 40 年。中华人民共和国成立初期，颁布了小学各科和中学个别科目的课程标准（草案）。1952 年后，改用教学大纲，这是中国学习苏联教育模式的一个重要表现。教

---

　　①　申晓辉、赵翠明：《小学语文课程标准与教学》，苏州大学出版社 2015 年版，第 15 页。

学大纲存在以下弊端：从目标上，只规定了知识方面的要求；内容偏难、偏深、偏窄，对绝大多数学生而言，要求过高；只强调教学过程，忽视课程的其他环节；刚性太强，缺乏弹性和选择性。

基于教学大纲的弊端以及本次课程改革所倡导的基本理念及改革目标，本次课程改革中以课程标准代替教学大纲，这不仅仅是一个简单的词语置换，还至少包括以下三方面的理解和考虑：

1. 课程价值取向从精英转向大众教育

1996年，教育部对中国义务教育实施状况的调研结果表明，当时的教学大纲要求过高，教学内容存在繁、难、偏、深、旧、窄的情况，90%的学生不能达到教学大纲规定的要求。对各科教学的内容、教学要求做了统一的硬性的规定，缺乏弹性和选择性。这种状况导致大多数学生负担过重，学生辍学率增加，不利于学生的全面发展。义务教育课程标准是国家制定的对某一学段学生共同的、统一的基本要求，而不是最高要求，它应是大多数少年儿童都能达到的标准。因此，课程标准是一个"最低标准"，是一个绝大多数少年儿童都能达到的标准。接受义务教育是每一个少年儿童的基本权利，义务教育不是精英教育，应面向每一个少年儿童，着眼于全体少年儿童的发展。

2. 课程目标着眼于学生素质的全面提高

教学大纲关注的是学生在知识和能力方面的要求，而课程标准着眼于未来社会对国民素质的要求。基础教育的目标是培养未来的建设者，随着21世纪科学技术的迅猛发展、经济的全球化，未来社会对人的素质提出了新的要求。作为国家对未来国民素质的基本要求的纲领性文件，各学科或领域学生素质的要求应成为课程标准的核心部分。

课程改革以促进学生发展为宗旨，确立了知识与能力、过程与方法、情感态度与价值观三位一体的课程目标。加强课程的目标意识，是各国课程改革的共同趋势。目前，即便仍沿用教学大纲的国家，其内涵也发生了很大的变化。

3. 从关注教师教学转向关注课程实施过程

教学大纲，顾名思义是各学科教学工作的纲领性文件，教师教学是教学大纲关注的焦点，缺乏对课程实施特别是学生学习过程的关注。

4. 课程管理从刚性转向弹性

教学大纲对各科教学工作都做出了十分具体细致的规定，以便对教师的教学工作能够起到具体直接的指导作用。教学大纲便于教师学习和直接运用，但是刚性太强，不利于教师创造性的发挥，没有给教材特色化和个性化发展留下足够的空间，不利于教材多样化的实现，更无法适应全国不同地区的学校发展极不平衡的状况。

与之相比，国家课程标准是国家对学生在某一方面或领域应该具有的素质所提出的基本要求，是一个面向全体学生的标准，国家课程标准对教学目标、教学内容、教学实施、评价及教材编写做出了一些指导和建议。但与教学大纲相比，这种影响是间接的、指导性的、弹性的，给教学与评价的选择余地和灵活空间都很大。同时，本次课程改革把实施三级管理政策作为重要目标，给地方和学校创造性地执行国家课程提供了政策保障。

二、义务教育语文课程标准解读

义务教育语文课程标准的修订，一方面保持了课程标准"实验稿"的改革精神和结构框架；另一方面则又根据社会和教育事业发展的需要，针对课程改革实验中发现的问题，做了较大的修改和调整。

（一）义务教育语文课程标准修订的思路

（1）坚持语文课程对于"工具性与人文性统一"的价值追求，坚持"知识和能力、过程和方法、情感态度和价值观"三个维度的课程目标系统。

（2）坚持语文课程标准实验稿中提出的"素养—养成"的课程基本模式。"语文素养"作为新课程的核心概念，更好地体现了素质教育的精神，更加丰富了语文课程的价值追求，促进学生在语文知识、能力和情感态度、思想观念多方面和谐地发展。

（3）坚持义务教育语文课程标准目标与内容面向全体学生的普遍要求，全方位提高学生的语文素养，在语文教育中促进学生整体素质的良好发展。

（4）坚持在语文课程的实施中正确把握本学科人文性、实践性，本国通用语言文字教学以及汉语言文字等方面的特点，积极探索语文教育的规律。

（5）坚持推进学习方式以及教学、评价方式的转变，积极吸收当代教育的新理念，使学生在学习语言文字运用的实践中提高人文修养和创新能力。

（6）坚持中国语文教育的优良传统，认真借鉴以往的成功经验，在学习语文的各个环节中，把读书放在头等重要的位置；注重积累、感悟和实践，注重整合各种可利用的课程资源。

（7）坚持面向现代化、面向世界、面向未来，不断探索语文课程的创新发展，使语文课程保持"开放"的态势，避免故步自封，能根据需要不断更新与发展，始终适应时代的变化一。

（二）语文课程标准修订的具体情况

语文课程标准的修订，依据全国教育工作会议确立的坚持以人为本、全面实施素质教育的战略主题，努力落实《国家中长期教育改革和发展规划纲要》提出的深化课程和教学改革、加强教师队伍建设、提高教育质量、坚持改革创新的目标，同时也依据对调查中收集到的意见的研究分析。

修订中要解决的主要问题有：加强社会主义核心价值体系在语文课程中的渗透；进一步突出本次课程改革的核心任务——培养学生的社会责任感、实践能力和创新能力；进一步突出语文课程的核心目标——学习祖国语言文字的运用；根据少年儿童认知发展规律和学习语文的特点，进一步增强课程目标的切合性和教学实施的可操作性；针对语文教学和社会语言文字运用中的突出问题，采取一些新的措施，增强改革力度；根据社会和教育发展的需要，提出语文教学的新要求。

从课程标准的构成部分来看，改动幅度较大的地方主要有以下方面：

（1）"前言"。导语完全重写；"课程性质"的表述有重要的补充；"课程基本理念"和"设计思路"也有较多的修改。

（2）"课程目标与内容"。"总体目标与内容"和"学段目标与内容"有调整，在内容方面和语言表述方面也有较多修改。

（3）"实施建议"。"教学建议"增加了比较多的具体建议；"评价建议"也补充了具体建议，结构上有较大的调整；"教材编写建议"有所补充。

（4）"附录"。"优秀诗文背诵推荐篇目"比"实验稿"增加了16篇，在具体篇目上略有调整；"关于课外读物的建议"列举的书目有所增补和调整；新增两个"字表"——识字、写字教学基本字表和义务教育语文课程常用字表。

（5）结构体例与标题。课程标准的结构体例和标题也做了一些调整，尽可能和其他学科课程标准取得一致，如，"前言"部分的"课程性质""课程基本理念""课程设计思路"的标题及相关内容（比较：实验稿的"课程标准设计思路"）；"实施建议"四个部分的排列顺序。

另外，语文课程还是根据本学科的特点来安排，课程标准中未设"内容标准"这一类，不强求与别的学科保持完全统一，语文课程标准里的"内容"与"目标"融在一起；标题则采用"课程目标与内容"，下面一级标题未采用按内容划分的"分目标"的名目，而是按学段提出"目标"，称为"学段目标与内容"；"总目标"则称为"总体目标与内容"。

（三）义务教育语文课程标准修改与调整的内容

1. 突出课程改革的核心任务，并培养学生的社会责任感

根据社会和教育事业发展的需要，课程标准的修订继续坚持学习方式、教学方式和评价方式的改革，对课程目标与内容、教学建议和评价建议再做适当调整，在本课程里进一

步促进人才培养模式变革，引导学生关注社会和自然，关注自己的成长，学会学习、学会合作、学会创新。

培养学生的社会责任感，不仅是要让学生懂得这方面的道理，而是应该在阅读、表达的活动中，通过引导，使他们在精神上受到激励、感染，让这种意识成为自觉的行动。

语文课程作为一门实践课程，必须要求学生在阅读、表达的实践上下功夫，应避免围绕知识条文、概念定义耗费精力。要培养这方面的实践能力，不能光靠反复做题、学会应对考试，而是要设计各种学习活动，让学生把语言文字的运用和生活联系起来，和各种学科的学习联系起来，根据生活和学习的实际需要，在运用中真正提高语言文字运用的实践能力。生活、学习和工作对于语文能力的要求也是在发展的，课程标准根据社会和教育发展的需要，对语文教学提出了新要求。

所谓"非连续文本"，是相对于以句子和段落组成的"连续文本"而言的阅读材料，多以统计图表、图画等形式呈现。它的特点是直观、简明，概括性强，易于比较，在现代社会被广泛运用，与人们的日常生活和工作须臾不离，其实用性特征和实用功能十分明显。学会从非连续文本中获取我们所需要的信息，得出有意义的结论，是现代公民应具有的阅读能力。

现代学生不仅应该学会通过传统的媒体阅读和表达，还应该能够运用新媒体、新技术来获取信息和交流沟通。追求创新，是这个时代赋予我们的重大任务，培养创新能力是当代教育中的主旋律，语文学科也应该和其他学科一样，高度重视发展学生的创新能力。在语文课程中，应该逐渐改变"告诉式"的教学方式，积极引导学生学会探究，学习从习以为常的语言现象和事实中发现问题；在自己的表达中，努力摆脱模式化的套路，寻求语言运用的创新。学习语文，的确要展开技能训练，使学生熟练地运用语言文字。掌握语言运用的规范、书写的规范，但是不能把它当作唯一的学习方式。实施创新教育，还必须改变刻板划一的教学模式，创设生动、活泼、宽松的学习环境，让学生的思维活跃起来，让学生获得充分展示自己语文学习成果的机会。

2. 突出语文课程的核心目标，学习祖国语言文字的运用

语文课程是一门学习语言文字运用的综合性、实践性课程。义务教育阶段的语文课程，应使学生初步学会运用祖国语言文字进行交流沟通，吸收古今中外优秀文化，提高思想文化修养，促进自身精神成长。工具性与人文性的统一，是语文课程的基本特点。

强调课程的目标和内容须聚焦于"学习语言文字运用"，突出"实践性""综合性"特点。语文课程的内容十分丰富，语文教学可以因教师风格的差异而异彩纷呈，但是教学目标和内容都必须围绕一个核心，教学的种种举措和行为也都应该紧扣这一核心目标。

在语文教学中，大家都注意到一些背离语文课程核心目标的做法。有些教师在阅读教

学中，往往会脱离课文的语言文字运用情况，讨论、评析作品和作者的思想感情问题。根据语文课程标准"教学建议"的要求，阅读教学可以从具体语言文字运用现象入手，通过对课文语言的品位，来探索文本的意蕴；也可以从整体阅读的感悟出发，到语言文字中找出依据。总之，要紧扣语言文字的运用。

语文课程是要让学生学会"运用"或者说"驾驭"语言文字这种工具，是要通过运用语言文字的范例和实践，学习如何在生活中、在本课程和其他课程的学习中、并准备将来在各种不同工作领域里，运用好语言文字。

3. 根据儿童认知发展规律与学习语文的特点

课程标准还十分注重学生的语文积累，在语文教学中应当指导学生掌握好积累的工具、途径和方法，激励和督促学生养成日积月累的习惯，并且引导学生在语文运用中充分调动自己的积累。

在修订中，根据广大语文教师的意见和建议，根据儿童认知发展的规律和学习语文的特点，经过系统的梳理，对课程标准相关内容的目标和要求进行了适当的调整，使课程目标更加切合学生的实际发展状况，"课程目标""教学建议"和"评价建议"增强了可操作性。

在"课程目标"方面，有的部分原先设定的目标难度偏高，修订后难度适当降低；"实施建议"中，修订后进一步强调关于语文学习的关键性要求，补充相应的措施和说明，强调改变烦琐的教学过程和过于理性、抽象的要求；对"目标""建议"的表述做了较多的修改，力求使各学段目标的梯度和层次及有关表述更加清晰。

4. 针对语文教学和社会语言文字运用中的突出问题

现在许多中小学生及成人，错别字频现，书写质量偏低。另外，有的地区反映，小学低年级学生写字学习负担过重。针对这方面的问题，语文课程标准的修订做了如下五个方面的工作：

（1）提出汉字教育的新理念，要求不能以纯粹的工具观来看待汉字学习和教学，不能简单地把识字写字的学习当作阅读、写作的附庸。

（2）强调要帮助学生从第一学段到第四学段始终保持正确的写字的姿势和良好的习惯。

（3）适当降低第一、二学段识字写字量的要求。

（4）针对识字写字学习负担过重的问题，在教学建议中进一步强调"多认少写"的教学原则，希望下功夫扭转多年来形成的每学一字必须达到"四会"要求的教学观念和做法。

（5）在"附录"中新增两个字表，即识字、写字教学基本字表和义务教育语文课程常用字表，为写字教学、教材编写和教学评估等提供依据。

（四）语文教学须重点关注的因素与环节

中小学阶段是学生语文素养养成的黄金时期，错过这个时期，很可能"语文发育不良"的状况会伴随终生。所以，在语文教学中必须紧紧抓住一些关键的因素和环节，促进学生养成良好的语文素养。

（1）紧扣语文课程的核心任务——学习语言文字运用。语文教学中常见的弊病：①脱离语言文字运用情况，谈论作品和作者的思想感情。建议：从具体语言文字运用现象入手，通过品味、咀嚼，探索文本的意蕴；从整体阅读的感悟出发，在语言文字中找出依据。②注重对文本意蕴领会的"深""透"，教师"讲课"考虑的重心在于把学生给"讲懂"了，忽视对文本中语言文字的进一步掌握。建议：使学生"理解""听懂""记住"，只能是中小学语文教学目的的一部分，学生还应该积累词语，学会运用词语进行表达。③立足于语言、文字等学科知识点的落实，对语言文字材料的积累感悟用力不够。建议：学习语文的第一步功夫，应该下在对具体语言材料的积累、品味、感悟上，对所接触的材料"有感觉""能判别"；在感性把握的基础上，再根据学生的需要和可能（学生具备对语言文字运用现象抽象提升的条件，不过多增加学习成本），帮助学生认识语文运用规律。

（2）认真抓好"读书"这一根本环节。读书是语文学习的第一要务。"课程基本理念""课程设计思路""教学建议"中指出：语文课程的建设应继承中国语文教育的优良传统，注重读书、积累和感悟，注重整体把握和熏陶感染；语文课程应注重引导学生多读书、多积累，重视语言文字运用的实践，在实践中领悟文化内涵和语文应用规律。课程标准强调"读书"在语文学习和思想文化修养中的关键作用，要求高度重视阅读的"兴趣、习惯、品位、方法和能力"，对于推荐阅读书目和诵读篇目也做了一定的调整和补充。

（3）努力设计学生感兴趣的语文学习活动。在学生对原有的学习内容、方法等产生审美疲劳之前，设法提出新的目标，引进新的内容，调整学习方法。开展语文学习活动，须讲究实际效果，要反对花哨的表面文章。语文运用包含了对积累的温习、复用和创新。

（4）引导学生适时梳理学习的重点内容。边学边温习，联系新的内容，温故知新。每隔一个阶段进行一次"盘点"，温习、归类存档，领悟知识、经验和各种新信息之间的联系，把握语文学习和语文运用的规律。

（5）重视汉字教育。在识字写字教学中，语文教师需要切实转变汉字教育理念，应该认识到学习汉字，不仅在于使学生掌握阅读的工具和书写的技能，而且也有利于增强学生对祖国语言文字的热爱和对中华民族文化的理解，提高审美感受力，还有利于增强规范意识，养成良好的习惯和性格汉字教育的新理念也很好地体现了工具性与人文性统一的精神。在第一、第二学段，对学生的识字量和写字量，不要急于赶进度，先要在学生写字姿势、写字习惯和规范意识上下功夫，必须抓紧、抓实，持之以恒。

课程标准要求小学阶段必须在写字教学方面投入更多的力量，在"教学建议"中特别强调，"第一、二、三学段，要在每天的语文课中安排 10 分钟，在教师指导下随堂练习，做到天天练。要在日常书写中增强练字意识，讲究练字效果"。确保语文课上留有一定的时间让学生练字，由教师关注学生的练习过程和写字质量，及时帮助学生保持正确的姿势，养成良好习惯，提高书写技能。

要用好"字表"。让学生在初级阶段熟练掌握识字写字教学基本字表的 300 个"基本字"，这些高频字里面包含汉字的各种笔画类型和基本间架结构类型，学生多花一些工夫认识、体会并且练好这些字以后，学习其他的字可以少花时间和力气，能收到事半功倍的效果。还要利用"字表"加强识字写字教学的评价。

义务教育语文课程标准在十年实验的基础上完成修订，目标和内容比"实验稿"更加明确、清晰和充实，将使积极投入改革的教师更加充满信心，明确前进的方向。

第二节 中小学语文课程及其教育技术

一、中小学语文课程分析

研究语文课程，需要先了解课程。课程的含义是不断发展变化的。"课程"意识与实践在我国古代学校教育中早已有之，如古代的"礼乐射御书数"六艺，《诗》《书》《礼》《乐》《易》《春秋》六经，以及《学记》中的"一年视离经辨志，三年视敬业乐群，五年视博习亲师，七年视论学取友，谓之小成；九年知类通达，强立而不反，谓之大成"等，就反映了古代的课程门类与目标进程等。

但我国"课程"一词的出现，则始于唐宋年间。"课程"一词最早出现于唐朝。孔颖达在《五经正义》中的"维护课程，必君子监之，乃依法制"是"课程"一词在汉语文献中的最早显露。但其含义十分宽泛，远远超出学校教育的范围。宋朝的朱熹在《朱子全书·论学》中频频提及"课程"，其"课程"主要指"功课及进程"，这与今天日常语言中的"课程"的意义已极为相近。后来我国把各级学校的教学科目、教学顺序、教学时数的规定，叫作某级学校的课程。《现代汉语词典》对"课程"的解释是：学校教学的科目和进程。

在西方，英国著名哲学家、教育家斯宾塞在 1859 年发表的一篇著名文章《什么知识最有价值》中最早提出"curriculum"（课程）一词，意指"教学内容的系统组织"。西方最常见的课程定义是"学习的进程"（course of study）。人们对课程的认识是不断发展变化的，如从进步主义课程理论到学问中心课程理论，从学问中心课程理论到人本主义课程理论，从人本主义课程理论到"恢复基础"运动，再到各种课程理论的融合与并存，课程的含义在不断变化，主要有以下方面：

（1）所谓"课程"系指在学校的教师指导之下出现的学习者学习活动的总体。

（2）课程就是课堂教学、课外学习以及自学活动的内容纲要和目标体系，是教学和学生各种学习活动的总体规划及其过程。

（3）教育部 2001 年颁布的《基础教育课程改革纲要（试行）》，提出了基础教育课程改革六个方面的具体目标，即课程的目标、结构、内容、实施、评价、管理等。这里所指的课程，已是一个含义很广的概念了。

综上所述，课程是一个复杂的概念，相应地，中小学语文课程也是一个复杂的概念。因而，给中小学语文课程下一个定义也不是一件容易的事情。不同教材对课程的定义情况并不相同。例如，有的教材没有给中小学语文课程下定义，只是提到了它在小学课程中的地位，"它既是小学课程的有机组成部分，又是相对独立的整体"，是"处于基础地位"的一门"核心课程"，是"花费时间最长、课时最多的课程之一"。可以结合中小学语文课程的任务、地位等对中小学语文课程进行描述：中小学语文课程是一门学习语言文字运用的课程，是学好其他课程、全面提高学生素养的最重要的课程。它由国家整体设计，其目标、内容等体现在课程方案、课程标准、教材等不同层次的载体中，其目标主要通过一系列的教学活动来实现。

（一）中小学语文课程的性质

理解中小学语文课程的性质应把握几个关键词：基础性、综合性、实践性、工具性、人文性、工具性与人文性的统一。

（1）基础性。语文课程致力于培养学生的语言文字运用能力，提升学生的综合素养，为学好其他课程打下基础；为学生形成正确的世界观、人生观、价值观，形成良好个性和健全人格打下基础；为学生的全面发展和终身发展打下基础。中小学语文学习是学习者学习各科知识的基础，是学习做人的基础，是将来工作的基础。中小学语文学习是人们发展的基础，必须扎扎实实打好这个基础。

（2）综合性。语文课程综合性指语文课程的目标、内容不是单一的、孤立的，而是综合的、丰富的、相互联系的，语文课程的实施也必须体现其综合性。语文学习应注重听说读写的相互联系，注重语文与生活的结合，注重知识与能力、过程与方法、情感态度与价值观的整体发展。

（3）实践性。语文课程是实践性课程，应着重培养学生的语文实践能力，而培养这种能力的主要途径也应是语文实践。语文课程是学生学习运用祖国语言文字的课程，学习资源和实践机会无处不在，无时不有。因而，应该让学生多读多写，日积月累，在大量的语文实践中体会、把握运用语文的规律。

（4）工具性。语言文字是人类最重要的交际工具和信息载体，是人类文化的重要组成部分。语言文字的运用，包括生活、工作和学习中的听说读写活动以及文学活动，存在于人类生活的各个领域。中小学语文的工具性表现为四个方面：一是中小学生进行思维的工具（这从内部言语说）；二是交流思想的工具（这从外部言语说）；三是中小学生学习科学文化的工具；四是将来从事工作的工具。

（5）人文性。"人文性"指作为文化载体的语言文字蕴含着并表现了民族的思想文化与人文精神，语言文字本身就是祖国优秀文化的组成部分；表现为中小学语文课程使小学生在语言学习与发展的同时，接受了百科文化知识，接受了中华文化的熏陶，中小学生学习与运用汉语言文字，就潜移默化地接受着汉民族独特的心理特征、思维方式和文化精神的影响与制约。

（6）工具性与人文性的统一。工具性是语文学科的"本质属性"，人文性是语文学科的"特有属性"，两者是不可分割的。在中小学语文教学中，应把语言文字的工具训练和人文教育结合起来。

（二）中小学语文课程的目标

课程目标是预期的学生课程学习的结果。我国的课程目标是由国家（有关部门代表国家）制定的，体现在课程标准或教学大纲中。理解课程目标应该明确课程目标的两个维度：广度与深度。

1. 目标的广度

（1）目标分类的观点。中小学语文课程的目标指向是全面提高学生的语文素养，有明确素养的分类，才好去具体落实素养的培养工作。对目标进行分类是很复杂的工作。很多学者提出了不同的分类方法，主要有以下方面：

1）我国著名心理学家潘菽教授主编的《教育心理学》把学习结果分为四类：知识的学习，技能和熟练的学习，心智的、以思维为主的能力的学习，道德品质和行为习惯的学习。

2）当前国际上公认的教育学目标分类框架是布卢姆等人于20世纪五六十年代提出的目标分类框架，被称为教育目标分类学。布卢姆将教学目标分为三个领域：认知领域、心因动作技能领域、情感领域。动作技能前面加上"心因"二字表示动作技能是学习的结果，非天生而会的动作。

3）加涅将学习结果分为五种类型：言语信息（能用言语表达的知识）、智慧技能（亦称智力技能、心智技能，是运用符号做事的能力，主要是运用概念和规则做事的能力）、认知策略（含元认知，是运用规则或程序调控自己的认知活动过程的能力）、动作技能（用规则或程序支配自己的肌肉协调的能力）、态度（个人对人、对事、对周围世界持有的一种持久性与一致性的倾向，由认知成分、情感成分和行动成分三者构成）。这五种学习也可以分为三个领域：认知领域、动作领域、情感领域。因此加涅与布卢姆的分类大框架是完全一致的，只是名称不同。

4）把人类的学习结果分为认知、情感和动作技能三个领域几乎成了一切学习心理学家和教育心理学家的共识。由于学校教学目标也就是预期的学生学习结果，因此这一学习结果分类对教师确定教学目标也有直接的指导意义。

5）"德、智、体、美、劳"是我国教育学关于教育功能的最一般的概括。但把教育目标归结为"德、智、体、美、劳"只是习惯的和常识性的说法，不宜作为教学设计的教学目标分类的框架。而且体育目标中有部分目标不是学习的结果，而是"养育"的结果。

（2）"三维目标"问题的思考。"三维目标"的提法，最大的问题是把"过程与方法"作为与"知识与技能""情感态度与价值观"并列的目标。例如，以自由快速的阅读方法，整体感知内容，运用小说三要素梳理情节；在读中品味语言，在读中"质疑、探究"。这里涉及教学过程，未涉及学习结果。教师出现这样的教学目标分类问题，当然与课程标准中提出的"三维目标"有关。重视"过程与方法"是没有问题的，问题在于把它看作与"知识与能力（技能）""情感态度与价值观"并列的另外一类目标。这可从以下四个方面来理解：

1）课程论中的"过程与方法"是与"概念原理"相对的，而不是与知识相对的，它们同属于学科知识。

2）"学习或掌握××方法"属于目标是无疑的，但它属于知识与能力（或技能）目标，而不是与"知识与能力"并列的另外一类目标。

3）"运用××方法学习"这显然属于"教学方法"中的"学法"，而不是教学目标。如果是教学设计，这方面内容应该在教学设计的"教学方法"部分总说明，在"教学过程"部分具体落实，而不应写在教学设计的"教学目标"中。

4）所谓"过程与方法目标"的"行为动词"，指向的仍然是知识、技能（能力）或情感，它不是另外一类目标。

教育部基础教育司组织编写的《走进新课程——与课程实施者对话》一书中列举了

"过程与方法"目标的"常用行为动词":经历、感受、参加、参与、尝试、寻找、讨论、交流、合作、分享、参观、访问、考察、接触、体验等。该书列举的语文课程的"过程与方法"目标的行为动词有:感受、尝试、体会、参加、发表意见、提出问题、讨论、积累、体验、策划、交流、制订计划、收藏、分享、合作、探讨、沟通、组织等。可以看出,这些动词或学生活动都是有对象或目的的,它们指向的仍然是知识、技能(能力)或情感——新课改所最看重的是情感。

教学目标分为结果性目标与体验性目标两类。其中结果性目标包括知识与技能目标。其中体验性目标分为三级水平:经历(感受)水平、反应(认同)水平、领悟(内化)水平。所谓经历(感受)水平,包括独立从事或合作参与相关活动,建立感性认识等,这一级水平的行为动词与教育部基础教育司组织编写的《走进新课程——与课程实施者对话》一书中列举的"过程与方法"目标的"常用行为动词"是完全一致的。换言之,所谓"过程与方法"目标也就是体验性目标中第一级水平的目标。如果把这里所谓的"体验性目标"与教育目标分类学中的"情感领域的目标"相比较,可见它们所指的是同一类目标。克拉斯沃尔、布卢姆和马西亚等1964年出版的《教育目标分类学》(第二分册:情感领域),将情感教育目标分为:接受、反应、价值判断、组织、价值观念或价值复合体的个性化等五个层次。上述"体验性目标"与"情感领域目标"尽管所分层次不一样,但它们却是同一类目标。它们的最高层次不是一步达到的,每一课的学习、每一课中有关的学习活动,都不可能一次就使情感目标达到最高层次,但它们却是指向最高层次的,它们仍属于情感目标,而不能把它们称为与情感目标并列的另外一类所谓的"过程目标"。

课程目标不是一步达到的,目标有大有小,有远有近,大目标、总目标或远期目标是由小目标或分目标、近期目标、中期目标等逐步汇聚而成的。如课程总目标是由课时教学目标、学段课程目标逐步达成的。但小目标、近期目标等是与大目标或远期目标、总目标等相对的,是根据其达成的顺序、层次等不同划分的,它们都涉及或者指向知识、能力、情感等方面,而不是与知识、能力、情感等并列的另外一类目标。

总而言之,掌握"过程与方法"的知识是每个学科(或课程)学习不可缺少的目标;知识、能力、情感目标的达成都要经历一定的过程。人们应该重视学生的学习与体验过程,重视有关方法的学习及采用正确的方法进行学习,且把它们看作课程或教学目标。但这些内容仍然属于知识、技能(能力)或情感目标(当然有的已属于课程实施或教学过程、教学方法中的内容),而不是并列于知识、技能(能力)或情感目标的另一类所谓"过程与方法目标"。把"过程与方法"与"知识与技能"和"情感态度与价值观"作为并列的一类目标是不科学的。知识、技能(能力)、情感目标足以涵盖"过程与方法目标"的内容。

2. 目标的深度

课程目标不是一步达到的。设置课程目标当然要考虑目标的远近与深度（层次）。课程标准中的总目标、学段目标，以及每篇课文（课题）的教学目标，可以看作语文课程或教学的远期目标、中期目标和近期目标。

语文课程的总目标与学段目标一般由国家（代表国家有关部门）制定，体现在语文课程标准或教学大纲中，每一课题的具体目标一般体现在教材（课后要求）中或由教师确定。

二、中小学语文课程的教育技术

（一）中小学语文课程中教育技术的作用

新课程改革以培养具有创新精神、实践能力和人文素养的综合性人才为目标，倡导多元化教学目标，使学生在学习过程中获得知识、提高思维能力、发展情感态度与价值观。现代教育技术在语文课程中的作用主要有以下几个方面：

1. 构建信息化学习环境，培养综合能力

现代信息技术融入语文课堂后，教学环境发生了根本变化。现代信息技术为语文教学构建了一个由多媒体、网络和智能有机结合的个别化、交互式、开放性的动态教学环境，与以往"由学校建筑、课堂、图书馆、实验室、操场以及家庭中的学习区域所组成的学习场所"有着本质的区别。信息技术所营造的动态教学环境不再局限于"场所"，还包括学习资源、教学模式、教学策略、学习氛围、人际关系等要素，它与教学活动共存共生，随着教学活动进程的展开，教学环境中的情况和条件也不断发生变化。信息化学习环境的创设，为学生的发展提供了更为宽广、有弹性且具有创意的学习空间，使以学生为中心、基于资源及交流讨论的全新教学方式得以实现。此外，运用信息技术构建学生自主探究学习的教学环境，也可以提高学生自主获取信息和加工、整理、应用信息的能力，为培养学生的综合素质和创新能力提供了有力支撑。

2. 提供丰富的教学资源，扩展教学内容

新课程改革强调综合性、跨学科、跨领域学习，打破学科中心论，重视语文和生活的联系。利用现代教育技术可以提供包括图像、视听等多种形式的学习资源，尤其是互联网上信息资源几乎是无所不包，类型丰富多样，覆盖了不同学科、不同领域、不同地区的信息资源，包括义本、图像、声音、软件、数据库等多种形式，堪称多媒体、多语种、多类型的混合体。这些资源经过教师的筛选、组合，可以形成优秀的教学资源，结合学生实际，运用有效的方法和手段辅助教学，能够实现教材思路的单一性和学生思维的多样性相统一，教学内容的科学性与学生的认知规律相统一。

3. 改变传统的教学方式，以学生为主体

从教育心理学角度讲，学生的学习方式有接受和发现两种。两种学习方式相辅相成，都有其存在的价值。但是传统教学方式过分强调知识的接受和掌握，使学习变成了纯粹被动的接受、记忆过程，不利于学生终身学习能力的养成。课程标准进一步明确了学生的学习主体地位，带来学习方式的重大变化，系统提出了知识和能力、过程和方法、情感态度和价值观三个维度的目标，更加重视隐性目标、人文精神、情感的体验等。

在多媒体化、网络化、信息化的学习环境中，以"学"为中心的交互式教学方式有了良好的生长空间。单一的班级授课制可以转变为个别化教学、小组教学、班级授课、协作学习等多种教学组织形式。教学方法可以由原来单纯的基于归纳或演绎的讲解转变为基于"情境创设""主动探索""协作学习""会话商讨"和"意义建构"等多种新型教学方法的综合运用。学习者知识的获得不仅是通过教师的讲授与对课本的学习，还可以在教师的引导下通过操作信息技术围绕问题进行思考、学习。教师则作为教学的组织者、引导者和合作者，充分体现"以教师为主导，学生为主体"的教学理念。

4. 树立新型的评价观念，改变评价方式

随着课程改革的进一步深化，评价也随之改革。中小学语文课程教学评价应当遵循课程改革的基本理念，建立有助于促进学生发展、有助于教师反思与提高的评价模式与方法。

在中小学语文教学评价中，既有目标取向、关注学习结果的评价，也有过程取向，以绩效评估为主体的过程评价。传统教学评价一般借助测验、调查和观察等方法实现。虽然这些评价方法已经发展得比较成熟，应用得也比较广泛，但随着信息化教育的发展，需要对其进行一定的加工改造，并发展新的评价方法，以便更好地发挥教学评价的导向、激励、诊断和证明等功能。

将现代教育技术思想和手段引入语文教学评价，一方面可以对传统测验、调查等方法进行优化改造，提高评价的效率；另一方面能提供电子档案袋、量规等新型评价方法，促进新课程目标的落实。

(二) 中小学语文教师信息化能力要求与角色定位

为了胜任信息时代的教育教学工作，教师必须更新观念，不断提升各种能力，重新定位自身角色。

1. 中小学语文教师信息化能力要求

根据《中小学教师教育技术能力标准（试行）》，中小学语文教师的信息化能力至少应包括以下几方面：

（1）具有信息素养。信息素养是对信息的认知及处理能力。在信息化社会，信息素养是教师能力构成的一个重要方面，包括高效获取信息的能力，批判地评价信息的能力，有效地吸收、存储、快速提取信息的能力，以及运用信息的能力等。作为一种高级认知技能，信息素养与批判性思维、解决问题的能力共同构成知识创新的基础。

（2）掌握信息化教学设计的一般方法。信息化教学设计是充分利用现代信息技术和信息资源，科学安排教学过程的各个环节和要素，为学习者提供良好的信息化学习条件，实现教学过程全优化的系统过程。在信息技术条件下，传统教学设计增加了新的要素和要求，因此掌握信息化教学设计的方法是开展信息技术与课程整合的内在要求。

（3）掌握媒体选择方法及设计、开发多媒体课件的方法。媒体应用是信息化教育教学的显著特色。为了有效应用教学媒体，实现信息技术与学科课程的深层次整合，要求教师了解各种媒体的特性，掌握媒体分析和选择程序，能够把各类媒体有机结合在一起，具备多媒体课件及网络资源收集、加工的能力，会使用演示文稿软件（PowerPoint）、交互式矢量图和 Web 动画标准（Flash）等常用软件。

（4）掌握现代教育技术装备的使用方法。媒体应用是在一定的教学环境中，通过操作相关设备实现的。教师需要掌握光盘播放教室、多媒体教室、计算机网络教室中常用设备的使用方法、操作顺序及注意事项，以便顺利实施教学。

2. 中小学语文教师角色定位

现代教育技术的深入应用决定了教师的角色必然将发生变化。由讲台上的"传道者"变成"平等中的首席"，由单一的讲授者变成学生学习的指导者和协作者、课程资源的设计者和开发者、教学问题的研究者以及终身学习者。

（1）学生学习的指导者和协作者。在信息化时代，教师的职责已经越来越少地传递知识，而是越来越多地激励思考。除了正式职能以外将越来越成为一位顾问，一位交换意见的参与者，一位帮助发现矛盾论点而不是拿出现成真理的人。教师的主要作用也将变成指导学生如何有效地学习，掌握学习的方法。

（2）课程资源的设计者和开发者。传统教学中的课程由国家统一规定，由课程专家和学科专家编写，教师只是课程的忠实执行者，很少有发言的权利和参与建设的机会。在信息化时代，线性、固定的语文课程难以满足多方面教学需求，鼓励教师成为课程的设计者和开发者是教育发展的必然。信息化教学设计能力是教师需要掌握的核心能力，教师还需要在教学内容选择与课程资源呈现和校本课程并发方面发挥更多的创造力。如为学生呈现书本教材、多媒体课件以及网络课程相结合的立体化教材，拓展学习内容和学习空间，使课程朝着综合化、个性化和实践性方向发展。

（3）教学问题的研究者以及终身学习者。教育信息化下，教师需要从"工匠型""经验型"向"学者型"方向转变，努力提升职业技能，发展专业能力。合格的教师需要时刻提醒自己以研究者心态不断反思教育教学中的问题，寻找最佳的解决方法和策略，不断提高教学质量和效率。此外，教师还必须树立"终身学习"的思想。

第三节　新课程标准下中小学语文学科的衔接

从小学升入初中是学生成长的关键时期，如何贯彻新课标精神，做好中小学语文教学衔接工作，保证小学生快速与初中接轨是摆在广大教育工作者面前的一个重要任务，也是当今基础教育改革中面临的一个重要课题。

小学生进入初中和初中教师接任七年级后师与生、教与学双向适应较弱。因此，如何搞好中小学衔接教育，可通过衔接让师与生、教与学双双提前进行多层次、全方位相互了解、相互适应。

（1）帮助学生养成良好的行为规范，做好学生学习观念的衔接。刚入中学的学生都希望有个好的开端，这就是个推进力，教师要善于运用这个推进力。针对语文学科在给七年级新生上课之前就要向学生讲明小学字、词等基础知识多，阅读理解少，时间充足，重机械记忆，形象思维。初中由于课目增多，相应地学习语文的时间少，重理解记忆，抽象思维；教师讲得少，学生自己动手动脑多，学生的主动性、自觉性应逐渐加强。七年级的起点是十分有讲究的，它对整个初中的语文质量都起关键性作用。要实实在在地抓好第一步，把步子走稳。要在调查研究的基础上，先给予补缺补漏。看起来慢了一步，停了一点，但却是为了今后的快和进。

（2）适当复习小学语文重点内容，做好记忆、思维的衔接。学生不适应时，适当复习一下旧知识十分必要。一是让学生大量背诵古典诗歌、名言警句。这是记忆诗歌的黄金时期。二是适当重视形象思维，由形象思维向抽象思维过渡。如充分利用多媒体的视听效果进行直观教学。用游戏、表演、比赛等方法向新生展示语文丰富多彩的广阔天地。

（3）加强教学方法上的衔接。

第一，因人施教、因材施教。初中教师首先要了解和研究小学教材，要进班听课，主动了解小学的课堂教学方法，为今后的教学实施掌握第一手资料。其次在教学方法上要适应七年级学生心理发展的特点，坚持启发式教学的授课方式，努力创设问题情境，引导学生积极动脑、主动思考，为学生参与课堂教学、培养他们的创造性思维能力创造条件。再次要分层次教学，初中教师要注意照顾大多数学生的接受能力，采取激励评价的方法，让大多数学生能体验到学习成功的喜悦。设计的课堂练习也要有几个梯度。最后要加强课后的辅导。对学习较有困难的学生，教师要及时为他们查漏补缺，要以课堂分层教学和个别辅导为突破口，努力做好语文学科教学衔接工作。

第二，运用灵活多样的教学方式。①比一比。如在教生字词时可进行记忆力比赛，又如在复习古诗时，可进行背诵、默写接力赛，使学生在不知不觉中对这部分知识加深了印象。②创设意境。例如，光未然的《黄河颂》是首对黄河的赞歌，令人有种抑制不住的激动。教学这一课时，可在学生熟读课文的基础上提问："通过朗读，感受到了什么？想象到了什么？脑海中呈现了怎样的画面？"在学生充分发挥想象各抒己见渐入意境后，可播放黄河视频，让学生从中感受其浑厚雄壮、刚健激昂的气势，然后提问："观看影片后联想到了什么？还有什么事物也同样具有黄河滔滔不绝、势不可挡的特质？"[1] 最后还可让学生进行有感情的配乐朗读，进一步感受黄河伟大坚强的精神。③编课本剧。让学生自编自导自演课本剧是一种极为有趣的活泼的教学方式。学生编的《木兰传》《石壕吏》《孙权劝学》等都大受欢迎。

运用灵活多样的教学方法，激发学生学习语文的兴趣与欲望，使学生在活学、乐学中提高语文思维能力。巧妙地运用各种教学方法，能使教学过程生动活泼，有利于学生对知识的吸收以及自学能力的形成。这一系列活动，使全体学生分别从不同角度自主地、深入地、快乐地参与到课文学习中来。

当前，《九年义务教育语文课程标准（实验稿）》的颁布以及新课程的实施，无疑为我们搞好中小学语文教学的衔接工作创造了十分有利的条件。作为一线的中小学语文教师，仍然是做好中小学语文教学衔接工作的关键。希望有更多的中小学语文教师加入中小学语文教学衔接研究的行列中来，让我们在不断探讨、摸索中求得这项工作上一个新台阶。

---

① 孙秀平：《浅论新课程标准下中小学语文学科的衔接》，载《教育教学论坛》2011年第22期，第39页。

第三章 中小学语文课程资源建设与开发

第一节 语文课程资源及其资源库建设

一、语文课程资源分析

课程资源是指课程要素来源以及实施课程的必要而直接的条件。课程资源的结构包括校内课程资源和校外课程资源。校内课程资源，除了教科书以外，还有教师、学生，师生本身不同的经历、生活经验和不同的经历、学习方式、教学策略都是非常宝贵的、非常直接的课程资源，校内各种专用教室和校内各种活动也是重要的课程资源。校外课程资源，主要包括校外图书馆、科技馆、博物馆、网络资源、乡土资源、家庭资源等。

课程资源的概念，有学者根据课程资源的功能特点，将其分为素材性课程资源与条件性课程资源，并对课程资源的概念进行了广义与狭义之分：广义的课程资源是指有利于实现课程目标的各种因素；狭义的课程资源仅指教学内容的直接来源。按空间分布和支配权限分为校内课程资源与校外课程资源，凡是学校范围内的课程资源就是校内课程资源；超出学校范围的就是校外课程资源。还可以根据其他的标准划分为社会资源与自然资源，人力资源、物力资源与财力资源，纸质资源与电子声像资源，等等。由于划分标准的多样，定义也就不同。校内课程资源可以包括素材性课程资源和条件性课程资源，校外课程资源也同样包括素材性课程资源和条件性课程资源。

语文课程资源包含的范围较为广泛，凡是有利于提高学生语文素养的一切资源都可以归入语文课程资源的范畴，具体如下：

(一) 教师是重要的课程资源

在所有的课程资源中，教师是首要的课程资源，这是由教师在教育教学过程中所处的地位和发挥的作用决定的。

（1）教师是课程实施的主体因素。教师是课程的参与者、决策者、实施者，是教学创新的决定性因素。无论是教学目标的确定还是教学内容的组织、教学方法的选择，乃至教学情境的创设，教师无疑起着决定性的作用。可见，教学效果的好坏在很大程度上取决于教师的教学水平。教师的教育理念、教师的教育经验、教师的个性特长等都是丰富的课程资源，如果加以合理利用，将会极大地改善教学效果。

（2）教师是素材性资源的携带者。素材性课程资源的特点是作用于课程，并且能够成为课程的素材或来源，它是学生学习和收获的对象。教师在进行教学设计时，会将自己的知识结构、兴趣特长、智慧、经验和方法融入其中，变成素材性的课程资源。因此，教师本身就是宝贵的课程资源。

（3）教师是情景性资源的创生者。为了增强教学效果，顺利实现教学目标，教师经常会创设多种多样的教学情境，如图画再现、音乐渲染、表演体会、语言描述、实物演示、生活展现等。

（4）教师的教育教学行为是课程资源。由教师工作的特殊性质决定了，教师的教育教学行为有着强烈的示范性。由此可见，教师的言传身教，尤其是教师的一些行为细节对学生产生的影响往往是深刻而久远的。

（5）教师的人格魅力是无形的课程资源。学高为师，德高为范。只有具有高尚道德情操的教师，才能培养出品质优秀的学生。教师高尚的言行举动，会对学生产生潜移默化的作用，成为学生们学习的榜样。由此可见，教师的人格魅力是无形的课程资源。这也要求教师要做到尊重、理解和信任学生。

（6）教师的教育教学反思能形成新的课程资源。教育教学反思是教师对教育教学实践的再认识、再思考，并以此来总结经验教训，进一步提高教育教学水平。教学反思长期以来是教师提高个人业务水平的一种有效手段，教育上有成就的大家一直非常推崇教育教学反思。

（二）学生是重要的课程资源

教师是首要的课程资源，作为教育对象的学生也是十分重要的课程资源。

（1）学生的生活是课程资源。生活世界是科学世界的基础，生活本身也具有教育功能。教学中往往会发生"生活闯入课堂"的"突发事件"，这种"突发事件"会打破预设的课堂走向，但也可能成为宝贵的教育资源。那些看似与预定教学目标无关的内容，能引起学生的兴趣和关注，有助于课堂向生活靠拢，尤其能促进学生的自主学习。现实生活如果与教学联系在一起，就变成了课程资源。因此，在教学中，可以从生活实际引入教育课题，注重从学生的经验出发，把课堂教学融入生活。

（2）学生的经验是课程资源。学生的生活经验是无形的课程资源。学生有丰富的生活经验，例如，一些学生参观过动物园、植物园，一些学生领略过自然保护区、国家森林公园的风光，一些学生有过饲养家禽家畜或种植过稻、麦、果树、花卉的经历，一些学生感受过疾病的痛苦，一些学生体验过野外观察动物行为的甘苦，等等。教师在教学过程中可以充分利用这些无形资源，通过相互交流，激发学生的学习兴趣，提高教学质量。

（3）学生的情感体验问题是课程资源。在课程标准中，"情感体验"既是一种学习方式又是一种学习目标。它既是学生语文素养的重要组成部分，也是语文素养形成的重要手段。因此在教学中，教师应该注意引导学生体验情感，尊重学生的独特体验，从而实现学生阅读体验的个性化形成。

学生的问题甚至是错误也是课程资源。学生的提问或错误能为教师提供新的信息，获得及时反馈，从而调整教学策略。以此为契机，可以激发学生的发散思维能力，获得更为深广的体验，在已有的认知基础上得到升华。

在教学过程中，教师要充分发扬教学民主，营造宽容、支持的课堂氛围，鼓励学生真实展现自己的学习历程，自主表达学习体验，利用好学生这一重要的课程资源。

（4）学生的学习方式是课程资源。掌握适合自己的学习方式不仅可以提高学习效果，也是实现自主学习、终身学习的前提。相较于教师的传授，学生相互之间的影响借鉴更能彰显学习的效果。无论是识字的方法途径，还是阅读速度的提升，抑或是写作经验的积累，学生总能从彼此身上获得有益的启示。在教学中，教师不必急于给出答案，可以创造机会让学生多多交流，对于好的学习方式可以在全班范围内进行推广。因此，学生的学习方式是宝贵的课程资源。

（三）语文课程的文本资源

语言包括口头语言和书面语言，而文本指的就是书面语言的表现形式，指的是具有完整、系统含义的一个句子或多个句子的组合。一个文本可以是一个句子、一个段落或者一个篇章。语文课程的文本资源包括教科书、教辅用书等以书面语言为表现形式的一切资源。

（1）教科书是课程资源。语文教科书对学科现有知识和成果进行了综合归纳和系统阐述，是教师教学、学生学习最重要的凭借之一，也是最重要的课程资源之一。对待教科书，教师要有"用教科书教"的理念，而不是"教教科书"。因此，要充分挖掘教科书中的课程资源，创新教学形式，提高教学效果。例如，教科书中的单元导语就是非常重要的课程资源。小学语文教科书中的单元导语，从低年级的一两句话到中高年级的一段话，往往文字优美，语言涵盖力强。它的主要作用是揭示单元学习的内容，点明专题，激发学生的学习兴趣，有些导语还布置了学习过程中的一些任务，为学生学习课文和做练习做好准备。每组导语都配有与单元主题相呼应的背景图，用直观的方式更形象地揭示专题。如果仔细研读单元导语，可以激发学生的学习兴趣，明确学习目标，并且对于提高学生的自学能力也有一定的帮助。

教科书中的插图也是宝贵的课程资源，通过观察插图可以帮助学生更好地理解课文，还可以锻炼他们的观察能力、思维能力、表达能力。

（2）基于教科书的再生课程资源。教科书是最重要的课程资源，但是它不是唯一的课程资源。在教学过程中，教师往往会在教科书的基础上开发新的课程资源，也就是基于教科书的再生课程资源。

（3）正确处理教辅资料。教辅资料，顾名思义，指的是教学的辅助资料，包括教师备课时的参考资料，学生的练习册、习题集、各类试卷等。长期以来，教辅资料有很大的市场需求，在小学生的书包里，教辅资料的数量与课本不相上下，而且年级越高，资料越多。对于教师而言，教辅资料更是不可缺少的教学辅助工具之一。另外，优秀的教辅资料可以帮助教师更好地把握教材、了解学情，科学地进行教学设计，可以帮助学生巩固知识、发展能力、拓宽知识面。然而，市场上种类繁多、质量参差不齐的教辅资料，这就要求教师树立正确的观念，备课时认真研读教材，分析学情，不盲目依靠教辅资料在指导学生选择教辅资料时，不搞题海战术，不擅自增加难度，选择那些有助于提高学生综合素养的资料。

（4）合理利用电子文本资源。电子文本指的是以计算机盘片、固态硬盘、磁盘和光盘等化学磁性物理材料为载体的文字材料，它主要包括电子书、电子信件、纸质文本文档的电子版本等。与小学语文教学有关的电子文本资源包括电子教案、课件等。电子文本资源查阅方便，便于携带，而且编辑修改起来非常简单。但是，教师要正确对待、合理利用电子文本资源，不能过于依赖别人的教学和科研成果，要逐渐形成自己的教学风格，提升教育教学水平。

（四）教学过程是课程资源

课堂教学是课程实施的基本途径，是教师进行课程参与，实现专业化发展的重要渠道。教学过程的各个环节、师生的各种活动也都是宝贵的课程资源。改变课堂教学过程过于强调接受学习、死记硬背、机械训练的状况，倡导学生主动参与、乐于探究、勤于动手，是基础教育课程改革的具体目标之一。课堂教学中，每一个学生都应是关注的对象，教学过程应成为学生的一种愉悦的情绪生活和情感体验，同时课堂教学潜藏着丰富的道德表现和发展，使教学过程成为高尚的道德生活和丰富的人生体验，它要求教师必须用心、用行动去施教，而不是做"传声筒"。因此，抓住在教学过程中课程资源这一基本途径，将会使我们的教育教学工作事半功倍。

(五) 环境、情景资源是课程资源

环境、情景资源是教学之花盛开的空气与土壤。环境对于个人成长的重要性不言而喻。一个人如果长期生活在某种氛围中，就会受到那种氛围的影响，从而形成某种气质。环境对人的思想行为的影响是决定性的，这是怎么强调都不过分的。因此，为了帮助学生健康成长，还要善于营造积极向上的环境、氛围。

环境、情景资源包括家庭环境、社区环境、学校环境、教室环境以及潜在隐形的同伴群体环境等。例如，家庭是组成社会的细胞，家庭环境具有重要的认知功能、参照功能、熏陶功能、强化功能、筛选功能以及监督功能。父母是孩子的第一任教师，孩子总会受到家庭环境和家庭成员潜移默化的影响，这种影响会给孩子的终身发展留下重要的影响，是学校教育和社会教育所无法替代的。因此，家长应尽量为孩子创造良好的家庭物质环境、和谐的家庭心理环境以及丰富的家庭文化环境，以促进孩子健康成长。社区环境同样十分重要，随着科技的进步、社会的发展，现在的社区环境也在逐步丰富完善，也为教师开放和利用社区的课程资源提供了条件。例如，社区中的图书馆、科技馆等教育设施，开展的各种活动、特殊的文化传统等，都能成为丰富的课程资源。

学校环境和教室环境的育人功能也应该得到重视。校园文化环境是一部无字的教科书，是一种隐性的德育课程资源。校园文化环境的育人功能隐含在它所创设的优美整洁的物质环境和良好的精神氛围中。它具有导向、约束、凝聚、同化等方面的功能，对青少年的身心健康发展起着重要作用。要满足学生全面发展的需求，就必须突破只重视课堂教学的传统，充分认识到环境育人的重要性。教室是开展教育教学活动的主要场所，是重要的育人园地。令人赏心悦目的教室环境对于学生的健康成长有着潜移默化的积极作用。教室育人环境的布置体现了班级的风貌，彰显了班级的文化，对学生具有无形的教育力量，往往会起到重要的作用，它不仅是班级发展中的亮点，也是校园文化建设中的一大亮点。探寻教室育人环境的原则与内容，建设健康积极的班级文化，可以使教室的教育功能得以充分发挥。在布置教室环境时，除了黑板报、布告栏、卫生角等这些常规板块的布置之外，可以适当增设争章台、课堂小主人、快乐当家、明星榜、精彩瞬间、成长印记等特色板块，为学生创设培养良好行为习惯的环境，为学生营造和谐竞争的学习氛围，为学生提供展示自我风采的平台。

同伴作为学生个体学习、成长的重要伙伴，是教育工作不容忽视的特殊群体。在这个群体中，有着特殊的行为规范，这种行为规范对每个成员的价值观、态度和行为都有直接的影响。如果教师和家长能够给学生营造一种温暖的、支持性的环境和气氛，则可以在很大程度上帮助他们更好地发展同伴关系。尤其是教师和家长要有意地为学生的同伴交往创造机会，帮助他们参与到同伴的游戏中，或给学生展示某方面优点的机会，这也是潜在隐性的同伴群体资源的过程。通过集体教育个人要比单独的个别教育的效果要好很多。

二、语文课程资源库的建设

"语文教师要积极响应时代的呼唤，既注重学生知识技能，也要强化学生语文品质，要让学生在经历、体验各类启示性、陶冶性语文学习活动之后，切实提高学生解决真实问题的能力，逐步把语文核心素养综合、内化，形成一种稳定的思想品质、精神面貌和行为方式。"[①]

学生语文核心素养主要包含语言建构与运用、思维发展与提升、审美鉴赏与创造、文化理解与传承四个方面。学生的语文核心素养不仅要在课堂教学中提高，还要在校本课程、实践活动等所有课程上有所突破。语文教师必须形成合力，营造出学习语文的一种氛围或环境，即建设成富有本校特色的优质实用的语文课程资源库，推进语文教学深层次的变革，真正实现"基于教科书的教与学"升级为"基于资源的教与学"，让学生感到学习语文和实践语文的机会无时不有、无处不在，满足不同层次学生的多样化需求，从而受到熏陶、感染，得到鼓舞和激励，帮助学生认识自己的学习基础、进步方向，使学生在跨文化、跨媒体的语文学习活动中开阔视野，在更广袤的语文学习空间中发展自己的特长和个性，进而更加主动地形成学语文、用语文的自觉意识，促进语文核心素养发展。

随着信息化教学模式的普及，早日建成本校课程资源库已成为各校应着力完成的紧迫任务。语文课程资源库的建设应充分学习和借鉴现有的教育相关平台和经验，集合本校语文教师的智慧和心得，构建以知识点为构架的开放型语文课程资源库，实现网站建设者和访问者之间的交互，实现课程资源库的价值发挥，培养和发展学生的语文核心素养。

（一）语文课程资源库建设的原则

第一，充分改编传统教学中的"正能量"。多媒体教学并非完全否定传统教学模式中的一切内容和经验，每位教师在多年的教学生涯中总会积累出一整套行之有效的教学方法、素材、案例、试题等资源。这些资源并不会因时代的改变而丧失它的教育价值。语文课程资源库建设主要是在现有资源的基础上进行加工改造做到资源的最大化利用，教师可以借助各种教学软件或网络平台改编成属于自己的教学作品，借助教学一体机等教学设备

---

① 柴如峰、王桂玲：《优质语文课程资源库的建设》，载《教学与管理》2018年第16期，第53页。

使之继续"发光散热"。在课程开发成本和使用效果之间坚持经济性原则，用最少的投入争取最理想的教学效果，这样可以使教师避免重复劳动，找到开发捷径，对促进本校语文教学有着积极的意义。

第二，以培育学生语文核心素养为纲，构建语文课程资源。语文核心素养是学生学好语文及其他课程的基础，同时更是学生实现全面发展和终身发展的基础。教师在进行课程资源建设时，首要考虑的不是资料的数量和视觉效果的质量，而应考虑我们要设计或投放的资源是否基于学生的语文核心素养发展要求，是否符合本校学生的基础能力和心理需求，是否能实现学生语文核心素养和语文课程框架之间建立实质性的联结。语文课程资源库建设要以培育学生语文核心素养为纲，以学生的语文实践为主线，以学生学习的角度去整合语文教学相关的方法、内容、资源，建设语文学习任务群，促进学生全面而有个性的发展。

第三，因学制宜，合理开发与利用课程资源。语文教师既是学生学习资料的提供者，又是课程资源开发的主力。学生是课程资源的被动接受者，也可以成为课程资源的主动悦纳者，更可以成为课程资源开发的辅助建设者，语文教师要尽可能地吸引学生参与课程资源建设。调查学生愿意学哪些内容，愿意怎样学，以学生亲身实践、探究为参照，尊重学生的个性发展和选择来设置激趣点。学生的标新立异、异想天开往往会给教师的资源库建设带来新的灵感。学生积极参与的过程和结果都将是课程资源建设的一部分，有助于使本校的课程资源建设更加符合本校教育实情，产生最大的收益。

第四，本着"有用、够用，边开发边利用边反思"的原则来建设语文课程资源库。语文课程资源库的建设没有竣工期，它往往因学而变、因时而改，时刻处于动态发展阶段。我们不能单纯为了利用资源而去建设资源，不能等到课程资源库建设得较为丰富、完善的时候才启用。语文课程资源库建设应适应和反映本地本校不同学生的差异性和多样性，体现学校的特色和发展风貌。我们要从学校的现实条件出发，满足于目前学生既有的知识经验和需求，服从于当前主题活动的目标和需要，根据可用的人力、物力等条件，本着"有用、够用"的原则来开发和利用语文课程资源。无论是校内资源还是校外资源，只要对学生有益都是可以开发的教育财富。坚持"边开发边利用边反思"原则，依据利用效果对既有课程资源进行必要的再加工、增删、改换或维持，把握好开发的深度和广度以及再开发的基础条件，重视质量，使之针对性和生成性更加突出。教师须培育课程资源意识，增强资源的鉴别、开发能力，尽量做到人尽其才、物尽其用、资源各显其能，学生能各取所需。

第五，形成课程资源开发与利用格局，学校上下同心共建。语文课程资源库建设不是一人之事，也不只是语文教研组全体教师的事，它应该成为学校上下合力之事，是学校教学教研发展中的一件大事。学校应形成全面而有效、科学而系统的课程资源开发利用格局，应为课程资源库建设提供必要的制度、人力、财力和物质保障，加强对建设工程的领导和指导，努力做到系统规划、计划，分类开发，周密安排，有效利用，保障课程资源库建设进程得以稳步推进。

（二）语文课程资源库建设的载体选择

（1）基于信箱载体的资源库构建。对于教师而言，建一个"语文学习"公众电子信箱并非难事，利用电子信箱可以快速发送教案、作业、课件、音频、视频、软件等多样化课程资源。教师把课程资源发送至电子信箱后，便可指导学生在任意时间、地点登录学习。

（2）基于博客载体的资源库构建。依托教师博客构建教学平台可以实现教学资源的广泛共建共享，博客中可以存放大量文本、数据、图像和媒体等教学资源，如电子教案、电子教材、习题集、微课视频等均可成为博文供他人浏览。教师可以根据设计需要进行风格设置和板块设置，以日志形式不断更新网页内容，便于学生自主学习、研究性学习和协作学习。以博客为载体的课程资源库不受时间和空间的限制，可以使教学更有针对性，教学实例更加丰富、生动。不足之处是免费博客往往模板简单，不够个性，各种类型的博文编辑时间较长，链接速度偏慢，空间受限，视频类资源上传受限等。

（3）基于微信群或QQ群载体的资源库构建。微信群与QQ群可以与计算机、手机相连，因其即时、普遍、简易、实用、高效等特性已成为现在人们广泛使用的网络即时通信载体。教师可通过对微信群或QQ群的合理利用变更传统教学模式，邀请全班学生进群，向学生及时传送文字、语音、图片、视频、文件等资源，微信群与QQ群为教师提供可以及时掌握获取、收集、处理、交流信息的数字环境，可以实现一对一、一对多、多对多的交流，帮助教师实现维系教学资源、提供课堂互动、实施在线教育、进行课后管理等系列教学行为。而且微信群与QQ群是常见的网络工具，学生用起来很方便，学起来更轻松、更愉悦。微信群与QQ群的教学辅助功能可以缩短师生间的心理距离，大家在群中相互鼓励，共同营造积极向上的学习氛围。微信群与QQ群的不足之处是容易出现"刷屏多""干货少"的现象，容纳人数和话题交流能力有限等问题，不过教师要看到这两种工具对教学的积极意义，只要利用得好，管理有方，相信会收获事半功倍的效果。

（4）基于学校网站或云平台载体的资源库构建。依托学校网站或云平台载体来建设课程资源库是目前较为先进的实现形式，是集资源分布式存储、资源管理、资源评价、知识管理为一体的资源管理平台，相比当下众多载体，它是最符合目前教学需要的。许多学校均已建成各自的网站或以云平台为载体的网站，为各类学习内容对象提供存储管理，为访问者提供方便快捷的检索、归档、存取功能，可为教学管理者提供资源访问效果评价分析，从而使教学资源更加直观、便捷、生动地为教学活动服务。这两种资源库的结构能够保证公共资源数据库中教学资源的安全和统一，又兼顾了教师个性化资源的管理，它包罗万象，网尽课堂，网尽天下，较好实现调整课堂实地学习与网络教学资源的最佳教育促进比例。不过，基于学校网站或云平台载体的资源库构建是一项庞大又复杂的工程，涉及面广、专业内容多、维护复杂，我们必须充分意识到这一点。但我们相信，在学校高度重视、全体教师的共同努力下，一定能够构建起完善的优质教学资源库，使教学资源库在提高教学质量、培养人才中发挥出积极作用。

第二节　"趣味语文"课程资源的开发

"趣味语文"课程资源，能引起学生浓厚学习兴趣，帮助学生理解语文课本知识，并与汉语语言、文字密切相关的一切课内外资源，这些资源能给予学生运用所学语言、文字进行实践的机会，其包括对联、相声、谜语、歌曲、影视、诗词、成语、课本剧、广告语、熟语等。

"趣味语文"课程资源概念重点强调学生的学习兴趣，是因为兴趣是孩子学习的第一位教师。教学最良性的起点便是学生的兴趣，而拓展教学依托于兴趣孕育而生。"兴趣"是人们对事物的喜爱与好奇，是每一个社会人具有的共同点，当学生的兴趣被激发出来时便会牵扯到知识拓展。新课程理念指导下的语文教学，主张激发学生对语文和本民族传统文化的兴趣，这样的语文教学就不能局限于课本内容，而是要将语文中的字词、写作、口语交际、文本阅读教学与生活中各种文化元素的资源和活动相结合。如此，语文教学便能实现知识拓展、能力提升的目标。

"趣味语文"[①] 课程资源利用生活资源的丰富性和趣味性引发学生的兴趣，通过师生、生生的交流互动引导学生走向更深的语文学习。教师和学生、学生和学生、学生和文本、教师和课程资源，还有学生和课程资源间的交流互动过程中，学生的知识探索面将会不断铺展开来，在这过程中也会出现更多的语文问题和更新的知识。因此，继续深入探究语文问题也就顺理成章地进行。

---

① 潘晋怡：《"趣味语文"课程资源开发研究》，载《宁夏大学学报》2017 年第 8 期。

一、"趣味语文"课程资源开发的依据

(一) 生活教育理论："趣味语文"课程资源开发的重点

生活教育又称活动课程、经验课程或儿童中心课程，是美国教育家杜威提出来的。将生活融入语文课程，寓生活于教育是我国新课改中的要求之一。我国基础教育新课程的发展蕴含的课程理念之一就是主张学校课程重返生活世界。学校课程突破学科疆域的束缚，向生活回归，使科学、道德和艺术现实地、具体地统一。

开发"趣味语文"课程资源便是从生活中寻找既能让学生获得语文知识又能获得学习乐趣的研究，这些资源对学生而言不仅仅是生活中的娱乐文化，同时也是受教育的过程。生活教育与语文教学有着密不可分的关系，语文学习的是我国母语的运用，而母语又是我们社会生活不可或缺的一部分。利用生活中最真实的事物、活动，让学生在听、说、读、写的实践中获得教育，这就是对学生最好的母语教育。

(二) 教育心理学理论："趣味语文"课程资源开发的支撑

第一，兴趣。兴趣是教育心理学中一个重要的概念。"趣味语文"课程资源主要就是从人的兴趣这一重要概念出发，建立开发研究基础。兴趣不仅是"趣味语文"课程资源开发本身所具有的内涵，也是重要依据之一。兴趣是推动孩子学习的动力，孩子在劳动中的体验越多所获得的快乐情感就越多，他对知识的渴望越大，想要获得愉悦情感也就越多。在这种正强化中孩子们将会处于一个良性循环，"趣味语文"正是希望利用这种积极推动力帮助学生度过学习困难，同时延续学生这种快乐渴望，真正将寓教于乐带到语文教学中。例如："趣味语文"课程资源中的歌曲、课本剧、相声能轻松地引起学生聆听的兴趣，当学生对这种语言艺术感兴趣后就会自己课后去收集更多相关资料，了解这些趣味资源，在积累这类资源过程中，学生会顺其自然地学会使用母语的规则。因此，"趣味语文"是培养学生母语感觉的"培养基"，学生在愉悦的情绪体验中会延长这种渴望诉求。

第二，情趣。情趣是人们对某一领域、某一事物所产生的一种固有的精神上的审美愉悦，它是人们在长期的社会实践活动中的经验积累，是认识事物的高级阶段。情趣与兴趣不同，兴趣是突发性、短暂性的，发生在事物的初始阶段，是人的直觉喜悦。如今的语文教学早已摆脱传统的教学方法，众多语文教师都在绞尽脑汁教活语文、活教语文，那么，学生在学习语文时不仅要知道"情"在何处，也要知道语文的"趣"在哪里。"趣味语文"课程资源便是引导学生在追寻"趣"的道路上体味"情"。通过一种或几种长期的语文实践活动，积累相关的经验，从而获得精神上的审美愉悦。长时间情趣经验的积累能使学生提升语文学习的能力，他们也会从中寻找到适合自己的方法和措施。

第三，建构。建构主义认为学习不是知识由教师向学生的传递，而是学生建构自己的知识的过程，学习者不是被动的信息吸收者。建构主义最关注的是学生如何以原有的经验、心理结构和信念为基础来构建新知识，强调学习者的主动性、社会性和情境性。依据建构主义的基本要求，语文教学应提供一个真实的生活语境，提供丰富的生活素材，给语文课堂教学增添赋予实际意义的学习任务。在教材选编受限的条件下，"趣味语文"课程资源为学生提供了一个熟知的、真实的言语交际环境和素材体验。依据不同的言语现状，学生必须了解语言运用的相关法则，为学生创造正确运用母语的条件，让学生提前做好解决任何语境问题的准备。建构主义学派所提出的几种教学模式，都强调了学生的社会性和主动性。尤其是情景式教学更加突出了学生要接触真实任务的重要性，"趣味语文"选取的课程资源绝大部分来自我们的社会生活，在不同教学形式中，使学生自觉区分书面语言与口头语言的差异，提高学生对祖国语言文字的掌握能力，教师为学生创造一个有趣的语言环境，这就是大力开发"趣味语文"课程资源的目的所在。

二、"趣味语文"课程资源开发的价值

（一）激活语文课堂教学

对于中小学生而言，求知的欲望是很自然的，应当使教学成为一种轻松愉快的事情。应当争取一切可能的方法，来激发儿童对于知识和学习的强烈意愿。语文课堂应当是妙趣横生、激情洋溢的快乐课堂。

"填鸭式"的语文教学不能让学生主动地将所学知识灵活地迁移到真实的生活实践中去，也无法解决现实中的语文问题，再加上当前的语文考试顺应课程改革的潮流，语文试题越发地与实践关系密切，"填鸭式"的语文学习限制了学生掌握母语的能力。语文教学要以解决现实生活中遇到的相关语文问题为任务前提，面对真实的问题场景，借助"趣味语文"课程资源，运用生活化方法引导、语境模拟等手段将语文教学目标生活化，让学生意识到语文教学的现实和生活中潜在的需要。在学生解决问题的过程中利用最近发展区，调动原有的语文知识和生活体验，引导学生在其基础上"生发"出新的知识经验，这也就是发挥既有图式在问题解决中的作用。

任何语言文字的学习都是建立在学生已有的语言基础之上，学习是否有效，取决于新旧知识结构中所建立的联系是否有实效性。学生在学习语文教材时，头脑并非一片空白，学生对即将学习的知识存在着学习期待，而学习期待的产生建立在旧知识的"前理解"基础上。"趣味语文"中，那些让学生熟悉的资源就是"前理解"，这些"前理解"使学生

在初步接触新知识时，能够联系自己原有的经验去填补空白点，能够带入曾经的学习体验和感受，在自我寻求理解中与文本建立联系。只有当学生能把新知识与原有知识建立实质性的联系，才能真正理解、运用抽象的语文知识。

一般而言，儿童容易对枯燥的东西失去兴趣，枯燥乏味的语文课堂会让学生上课走神、犯困甚至厌烦语文课。因此，教师最需要做的就是将孩子分散的注意力集中起来，利用学生的好奇心吸引学生的注意力，引起学生的学习兴趣。语文教学不同于其他学科的教学，它不仅是通过言语这个中介成为师生交流活动的渠道，而其主要宗旨是让学生能自主地构建内在的言语交际能力。学习语言的课堂若是没有其他元素的融合，仅是字、词、句的认知过程，那么整个课堂将会呈现出低效无趣的学习氛围，学生在如此的环境中长此以往地学习，就很容易失去夸美纽斯提到的求知欲。为此，教师便要运用一些有趣的方式、方法激活学生的认知背景，让已有的认知背景和知识经验处于备用状态，为语文课堂教学的研究与实践埋下趣味的种子。

(二) 辅助学生学习语文

语文教学的内容依托于语言、文字。语言类知识的学习最有效也是最简单的方式，便是创造语境进行体验练习。在可能的范围内，一切事物都应该尽量地放到感官跟前。一切看得见的东西都应该放到视觉的跟前，一切听得见的东西都应该放到听觉的跟前。气味应当放到嗅觉的跟前，尝得出和摸得到的东西应当分别放到味觉和触觉的跟前。依照直观原理的思路，语文课上，教师可以为学生尽量创造大量的语言体验环境，抑或为学生搭建起帮助理解语文知识的桥梁，这就给学生提供了一个直观学习语文的渠道，让学生真实地去接触祖国的语言文字。"趣味语文"课程资源的开发目的就是成为学生学习语言文字的帮手之一。

语文教学的根本目标是培养学生的语文综合能力，这个综合能力包含了听、说、读、写各个方面的能力，而"趣味语文"通过活动的形式，为学生带来语言、文字的直观体验。学生通过实践，在直接用语中获得学习经验。语文学习中最大的难度就是抽象化知识的理解与应用。通过"趣味语文"的相关活动将学生的言语活动带入到具象的环境中，在源于现实语境并且具有典型语言文学艺术的活动案例中解决语言问题，便将相关的语文知识与生活艺术有机地联系起来，激发学生的学习动机，也调动了学生探索语文问题的积极性。同时，不同的教学资源使得学生的知识视野被进一步拓宽，学生可以充分融入语文学习的乐趣当中。另外，"趣味语义"又带动了学生的感官活动，感官是记忆最可依赖的信使，学生通过言语感官对语文教学中传递的语言、文字还有情感进行确认之后，学生所获得的知识是不会轻易忘记的。

谜语、对联、歌词等创作又可以算作时下最流行的"微写作"，这些内容虽然篇幅短小却对遣词造句的要求较高。学生模仿创制谜语、对联、歌词等对学生的写作能力有着积极促进作用，寥寥数字却须将想表达的事物、情感描述细致，用有特色的语言，分条成章、条理清晰地表达出来，这就对学生"炼字""炼词"提出了更高的要求。除此之外学生还要拥有一定的想象、联想能力，如何出其不意地抓住典型特点创造意境，这对学生的文学创作又是一个不小的考验。然而谜语的谜面含而不露、歌词含蓄的表达和曲调的配合又对学生的审美从美学角度提出了新要求。一条好的谜语、一首好的歌词，其用词、意境绝不比一首好诗差。而且，谜语、歌词、对联等文字语言表达中常用的比喻、拟人、借用典故等修辞手法也锻炼了学生写作手法的运用。学生在兴趣和爱好的基础上进行诗词、歌词、对联等创作，一定程度上是利用了这些内容的可模仿性，从而锻炼了学生的书面写作，增加了学生的课外文学阅读量，扩大了学生的知识视野。在如此一个良性循环中，学生的写作能力将会得到大幅度提升。

用"趣味语文"装点现代语文教学课堂，既可使语文教学充满智慧和乐趣，让学生从中品味汉语言变化无穷的奥妙，又能使课堂教学达成事半功倍的效果。

（三）加强教师专业素养

"趣味语文"课程资源中的内容对学生而言是一本内容丰富、生动形象的"教辅书"，但开发利用"趣味语文"课程资源对语文教师而言是一个重要的挑战，其内容的繁杂和知识量的巨大，要求教师不仅要对所备的教学内容烂熟于胸，还要具有很强的联系能力、收集资料的能力。"趣味语文"课程资源要求学生"活学习"，也要求语文教师"活备课"。教师须对这些"趣味语文"课程资源具备一定的知识储备量才能在自己所教授的内容中，灵活又恰到好处地引入课程资源。例如，教师在教到文本中"山高月小，水落石出"（《后赤壁赋》），"沉舟侧畔千帆过，病树前头万木春"（《酬乐天扬州初逢席上见赠》）这些对联时要知道对联创作的基本要求，才能判断学生模仿写作时是否合乎规矩，同时教师还可以引入其他学段相关的教学内容，进行整合教学。

在组织诗词大会、汉字听写大会、成语大会、课本剧等大型课程资源活动时，教师要具备筹划、调节大型活动的能力，还要有制定比赛规则的能力；其次，这些活动的课下指导对教师而言也是综合能力的展现。

三、"趣味语文"课程资源开发的原则

开发"趣味语文"课程资源内容时会发现，"趣味语文"范围广泛，内容丰富，但并不是所有的"趣味语文"课程资源都能为课堂教学所用，"趣味语文"作为一个待加工、

处理的材料,进入语文课堂教学需要按一定规则转化为符合教学资源的素材,才能成为真正可利用的有效课程资源。分析各种课程资源开发的历史和实践策略,可以得出开发"趣味语文"课程资源要符合以下原则:

(一) 针对性原则

针对性原则是开发所有课程资源首要考虑的原则,在"趣味语文"课程资源开发中占有至关重要的地位。"趣味语文"课程资源的开发利用不是为了哗众取宠,也不是为了让整个语文课堂显得活动丰富,更不是为了展示教师渊博的学识和众多的教学手段,而是为了解决学生学习语文过程中遇到的困难和出现的问题。针对性原则就是要求"趣味语文"课程资源在利用实施时不仅要针对教学内容选取合适的课程资源,还要针对不同的学生的年级学段、学习状况采用相应、合理的课程资源。教师在备课时最开始都要进行学情分析,这就要求语文教师要对自己教授的学生有一个全面整体的了解分析。

学校培养人才不是流水线工作,也不是培养统一编程的机器人,人才的养成需要其具有独立的思考和独立的人格,个性化教育由此便衍生出来。"趣味语文"课程资源的开发针对不同的人,采用不同的方式,解决不同的问题,让学生的个性得到充分的表现。例如,学生对诗词的背诵总是行动力不强,教师便可以针对这一现象借助"趣味语文"课程资源帮助学生进行诗词背诵。但"趣味语文"课程资源的个性化教学不能理解为个人的学习,这里的个性化学习是要发挥每个学生的主动性、主体性,让每一个孩子都能积极、主动地、全身心地投入到学习中。

(二) 趣味性原则

"趣味语文"课程资源利用的便是外部强化来激发学生的学习动机。因此,在开发的原则当中趣味性也就成为资源选择的原则之一。"趣味语文"对激发学生的认知和好奇心具有明显的作用,这里的趣味要迎合相关年龄学生的兴趣爱好,毕竟教学的主体是学生,教师不能任凭自己的兴趣和特长忽视学生的兴趣、爱好,任意开发课程资源。趣味性原则是指依据相应的学段目标、教学目标和不同的学情状况,教师选择合适、科学并能引起学生强烈兴趣的活动进入语文教学。在寓教于乐教育理念的倡导下,很多家长越发愿意接受孩子在"玩中学"这种较为西化的教学模式。"趣味语文"课程资源开发便要求将"趣"彻底融合进语文教学的课堂中,在欢声笑语中达成教学目标。

(三) 语文性原则

新课改的推行、"大语文"教育观的提倡、生活外延与教学外延相对等理念的践行,形成了语文课程资源发展的助推力。"趣味语文"课程资源同样延续着这股热潮，在"趣味语文"中吸收经典中华文化精粹。同时，开发"趣味语文"课程资源必须注意要遵守语文性原则。"趣味语文"资源包含内容繁多，将本色语文通过短短的一节课表现出来，是教师开发课程资源时应该最先考虑的重要因素。语文性原则要求语文教师无论运用怎样的方式上课，都不能偏离"语""文"的轨道，冲淡"语""文"原有的味道。随着新课改的推行，当前语文教育都在努力冲破传统式教学，大量公开课、示范课、观摩课、特色课层出不穷，与此同时课程资源也在不断地被开发、被利用。另外，语文课的课堂，"语文"永远是真正的主角，课本内的语言、文字永远是这堂课的核心，一些语文教师未用语文的方法进行语文教学，这是语文教学中出现的最大失误。任何语文教师将课程资源运用到教学过程中时，必须要时刻考虑语文学科的专业特点，在教学过程中体现语文独有的学科特色。

（四）实效性原则

实效性原则是指在教学目标明确的前提下，认真分析教学内容，根据课本教学内容选择多样化的课程资源，使其能辅助教学目标更高效地达成。教师们在利用"趣味语文"课程资源前，要明确"趣味语文"只是辅助教学的工具或者手段，语文教学的真正主角永远都是语言和文字。借助"趣味语文"，是为了帮助学生更好地理解课文内容，让学生能灵活运用课本中所学的语言、文字在各式各样的言语活动中进行表达。当今这个大数据时代，学生获取知识的途径、手段数不胜数。可是如何将课外知识、生活中的知识与课内知识无缝对接，这就需要语文教师在教学时充分考虑教学成本的基础上，尽可能地选择有针对性、突出语文独特魅力的资源。面对不同的教学目标、不同的教学内容，精选出对课堂教学有意义、对教学目标的达成有辅佐效果的"趣味语文"课程资源是教师利用资源时要考虑的因素，让学生借助这些资源明白生活中处处有语文，成长的道路上也是时时有语文相伴，同时让学生学会如何利用好语文这个"工具"，解决看似难以解决的问题。

总体而言，每一种"趣味语文"课程资源对特定的教学目标的实现都会有不同的效果，也正是由于"趣味语文"资源的多维性，在语文课堂中，教师须灵活运用不同资源方式使其最大效能地服务于教学内容。因此，在开发利用"趣味语文"课程资源时教师必须在语文课程目标和教学目标的指引下，科学地分析与教学活动相关的"趣味语文"课程资源。教师也要熟练掌握每一种"趣味语文"课程资源的特点和功能，如此将这些资源实施于教学中才能发挥其实效性。

四、"趣味语文"课程资源开发的内容

"趣味语文"课程资源内涵丰富、形式多样。在开发利用时不仅应与教材中的知识点相连接，满足应试的需求，而且还应与课外生活的各种知识挂钩，丰富学生的文学阅读视野，增加学生的语言体验经历。按照"趣味语文"课程资源的呈现形式初步将之划分为文字性"趣味语文"资源、活动性"趣味语文"资源和信息化"趣味语文"课程资源。文字性资源中含有对联、谜语、成语、歌曲、广告语等；活动性课程资源含有课本剧、绘画、相声、汉字听写大会、诗词大会、成语大会、戏剧、评书等；信息化课程资源有影视作品、微课、交互式白板、VR 虚拟现实技术等。本论文重点介绍文字性"趣味语文"课程资源中的对联、谜语、熟语、歌曲和活动性"趣味语文"课程资源中的相声、课本剧以及"汉字听写大会""中国诗词大会"，因信息化"趣味语文"课程资源的研究非常丰富。

(一) 文字性"趣味语文"的课程资源

开发语文趣味资源，首先应当从语言和文字入手，而由来已久的对联、歇后语、成语、谚语、谜语等传统的语言形式都是重要的文字性"趣味语文"课程资源。此外还有学生喜爱的流行音乐的歌词等，这些内容都可以有选择地引进语文课堂，让学生可以在品味赏析这些课程资源的过程中培养语感，提高审美能力、提升文学素养。

1. 对联

对联是我国汉民族独特的一种文学艺术形式，其被誉为"诗中之诗"。所谓对联，雅称"楹联"，俗称"对子"，即相对的联语。对，就是上下句要相对；联，就是上下句的内容要有内在联系。对联形式短小、文词精练、构思巧妙，要求对偶工整、平仄协调，对联是诗词形式的演变。对联以其高度的概括力、简练的语言、深广的意境给人以丰富的审美感受，而且通俗易懂，运用多种修辞手法，具有极强文学性的同时蕴含着民族民俗文化。

对联作为"趣味语文"课程资源中的一种不仅是中高考等大型考试中的一种题型，也是体现学生的语文综合素养的一种方式。除去现在中高考的应试需求，对联还是一种"微写作"训练。如今，学生参加"微写作"的机会较多，但对联对词音、语义、语法要求之严苛远胜于微博、微信等其他形式的"微写作"。

2. 谜语

谜语古称"廋辞""隐语"，是一种文字游戏，主要是以某一事物或某一诗句、成语、俗语等或文字为谜底，用隐喻、形似、暗示或描写其特征的方法做出谜面，供人猜测。谜语作为一种民间传统的口头文学，后也成为文人游戏，化为诗钟、敲诗、文虎等多种形

式，猜射诗词、典故等。今天人们通常把谜语分为民间事物谜和灯谜两大类。民间事物谜多以人们生活劳动中熟悉的事物为谜材，用陈述、描绘事物的性状、特征、功用的方式制作谜面来影射谜底，且谜面多追求诗句的节奏感和韵律美。灯谜多以汉字的音、形、义为基础，利用汉字的一字多义、一字多音、笔画组合、摹状象形等义、音、形变化的特点，通过会意、别解、假借、拆字等手法，使谜面和谜底在字义上或字形上相扣合。

谜语是除歌曲和影视作品之外，最频繁出现在语文课堂教学中的一种课程资源。例如：十月又相逢（打字：肢）；多少心血得一言（打字：谧）；好酒不掺水（打字：酿）。类似这样的谜语，常在语文识字、复习字词环节中见到，还有教师会将谜语作为课堂的导入部分。另外，谜语还常常被用于引导学生学习修辞手法，修辞教学是中学语文教学内容中最常见的重难点，但以往有些教师只机械地带领学生学习修辞知识，其中的过程非常无趣。有教师便改变这种机械的修辞教学，将谜语运用到其中。

3. 熟语

熟语是语言中定型的词组或句子。使用时一般不能任意改变其组织。它包括成语、谚语、歇后语、格言、惯用语等。以下重点探讨成语、谚语、歇后语。

（1）成语。成语是习用的固定词组，在汉语中多数由四个字组成，组织多样，来源不一。有较大部分是从古代相承沿用下来的，它是中华传统文化中的特色，也是汉文化中最璀璨的一颗明珠。语文教学中成语不仅仅可以作为一种课程资源，同时它还是重要的语文知识教学的一部分。成语中包含寓言故事（狐假虎威）、历史故事（三顾茅庐）等，还有更多的截取古书的文句，例如举一反三来自《论语·述而》："举一隅，不以三隅反，则不复也。"

成语作为学生在积累词汇环节中的重要一部分，其字字珠玑，寓意深刻，生动简洁，形象鲜明，具有一般词汇所不能比拟的表达力。马国凡教授在《成语概论》中这样写道："成语是语言中最能表现民族特色的部分。在内容上，成语所用的素材，和民族的历史甚至风俗习惯息息相通；在形式上，成语的表现手段、结构方式也全部浸透民族语言的特征。"目前，成语还频频出现在中高考等大型考试中，如此更加凸显成语在语文学习中的地位。

（2）谚语。谚语是流传于民间的简练通俗而富有意义的语句。谚语是民间集体创造、广为流传、言简意赅并较为定性的艺术语句，是民众丰富智慧和普遍经验的规律性总结。谚语内容包括极广，涉及社会生活的各个方面，有关于气象知识、农业生产、生活常识、学习方面、生活哲理等，这些谚语类别繁多、不胜枚举。恰当地运用谚语可使语言通俗易懂、活泼风趣，增强文章的表现力。各种版本的中小学语文课本中也能见到许多耳熟能详的谚语。教师可以鼓励学生将这些谚语运用到写作中去，同时语文考试中也偶尔会出现考查谚语的试题，由此可以看出谚语是语文教学内容的一部分。

（3）歇后语。歇后语是中国人在生活实践中创造的一种特殊语言形式，它短小、风趣、形象，承载了中国博大精深的文化和丰富精妙的语言。歇后语由前后两部分组成：前一部分起"引子"作用，像谜面；后一部分起"后衬"的作用，像谜底，十分自然贴切。在一定的语言环境中，通常说出前半截，隐去后半截，就可以领会和猜想出它的本意。歇后语具有鲜明的民族特色和浓郁的生活气息，幽默风趣。歇后语可以帮助学生学习相关的词语、字词甚至是人生道理，无论是日常交际中，还是语文教学中，都被大众所喜爱。

4. 歌曲

歌曲被称作能唱的诗，是歌词和曲谱相结合的一种表现形式。歌曲按不同的分类法被分为通俗、民族、古典、轻音乐等种类。歌曲作为一种课程资源运用于语文教学课堂早已不是新鲜事。当前的语文教学中，歌曲是课堂上被引用最多的一种课程资源。歌词篇幅短小，要写得新颖、个性并能广泛流传开来也并非易事，所以词作者会采用丰富的写作手法，在用词上仔细推敲，使其具有极强的表现力，因此歌词又是一种"微写作"。

歌曲之所以被语文教师频繁采用，首先是大众普遍都喜欢听音乐，中小学生和教师都能轻易地接受这种跨越民族、种族的交流方式；其次是因为一些歌词与语文教学中的语言文字密切相关，甚至有的歌词就是课本中的古诗词，学生用歌唱的形式记背诗词，可以改变以往死记硬背的记忆方法。在广为流传的歌曲中，仔细留意一些歌词时会发现，很多歌词就像一首首优美的小诗。词作者们潜心酝酿的辞藻能触动学生对母语文化的兴趣和热爱之情。

（二）活动性"趣味语文"的课程资源

《全日制义务教育语文课程标准（实验稿）》提出，语文课程是一门学习语言文字运用的综合性、实践性课程。既然语文课程具有实践性，那么活动在语文课堂中出现就具有合理性和科学性。在教学中，教师若能以与语言文字相关的活动为载体，以多变的活动促进教学，延展语文课堂，学生将会在一个愉悦、轻松的氛围中自发地学习语文，激发学生更广泛的阅读兴趣。

1. 相声

相声是说唱曲艺的一种，古时作"象生"，原指模拟别人的言行，后发展为象声。这个以说、学、逗、唱为手段，以语言、文化为土壤的民间艺术。相声表演艺术中，会有一些不适宜进入语文课堂教学的言辞，这种言辞出现在课堂上会被学生不经意间记住，并进行模仿。所以语文教师在将相声作为课程资源时最好能剔除一些不适宜出现在课堂上的言语，选取适当的、符合教学内容，能和课程目标相切合的相声材料。

2. 课本剧

课本剧就是把课文中含有叙事性的文章改编为戏剧形式，以戏剧的语言来表达文章主题，但在改写的时候应注意保留原意，不能改得面目全非。课本剧是中学校园文化活动中不可缺少的一项活动，如语文课本中《雷雨》《哈姆雷特》等国内外经典戏剧篇目节选。学生们可以将这些篇目直接作为课本剧表演素材。为了能将作品呈现得丰富、具体、形象、生动，学生还须在课本节选的基础上阅读这些篇目的全文，不仅扩大了学生的阅读量，还能带给学生自我理解文本的空间。甚至还有学生运用自己的语言，将长篇叙事诗《孔雀东南飞》改编成课本剧，并将其表演出来。好的改编表演往往还会引发其他观看者产生对原始文本阅读的兴趣。语文教材给学生带来的是文字语言上的刺激感受，而学生自行将这些文本运用课本剧的形式演绎出来，将抽象的文字转换为具象的现实语境，增强了活动体验者双方的感官刺激。

3. "中国诗词大会"

诗词，是指以古体诗、近体诗和格律词为代表的中国古代传统诗歌，亦是汉字文化圈的特色之一。2020 年《中国诗词大会》是央视继《中国成语大会》《汉字听写大会》《中国谜语大会》之后的首档全民参与的诗词节目，该节目的基本宗旨是："赏中华诗词、寻文化基因、品生活之美。"对诗词内容的比拼及欣赏，让我们重温那些曾经学过的古诗词，在全民阅读古诗词的氛围中一同分享诗词之美，感受诗词之趣。将"中国诗词大会"带入"趣味语文"课程资源，带领学生从古人的智慧和情怀中汲取营养，涵养心灵。利用课内、课后的时间开展"中国诗词大会"，可以增加学生的古诗词阅读量，还能帮助学生复习巩固课内所学诗词知识。尤其是其中的"飞花令"考查了学生对中华诗词记忆的库存量和现场的随机应变能力，这一环节检测的不仅是学生的记忆力、知识储备量还有学生的心理素质。在学校举办类似诗词大会这类活动可以将全民参与转变为全校师生参与类的活动，让大家在趣味竞赛中审视民族瑰宝。

第三节 中小学语文课程资源的开发与利用

一、中学语文课程资源的开发与利用

中学语文课程资源的范围较广，从课程理论的角度来看，至少要经过三个层次的过滤筛选才能确定课程资源的开发价值：第一是教育哲学，即课程资源要有利于实现教育的理想和办学的宗旨，反映社会的发展需要和进步方向；第二是学习理论，即课程资源要与学生学习的内部条件相一致，符合学生身心发展的特点，满足学生的兴趣爱好和发展需求。第三是教学理论，即课程资源要与教师教育教学修养的现实水平相适应。所以，开发课程资源，特别是开发素材性课程资源，要反映教育的理想和目的、社会发展需要、学生发展需求、学习内容的整合逻辑和师生的心理逻辑。

由此可见，开发与利用语文课程资源必须符合社会发展对人才的要求，符合学生发展水平与需要，当然也与语文教师的观念与素质紧紧联系在一起。语文学科的意义在于培养学生适应现代社会的良好的人文素养和科学素养，培养阅读理解与表达交流等基本能力，以及运用现代技术搜集和处理信息的能力；同时，中学语文教学因学生身心发展的阶段性而体现出相应的倾向。所以，语文课程资源的开发与利用必须基于这些因素才能显现出一定的价值。

（一）中学语文课程资源开发与利用的原则

中学语文课程资源的开发与利用不是随意而行的，它需要相应的原则来规范。基于语文课程资源的基本特点和多样的类型，语文课程资源的开发与利用应遵循以下四条原则：

1. 开放性原则

语文课程资源是丰富多样的，要以开放的心态去开发和利用。面对传统与现代、城市和乡村、隐形或者显性等，我们必须开发和利用有益于语文教育教学活动的一切可能的课程资源。这种开放性不仅仅表现在语文课程资源的内容方面，还应体现在开发利用的空间和途径等方面。

《普通高中语文课程标准》在课程的基本理念中提到要遵循共同基础与多样选择相统一的原则，构建开放、有序的语文课程，高中语文课程必须顾及学生在原有基础、自我发展方向和学习需求等方面的差异，激发学生的兴趣和潜能，增强课程的选择性，为每一个学生创设更好的学习条件和更广阔的成长空间，促进学生特长和个性的发展；学校应在课程标准的指导下，有选择地、创造性地设计和实施课程，……开发和利用各方面的课程资源，建立互补互动的资源网络，建设开放、多样、有序的语文课程体系。

因此，语文教师必须超越传统教学中教与学的狭隘观念——禁锢于教材，封闭于校园，孤立于课堂，应树立大语文教育观，充分利用当地的自然、社会、人文资源，如当时的新闻联播、节日、纪念日等，真正做到学校、家庭、社会语文教育相结合，使语文教学变得开放而充满活力和创新气息。

2. 个性化原则

相对于不同的地区、学校、学科和教师，课程资源具有极大的差异性。因此，语文课程资源的开发与利用不应强求一律，而应从实际出发，发挥地域优势，强化学校特色，区分学科特性，展示语文教师的风格。例如，经济欠发达地区也具有极富开发价值的课程资源优势，如文化资源、生态和环境资源等。这些地区一般都有着自己的文化历史传统，其丰富的文化积淀构成了本地区独具特色的课程资源；同时，由于人类对自然环境的影响较少，这些地区往往有丰富的生态资源，这些都为语文课程资源的开发与利用提供了广阔的空间和平台。又如，普通高中语文课程资源的开发与利用可以倾向于文化传播，职业高中语文课程资源的开发利用可以更倾向于技能操作。

语文课程资源的开发与利用本身就是一项极具创造性的实践活动：有个性才具有创造性；没有个性，也就背离了语文新课程的基本精神。

3. 经济性原则

经济性原则要求我们在利用和开发语文课程资源时力求效率，要在有限的时空范围内，用最少的支出，取得最理想的开发和利用效果。我国各地区经济发展不平衡，各地教科研人员、教育经费不平衡，这给语文课程资源的利用和开发带来很多的困难。因此，遵循经济性原则不仅符合我国的国情，也有利于广大语文教师不断超越物质条件的限制，充分挖掘具有同质教育价值的条件性课程资源。

经济性原则包括时间的经济性、空间的经济性和学习的经济性。时间的经济性即应开发与利用对当前语文教学有现实意义的课程资源，而不能一味等待更好的条件或时机；空间的经济性，是指语文课程资源的开发与利用要尽可能就地取材，不应舍近求远，如校内有的不求之于校外，本地有的不求之于外地；学习的经济性，是指尽可能开发与利用能激发学生学习兴趣的课程资源。如果引入语文教学活动的课程资源晦涩难懂，不仅达不到预期的目的，反而会加重学生的学习负担。

4. 共生性原则

共生性原则主要包含以下三个层次的意思：

（1）语文课程资源的开发与利用必须把相关的行政部门、教育及课程专家和广大的语文教师充分结合起来。专家具有较高的理论水平，能够进行深层次研究，普通的语文教师具有丰富的教学经验，能根据教学实际利用和开发一定的课程资源，如果把这两个方面结合起来，扬长避短，发挥各自的优势，就会取得较好的效果。如江苏省锡山高级中学、上海大同中学等对包括语文在内的诸多学科课程资源的开发并上升到校本课程研究，这些成功的范例，都说明了这一点。另外，语文课程资源的开发与利用（尤其是校外课程资源）因其涉及面较广，也需要行政部门之间协调、支持。

（2）语文课程资源的开发可以通过探索与相关学科的联系，实现跨学科教学，以达到学科之间、课程之间相互促进的目的。这种横向课程资源的开发需要语文教师之间、学科教师之间的合作。现在，同一学科的教师之间相互取长补短，不同学科的教师充分发挥专业优势，几个不同的教师同时走进课堂已不再是不可思议的事。如常州五中的语文教师，在开发语文教材资源时，就很有创意地和艺术教师合作，专门开展了"语文教材中美育资源的开发与利用"的课题研究，取得显著的教育教学成果。

（3）开发与利用语文课程资源应有步骤有计划地进行。适度合理地推广开发好的语文课程资源，充分发挥它的价值，并有针对性地成立课程资源库。语文课程资源的共享不仅可以缓解资源短缺的矛盾，提高资源的利用效率，还可以培养学生、教师在不同时间范围、空间范围内资源共享的意识，感受互帮互助、分享合作的精神。

（二）中学语文课程资源开发与利用的策略

1. 校内中学语文课程资源开发与利用的策略

（1）对学生资源的开发与利用。中学语文课程资源的有效发掘与利用越来越成为人们的共识，但从目前课程改革的理论研究尤其是中学语文教学实践来看，学生这种极富活性的课程资源却被有意或无意地忽视了。

1）传统对学生认定。在我国这个有长期文化专制传统的国度里，它的影响已潜移默化地融入了人们的观念意识深处，以至于在今天仍有意无意地左右着人们的思想和行为。

在教育过程中，以"学生乃无知之人"为预设，教师认为自己就是知识的占有者与代言人，学生不过是一个等待被灌输知识的容器。因此，教育的真正价值其实就在于去除学生成长中的各种外在的和内在的自由阻碍，培养他们创新的能力、独特的个性，在教学过程中，对学生主体性的尊重与保护是教育最基本的要求。

2）新教育理念对学生的认定。教学是教师的教与学生的学的统一，这种统一的实质是交往与互动。教学应该是师生交往、积极互动、共同发展的过程，在这个过程中教师和学生分享彼此的思考、经验和知识，交流彼此的情感、体验与观念，以至共识、共享、共进。交往与互动意味着人人参与，意味着平等对话，意味着合作性意义建构，它不仅仅是一种认识活动过程，更是一种人与人之间平等的精神交流。

随着建构主义、人本主义等理论介入教育研究及实践领域，人们已开始逐渐认识到作为一个特殊的群体，学生有自己独特的感知世界、表达情感的方式，有自己独特的行为、评价的准则与逻辑。这种独特的存在形式或文化，在许多成人看来也许无法理解，但在学生世界里却有着天生的自然性。所以，很多情况下，当我们仅以成人先验的观念图式与标准来评判学生的生命存在方式与文化时，我们已开始背离了教育。

3）学生是重要的课程资源。

第一，学生的经验。建构主义教学理论认为，学生的经验是教学的起点，知识只有与学生的经验结合起来并最终内化为经验才是有价值的。同时，学生的经验也是他们在学校教学的促动下成长为富有个性的人的重要基础与前提。没有学生真实而独特的生活体验，他们的成长将缺乏坚实的根基和丰富的独特性。

学生真实的生活经验是多方面的：知识与技能、生活际遇、情感体悟等。当然，这些生活经验也许是不完善的、不清晰的，但它却是真实的、内在的。在语文教学中，教师不应漠视、拒斥学生真实的生活经验，恰恰相反，要善于发现、理解他们不同的生活经验，并将之作为一种鲜活的课程资源，使之与语文教学内容、目标发生良性的互动；同时倡导学生主动参与、探究发现、交流合作，借助这种课程资源达成教学目标，而这一过程又使学生的生活经验得到检验、修正与丰富，实现二者的沟通、互补与融合。这样，学生的发展不仅仅是知识的积累，更是经验的不断拓展和提升。

第二，学生的思维方式。在教学过程中，如果语文教师做到尊重、发挥学生的主体性，真正使教学成为完整的人的生命成长的空间，那么，一个重要方面就是对其教学过程中学生不同思维方式的尊重、发掘与引导，因为它也是教学过程中一种重要的课程资源。可以这样说，语文学科的性质就决定了语文教学必须引导学生不同思维方式的碰撞——在不同思维方式的碰撞中，学生的思维和素养经受真正的挑战，他们会更深入思考——面对更广阔的洞察事物的视野，学生创新的欲望才有可能被激发。例如，在《荷塘月色》的教学过程中，有学生在教师对本文比喻句的充分褒扬后，却认为其取材狭窄、浮泛、过于直露、缺少想象力而表示不同的看法。于是，关于如何评价这篇经典美文的比喻句的讨论就成了这篇课文学习的亮点。

第三，学生的探索经历。新课程重视学生主动探究能力的培养。在学生观察、感受、分析、判断的探索过程中，其经历和结果必然会呈现出多样性：有成功的经历和结果，也会有失败的遭遇和体验——即使是成功或失败的探索历程，每个学生的体验和感受也是不一样的。学生在探索的过程中所经历的一切最直接地反映了他们的困惑、思索、体悟与需求，这是他们成长过程中宝贵的资源和"生长点"，也是语文教学中最直接、最具生命活力的课程资源。

第四，学生的差异性。学生在生活经验、思维方式、探索经历等诸方面都存在着差异。差异可能导致的结果只有两种：要么冲突，要么共享。语文教师应给予正确的引导，使学生能共享差异，并在差异中不断丰富和拓展自己，将学生的差异看成教学资源更有利于学生个体的积极发展。

总而言之，学生个性化的生活体验、多样化的思维方式、超出意料的探索经历和他们彼此的差异都是语文教学中重要的课程资源。新课程下的教师是学生发展的促进者，同时也是促进学生间资源的相互利用者。试想，如果语文教师掌握的课程资源和学生提供的充满个性化的课程资源共融，实现师生资源共享，那么，语文这门学科将真正彰显工具性和人文性统一的独特魅力。

4）对学生资源的开发与利用。

第一，给语文以色彩。语文教师要不断超越学生对语文简单的认识甚至偏见，不断地为语文注入源头活水。只有学生对语文有了兴趣，他们那份潜在的资源才有可能被激发。基于此，教师要不时地让学生从狭窄的语文中走出来，回归到语文人文的怀抱。比较好的方式有开展系列文化讲座，如中国酒文化、茶文化、五大派智者在中国传统文化中的影响、《红楼梦》文化专题等。在平时的教学过程中，教师要坚持不时穿插希腊神话、文学名著解读、现当代小说、广告等专题讲座，让学生领略到语文的精彩和中国文化的悠远与厚重。为了体现语文的现实性和时效性，教师应经常性地剪贴报纸杂志上的文章，启发学生的思想，以弥补教材的不足，也可开设时文赏析，让学生能始终感受到时代的脚步。

同时，语文是具有强烈生命意识的学科。语文教学固然需要严谨的分析、概括、归纳，但不要忽略其对学生感情的意义。把语文和音乐沟通，把语文和表演沟通，如此，学生在语文的亲和力中才会越陷越深。也许，那时教师会发现，原来学生对语文的理解竟也这么深刻。

第二，给学生以机会。问题是创造性思维的前提和刺激的内力，对学生而言，提出一个问题远比解决一个问题重要得多。因此，在语文教学中，要给学生疑问和提问的机会，要鼓励倡导学生对现成的理论和传统观点从不同的方面甚至相反的方面进行大胆的质疑，探索求异。此外，语文作为一门具有浓厚人文性的学科，所以，在语文课堂讨论时，教师要允许学生发表不同意见。在语文课堂里，只有深浅之别，没有正误之分，并且应给予充分的鼓励，因为学生的积极性是在一次次所谓的失败错误中丧失的，而学习的内驱力又是在一次次的成功中高涨。

给学生语文活动的机会，语文教学绝不能仅仅局限于课堂，语文教师可以通过开展各种语文实践活动，如编纂专题、社会调研、语文论坛、组织文学社、征文比赛等，为学生营造一个发展的环境。例如，可以自编高中文言文常用实词意义及用法手册"、高中语文课文精彩语段及点评手册学生作文常见的错别字、病句、不规范字及分析手册等，可以组织"对任课教师教学风格、特点、方法、效果的观察、调查和分析"活动，或者调查本校（本班）学生课外读物的类型、数量、质量和阅读时间，进行分析，并有针对性地提出课外阅读策略，或者对语文教材中的一篇文章进行分析、研究、撰写评论，在教师上完该课后宣读，并回答其他同学提出的问题，等等。在课外自由的时间和空间里，通过这些语文活动，学生的个性可以得到充分的发挥。在一次次失败的过程中寻找问题的关键，在一次次成功的喝彩中体验语文学习的乐趣，他们的创新性思维能力也会得到提高。

（2）对教材的开发与利用。语文课堂教学是在"教材""教师""学生"这三个因素的构成之中，教师直接以教材为媒介作用于学生的教学行为。一般情况下，教师和教材之间有这样三种关系：第一，教师是传递者，教材是完美无瑕的，教师的角色只是按文本办事，照本宣科；第二，承认教师在应用教材的过程中有一定的影响力，主张采用工作坊和培训课程把教材的精神传授给教师，由他们去发挥；第三，教师可选取和转化教材于特定的教学情境，因此无一套先设的特定教材，教师根据教育目的因时制宜地去阐释和运用教材。

此外，为了中华民族的复兴，为了每个学生的发展，应引导学生利用已有的知识与经验，主动探索知识的发生与发展，同时也应有利于教师创造性地进行教学。教材内容的选择应符合课程标准的要求，体现学生身心发展特点，反映社会、政治、经济、科技的发展需求；教材内容的组织应多样、生动，有利于学生探究，并提出观察、实验、操作、调查、讨论的建议。

①新教材从封闭到开放。基于语文课程内容要与学生主体经验的内在联系，关注不同地区、不同学校和不同学生的需求差异，新课程对语文教材提出一系列的建议，试图打破传统语文课程内容过于封闭的弊端。

②"新教师"从被动到创新。面对新课程新教材，语文教师要有强烈的创新意识、大胆的开拓精神，在充分尊重教材和学生的基础上，深入挖掘教材中潜在的魅力与价值，使之焕发出新的生命力，创造出"变教科书为学生的世界，变世界为学生的教科书"，以彰显语文学科的真正魅力。

第一，发挥教材的范例优势，引导学生投入到课外阅读中，让教材成为开发课程资源的起点，如教材中有些课文选自经典名著或作品，学习这类课文是引导学生读书的良好契机。当然，在引导的同时，教师应不断关注学生在阅读过程中遇到的问题。例如，在教学海子的《面朝大海，春暖花开》时，就有意识地引导学生读更多海子的诗，在充分的交流、讨论中体味作者的生命意义；同时，从海子的"后朦胧诗"到舒婷、顾城的"朦胧诗"，在充分关照诗歌流派及作品中感受语言的魅力和诗人的独特。

第二，拓展教材的时空限制，开展研究性学习活动，让课程资源的开发和利用从静态走向动态，从课内走向课外。作为一种全新的学习方式，研究性学习已开始走进语文教学的课堂。语文教师应从语文学科的性质出发，积极组织学生进行以言语教学为本位的探究活动，这对充分利用教材，发挥其潜在的课程资源价值是很有意义的。

第三，走进语言深处，体味教材中的人文精神；所谓人文精神，是一种以人道、人生、人性、人格为本位的知识意向和价值意向。它在本质上强调人的情感、人的体验，总体特征趋向于综合整体、动态化、无规则、无序列、内隐和模糊。新课程明确了人文性是语文课程的基本特点，而本书认为语文学习的最高境界应直接指向提高学生的人文内涵。

2. 校外中学语文课程资源开发与利用的策略

校外中学语文课程资源包括家庭关系及交往，社区文化艺术场馆、活动、环境，地方文化资源等。开发与利用这些资源，不仅能提高学生的语用能力，而且能培养他们的亲情、乡情及对生活的关注和热爱，同时也能锻炼学生获取信息和处理信息的能力。以下主要从中学的家庭语文资源和地方文化资源两个方面进行论述。

（1）对家庭资源的开发与利用。家庭是孩子的第一所学校，父母是孩子的第一任教师。家庭对孩子潜移默化的影响，可以正面积极引导，激发孩子求知的欲望，变成奋发向上的学习动力。中学的家庭语文课程资源开发与利用方式可以从以下方面探讨：

①多方互动：通过多种交流形式，在学生、家长和教师之间进行互动，给学生以更开阔的语文学习视野和更多的学习乐趣。例如，共读剪报。家长在读报的过程中，剪下思想性、文学性较强的文章给学生看，并让学生贴到剪贴本上写上短评；教师评阅后或在学生之间进行交流，或由学生带回去跟家长再交流。这样，既开发和利用了家庭成员的资源，节约了学生选择阅读物的时间，又避免了学生审美趋向的单一性。再如请有专长的家长到班级开文化讲座或者开展家长评改作文活动等，有条件的还可利用电脑这一学习资源，构建网络平台（如班级网页等），促进家长、教师和学生的交流互动。

②剧本表演：学习小说和戏剧作品时，可以让学生们组织课本剧等表演活动。例如，根据莫泊桑的小说《项链》来表演课本剧，学生可以选择"借项链"和"十年辛劳"等作为主要情节，在故事情节的展开过程中表现人物复合多元的性格特点，这种对课本进行二次创作的表演方式，可以充分发挥学生的审美主动性，培养学生的创造性思维能力。在课本剧、生活话剧、小品的排演过程中，教师要求学生家长一起参与，或参与角色，或出点子、提意见，让家长和学生在思维方式、审美意识等方面进行碰撞，从而引导学生学会多角度多层面地审视事物。

③文化旅游：学生和家长在旅游中开阔视野，启迪思维，提高语文素养。例如，学生可以写旅游日记，或即景抒发思古幽情，或缘事萌生哲理感悟；或从山川美景中触摸传统文化的底蕴，或从某个名人故居中了解其生活、思想变化的轨迹和心境等。没有条件和家长旅游的，可借助图片、电视、书籍等间接资料，展开想象的翅膀，进行一次精神上的跋涉和超越。

④专题研究：语文学习涉及面很广，除了课堂、实地研究、去图书馆查阅资料外，利用网络、藏书等家庭资源，争取家庭成员的帮助，也是一条很重要的途径。比如进行专题式的研究性学习活动，可以给更多的学生以自由发展的空间，让他们在语文学习上找到一个兴趣点或切入点，充分借助家庭资源的帮助，在自主探究的学习中提高分析问题、解决问题的能力。

总而言之，重视家庭资源的开发与利用，就真正重视学生语文素养的提高。当家庭教育和学校教育真正结合起来时，它的推动力是难以想象的。

（2）对地方文化资源的开发与利用 HT]

①开发与利用的必要性。地方课程资源的来源较为丰富，其中，地方文化资源是其重要组成部分。文化是人得以成长的土壤。地区在长期的历史演进中，形成了有显著地域性和民族性的文化，生于斯长于斯的人们耳濡目染地接受着它的熏陶。但是，由于文化是播散在人类的一切创造之中，并不如知识、科学那样形式化的，且缺乏必要的序列和系统，而且其中的内涵、形态及价值量各异。因此，地方文化资源并不能直接转化为课程资源。如果按照一定的法则把它们有序地纳入语文课程教育体系中，其教育价值是显而易见的。所以，从另一个方面讲，一定地区的文化资源的存在是构成语文课程资源的必备条件。

②地方文化资源的内容。地方文化资源的来源十分广泛。大致可分为以下三个方面：第一，地方人文资源，如文化古迹、历史遗址、风景名胜、民俗民风等；第二，社区文化环境资源，如博物馆、体育馆、美术馆、文化宫、展览馆、公园等；第三，文献资源，如电影、电视、广播、录音录像等音像制品。

③开发与利用地方文化资源的要求

第一，选择性。地方文化资源的取舍有较大的选择空间，我们可以从地方资源及学生实际出发，着眼于学生语文知识结构和能力结构的优化，在有利于促进学生学会学习、学会思考、学会创新的价值观的引导下，对众多课程资源进行合理取舍。

第二，针对性。开发利用地方文化资源，必须满足学生发展的实际需要。如通过加强学校、学生与社区的联系，注重语文教学与生活实践的有机结合，让学生走出课堂、走出学校、走进自然、走进社会，在生活中学习语文，在社会中提高语文。

第三，实践性。利用和开发地方文化资源带有极大的实践性，在这一过程中，必须重视体验、重视参与、重视合作、重视创新。

二、小学语文课程资源的开发与利用

（一）小学语文课程资源开发与利用的重要意义

课程资源是课程设计与实施不可缺少的基本要素，可以改变学生的学习方式，促进学生的全面发展，有利于学生开展实践活动，从语文实践中培养良好品质，提高语文素养及语文实践能力。可以开阔教师的教育视野，转变教师的教育观念，从而更好地激发教师的创造性智慧。新的课程资源的引入还会带动教育方法、教育手段、教学组织形式等方面的变革。课程资源的开发和利用从学科教学主体的角度来看，具有以下五个方面的意义：

1. 课程资源开发与利用是由小学语文课程特点决定

小学语文课程具有综合性、工具性、人文性、时代性、趣味性等诸多特点，这些特点要求教学活动立足"工具"和"人文"这两个基本点，使教学活动与实践紧密结合，要求立足教材并超越教材，在相对固定的社会主题下，师生共同开发与利用比教材更丰富、更鲜活的内容。因为语言是交际的工具，是表达思想感情、交流思想感情、传递文化的工具。学习语文就是要使学生牢牢掌握语言工具。语文教学的首要任务，就是要教会学生使用语言。

（1）要使学生学会理解和自我表达语言。学会用口头语言表达自己的思想感情，不但要表达，还要会听懂别人说的话；学会理解书面语言，学会阅读；学会运用口头和书面语言来表达自己的思想感情。

（2）学会用语言进行交际。学习语文就是要学口头语言和书面语言交流的能力。

（3）学会积累语言。语言具有记忆功能，以语言为媒介助人记忆信息；学生学习靠语言记忆，没有语言的记忆，就没有语言的积累，也就没有学习语言的成果，更谈不到人类文化的传递。语文学科不仅具有工具性，而且还具有人文性。工具性和人文性的统一，正体现了语言的性质、语言和思维、语言和思想是统一的。具体到语文教学中，就要使语文教学和人文精神的培养统一起来。语言作为载体，它所载负的文化科学知识都具有一定的思想、情感内涵及审美意义。语言是交流思想感情的工具，是思维的工具。人们掌握语言就是为了相互之间交流思想感情。尤其是文学作品，其表情达意的功能更强。

由此可见，不管是工具性还是人文性，都决定了语文学科的一个大背景就是要在社会交流的环境下，这就需要有大量的资源来进行补充，才能完成语文学科的任务，体现语文学科的特点。

2. 课程资源开发与利用能转变小学生的学习方式

新一轮基础教育改革的着眼点就是要改变学生的学习方式，帮助学生形成一种主动探求知识、重视实践能力的积极的学习方式。单一的教材往往是教师教学生学，知识的接受局限于课堂，对语文课程资源的开发利用，正是为学生构建一种开放的学习环境，提供多种渠道获取知识，并将得到的知识加以综合、应用于实践的机会，提供一个让学生的生活、经验、智慧、理解、问题、困惑、情操、态度、价值观等进入课程的机会，引导学生关注自然、关注社会、走向社会，改变把学生禁锢在课堂里、日复一日地重复口耳相授、单调枯燥的教学方式。采取多种多样的能充分体现学生自主学习、自主实践的形式，如上网、读课外书、询问、讨论，在课前、课后收集资料、组织新闻发布会、故事会、朗诵会、讨论会、演课本剧，办手抄报，编习作集等。让学生在丰富多彩、生动活泼的语文实践中学习语文，做到人人动脑、动口、动手，开动各种器官，开动大脑机器，使想象飞起来，思维动起来，语言活起来，在讲述、讨论、交流、品评、操作等活动中促进发展，形成扎实的语文能力，并且体验语文学习的乐趣。我们期盼学习方式的转变会带来人生态度的转变，主动探索的学习方式会形成主动积极的人生态度。

3. 课程资源开发与利用能够提高小学语文课教学质量

在现实的教学中，大多数教师把教科书当成唯一的课程资源，教师讲解教材，学生死学教材，导致大量的课程资源闲置一边，教学活动的实际效果也得不到提高。

在较长时间里，我国的语文课程结构的主要特点是：以单一的学科课程为主，强调学科课程是课程结构中的唯一课程形态；注重国家课程，绝大部分地区以全必修课程为主。语文学科课程计划也是完全划一的；阅读课多少课时，读多少篇课文；作文课多少课时，写多少篇作文，都有明确的规定。而且，凡是课程计划中列出的，一律都是必修的，不管一个班级的学生，程度、爱好、个性有哪些不同，一律按同一课程、同一教材、同一进度、同一教法进行教学。但是生活是丰富多彩的，语文运用的场合是灵活多变的，学习者的爱好、个性也有差异。单一的学科课程往往忽略学生的不同起点，因而无法根据教育对象的不同特点来全面提高学生素质。

新的语文课程标准设置了活动课，使得上述情况得以改善，在小学设置的语文综合性学习就是一种活动课程，是语文学科综合性、整体性和实践性特点的体现，是培养学生创新精神和实践能力的必然要求，也是改进语文课程的必然要求。活动课程的实施是要以课程资源为基础的。尤其是综合性学习，需要掌握丰富的课程资源才能得以顺利实施。

4. 课程资源的开发与利用可以调动小学生的学习积极性

促进学生的发展是小学语文课的宗旨。学生的发展将受益于大量丰富的、具有开放性的课程资源的开发与利用。教师和学生是课程资源开发的主体之一，学生在教师的指导下，可以通过多种途径开发课程资源，如果仅依靠一本教科书，把学生的活动局限于课堂，不实行教学的开放，不充分开发与利用校内外的课程资源，语文课的教学目的就无法实现。学生的生活经验、感受、兴趣、爱好、知识、能力等构成课程资源的有机成分，教学中教师要为学生动手、动口、动脑提供足够的素材、时间和空间，让每个学生都有参与活动的机会，在活动中都有一块属于自己的天地，能表现自我、认识自我、发展自我。

开发与利用语文课程资源可以增加学生知识储备，增加情感体验。语文教师开发课程资源，将其运用于语文课堂，有利于开阔学生的知识视野，使学生掌握恰当的学习方式方法，同时也有利于拓展教材中课文的知识含量，包括语文知识、文学文章知识等。每篇课文中都蕴含着丰富的人文要素，语文教师可以从文本内容出发延伸到文本以外，帮助学生更好地理解文本，同时也让学生的情感进一步得到陶冶和熏陶。

在课程与教材开放与多元化发展、弹性课程与多元教材出现的条件下，参与课程资源开发的主体由单一的课程与教学专家主导正在向多元主体发展，其中包括利用和消费课程资源的学生。学生在新课程中，既是课程资源的消费者，又是课程资源的开发者，他们对一切都充满了好奇，产生了兴趣，急于想自我探究。尤其是在现代信息技术广泛运用到教学与人们生活的各个方面的背景下，学生获取知识与信息的途径多元化，他们之间的相互交流与学习显得越来越频繁和重要，每个学生本身都成了特殊的课程资源的开发者。与此同时，学生的学习方式也发生了根本的变革，他们在自主学习、合作学习、探究学习的过程中，相互之间都成了丰富多彩的课程资源。

此外，不同的学生从不同的渠道能收集到不同的资料，可以深化对课文的理解，也能达到课程资源共享的作用。学生开发与利用课程资源不仅从形式上灵活多样，而且还具有多层次、多类型等特点，对学生兴趣的培养、能力的锻炼、合作精神的形成都有积极作用。学生收集的课程资源在教师的指导下，还可以进一步地加工与筛选，形成一些具有典型性与代表性的课程资源库。学生作为课程资源的开发者，本身就可以使学生成为课程资源的活动载体，他们可以把课外的课程资源带入校内，成为校内的课程资源，他们还可以将零碎的课程资源整合成较为完整的课程资源体系，开发与利用课程资源的过程本身，就是学生学习的过程，而且这种学习过程还可以影响到其他学生的学习过程。

因此，紧密联系生活，积极开发合理利用语文课程资源，不断开拓语文学习的空间和领域，无疑是提高学生语文学习兴趣的一条捷径。在语文教学中依托课程资源的优势，调动小学生的非智力因素，对不断提升学生语文素养就显得尤为重要。这也是我们当前促进语文学习、提高语文教学质量和效率的重要任务。

5. 课程资源开发与利用能够促进小学语文教师专业化发展

教师是最重要的课程资源，兼具素材性资源和条件性资源两种性质。教师的素质状况决定了课程资源的识别范围、开发与利用的程度以及发挥效益的水平。课程资源的开发对教师提出了新的专业能力要求，即课程开发的专业素养和能力。语文教师应该成为学生利用课程资源的引导者、开发者。必须具备根据具体的教学目的和内容开发与选择课程资源的能力，充分挖掘各种资源的潜力和深层次价值。教师要付出更多的心血和努力，掌握更多的资源。

语文教师首先应是个体不断成长的人，然后才是专业不断发展的教师。在课程资源开发与利用的过程中，语文教师的个体在不断成长，专业也在不断发展。

语文课程资源的开发与利用的实践活动中，教师通过融入自然和社会生活，实现对自然、社会及人与自然、人与社会关系的感悟，这是一种心灵的敞亮和思维的开启，是认识的飞跃。古今中外文学作品的研读，引发对人生、命运的深刻思考，这是一种灵魂的净化和人格的提升，是人性的升华。在这一过程中，语文教师的科学知识、人文知识得到了和谐发展，了解了自然和社会，既有知识的积累，又有知识的创新。

语文课程资源开发与利用也是教师专业不断发展的一条理想途径。课程资源的开发与利用是教师专业发展的重要推动力，也是教师专业发展的重要心理条件。同时，促进课程资源的开发与利用有助于教师教育认识水平的提升，为教师的专业发展指明方向：促进教师专业能力和技能的发展，优化教师的能力结构；促进教师知识结构优化，增长教师的教育知识；促进教师的合作意识的增强，创造新型教师文化，促进教师角色和工作方式的转变，为教师的专业发展提供一个平台。

新课程对教师开发课程资源提出了明确要求，教师要转变教育观念，以全新的眼光和视角去审视教学、看待资源；教师要有完善的知识结构、广泛的兴趣爱好，更好地识别、开发、利用课程资源；教师要在教学中积极思考、勇于创新，充分挖掘各种资源的潜力和深层次价值，这一过程要求教师付出更多的心血和努力，同时教师的教育视野和理论胸怀扩大了，教育智慧和思维方式提高了，专业自主意识明显加强，课程资源的开发不断促进语文教师在实践中学习，在学习中获得专业成长。

（二）小学语文课程资源的开发与利用须注意的问题

1. 重视开发教材中的课程资源

教材不是唯一的课程资源，却是最重要的课程资源。作为课程资源的主要载体，教师应该拓展语文教材的使用空间。小学语文教材中主要的课程资源类型有以下方面：

（1）单元导语、阅读提示、文下注解。新教材往往按专题对每一单元的课文进行编排，单元导语往往就某一单元一组课文的内容、学习的目标要求等做出提示，这对教师准确理解把握教材很有帮助。阅读提示、文下的注解往往就文本中难解的词语、学习的要点、相关的知识等做出注解或提示，既有助于教材使用者对具体文本的理解，有时也直接为课外资源的学习提供指引。

（2）课文。课文是重要的课程资源，学生听、说、读、写能力的培养，语文素养的全面提升，离不开对具体文本的学习、感悟、品鉴，从某种意义上说，语文学习就是教师、学生借助文本与作者、编者对话的过程，在这一过程中，教师与学生、教师与作者、教师与编者、学生与学生、学生与作者、学生与编者，构成复杂的对话关系。

（3）插图。插图是教材的有机组成部分，图文并茂是新教材的显著特点。教材中的插图，从形式上看，风格各异，形式多样，有单幅，有多幅，有照片，有绘画，形象生动，有很高的审美价值；从内容上看，所配插图表现的有人物形象、实物图片、特定情景、自然风景、城市景观等，内容丰富，覆盖面广。这些插图不是可有可无的装饰，也不仅仅是辅助性的教学材料，而是重要的课程资源。教材中的插图为学生提供了丰富的视角表象，有助于形象思维占主导的小学生对课文内容的理解，而且借助插图观察辨析事物，展开想象，利于培养学生的观察力和想象力。

（4）问题资源。新教材很重视课后的问题设计，课后的思考与练习与传统教材相比，有新的特点：问题少而精，每课后面只有一到两个问题，紧扣课文的重点；角度新，不再是课文内容的简单重复，而是对课文内容进行拓展、延伸，目的是激发学生的创造性思维和想象力，进而品读课文，获得自己独特的感受。课文阅读是教师、学生、作者、编者、文本之间对话的过程。课后问题无疑是对话的主要内容之一，在熟读课文后，教师应引导学生围绕课后问题进行探究，从而达到理解课文内容和训练语文能力的要求。对拓展性的课后问题，更要引导学生进行探究，这些问题具有启发性和延展性，没有统一答案的束缚，学生要通过自己的思考，结合独特的生活感受和社会体验，在开放的氛围里自主地发表自己的看法，多样的答案反映学生的独特体验和感受，使不同层次的学生都能感受成功的喜悦。同时，学生探究问题的过程，就是创新思维和想象力培养的过程。

（5）语文实践性资源。"综合性学习"板块的设置是语文课程改革中的一个亮点，在不同版本的小学语文新教材中，都注意为学生设计体验性活动和研究性专题，这无疑拓宽了学生语文学习的空间，增加了学生语文实践的机会。在"语文天地"这一板块中，除了训练和巩固基础知识的内容外，还设计了语文实践活动的内容，构成了一个完整的学语文、用语文的体系。"语文天地"就是"综合性学习"的具体体现。例如，人教版三年级上册安排有"了解家乡的过去，说说家乡有代表性的事物，并了解关于它的故事"等活动，这些语文实践活动安排在某一主题单元后，和主题单元的内容有一定的联系，但又不是这些内容的重复。为完成这些活动，学生要查找资料，阅读有关的文章，选择合适的内容，动手、动口、动脑，在活动的同时，使语文基础知识得到运用和巩固，加深了对课文内容的理解认识；同时，学生的活动丰富了生活经历，为习作积累了材料。这些内容又包含了人文教育的价值，是难得的品德教育的好材料。

由此可见，语文教材中就蕴含着非常丰富的课程资源，等待着教师的开发与利用，所以，在进行教学设计时，不必舍近求远，不妨首先把眼光投向教材，深入理解、揣摩编者的意图。

2. 适当开发重要课程资源且不影响教学进度

随着新课程理念的推广，教师们普遍认识到了课程资源开发的重要性和必要性，但有相当一部分的教师由于担心开发课程资源会影响教学进度望而却步。事实上，适当开发必要的课程资源并不影响教学进度的完成。相反，只要本着经济性、针对性和开放性的原则进行课程资源的开发与利用，不仅不会影响教学进度，反而有助于提高教学效率，帮助加快教学进度。

3. 教师应不断提升自身的综合素养

教师是首要的课程资源，因为他们本身就是素材性课程资源的携带者。教师的知识越丰富，学生受益就越多。学科的综合化倾向是新课程改革的一大特点。与传统分科课程设置的封闭孤立定势相比，学科综合化为学生提供了更加宽广深远的发展空间，指向全人发展的教育理想，因而成为课程改革的亮点。

教师只有不断拓宽知识面，不断提高自身的综合素养，才能更好地胜任教学工作。例如，在讲《向沙漠进军》时，教师能运用有关的地理知识；在讲《哥白尼》《居里夫人》时，能运用有关的历史知识（历史事迹）；在讲《大自然的语言》时，能灵活运用有关的自然知识；在讲《统筹方法》时，能灵活运用有关的数学知识……这样，无疑能加深学生对知识的印象，收到好的教学效果。

总而言之，在开发与利用课程资源时，我们既反对传统教学常见的一种偏向，即把课程内容和教学局限于教材和书本知识，不重视、不懂得，也懒于开发生活周遭可利用的课程资源，使学校课程与社会生活脱节，使教学趋于封闭、狭隘、抽象、死板；也要防止另一种偏颇，即一味追求超越教科书，忽视其基础与指导作用，甚至并列教科书与其他课程资源，削弱的后果是影响教学与育人的质量。

(三) 小学语文课程资源开发与利用的途径

随着时代的发展，新课程的实施，这样的教学方式越来越不能适应学生的实际。语文教师应高度重视课程资源的开发与利用，创造性地开展各类活动，增强学生在各种场合学语文、用语文的意识，多方面提高学生的语文能力。课程资源的开发与利用，是保证新课程实施的基本条件。作为课程实施基本条件的课程资源，在今天全面推进素质教育的课程改革中占有越来越突出的地位并发挥着越来越重要的作用。生活中处处可以学语文，用语文，现实中蕴藏着取之不尽的语文课程资源。过去，人们对语文课程资源的理解往往局限于语文教材、语文教学参考书、学生的语文习题册、作文集等与课内语文学习密切相关的显性课程资源，这是对语文课程资源的狭隘理解。语文教师应该树立起课程资源开发意识，用自己独特的慧眼去发现、灵巧的双手去挖掘那些丰富多样、富有个性而又适应课程改革需要的课程资源，在不断提高水平的同时来实现课程改革的目标。

1. 小学家庭语文课程资源的开发与利用

家庭是学生除了学校以外最主要的生活、学习场所，来自家庭方面的课程资源与学生密切相关，也最为丰富。语文课程的家庭资源主要包括两方面：一是物化的文化环境与设施，如家庭藏书、报纸杂志、集邮册、工艺品、音像资料、家用电器，以及家庭文化环境等；二是非物化的能体现亲情气息的人际环境，如家庭成员的关爱、亲友的往来、邻里间的相处等每个学生都有各自不同的家庭、不同的家庭出身、不同的家庭文化、不同的家庭结构、不同的家庭教育等，对学生的影响都起着举足轻重的作用。如果我们能把家庭语文课程资源利用起来，将是很具亲和力的一部分。另外，如果充分有效地利用家庭环境这块丰富的资源，那学生在家庭生活中对语文知识的获取与能力的提高将受益匪浅。把家庭看作重要课程资源的认识已成为许多课程研究者的共识，必须从多方面着手，予以充分开发与利用家庭资源。

（1）家长是最富亲情的课程资源。家长是课程资源的生命载体之一，由于与社会接触面广，有其自身优势。家长的知识结构、一言一行同教师、教学用书等其他物质形式的课程载体一样，对教育活动发挥着重要的作用。家长的积极配合可以帮助教师有效地开发课程资源，而学生家长中不乏高素质、能力强的人，是很重要的资源。教师要与有一定特长的家长和亲友建立联系，使之积极配合学校进行教育，比如邀请家长来校办讲座、做报告，组织和指导学生活动；或让学生参与各种家务劳动和家庭文化的营造，如烹饪、种植花草、布置居室等，提高其实践能力，使有关教学内容得以深化与拓宽。

教师可以根据家长的相关工作，充分调动这些资源，为小学生安排丰富多彩的实践活动。如语文实践活动中设计的一些社会调查任务的完成，若有家长的帮助与配合将会事倍功半。教师应常常把小学生的学习与家长联系在一起。请家长为孩子的某一篇作文写评语，让家长了解孩子的写作水平。当然，充分开发利用家长这一课程资源，教师要有明确的目的，良好的组织协调能力，善于沟通合作的能力，也需要学生在家长与学校之间起到桥梁和纽带作用。

（2）家庭物品是伴随小学生成长的语文课程资源。新教材的基本特点之一是：从学生生活经验出发，激发学生学习的积极性，而家庭的物品天天与学生生活在一起，伴随学生一起成长，学生对它们充满了深厚的情感。我们的语文学习有时如果能与家庭的物品挂上钩，学生的学习积极性就会得到充分的激发。

教师要鼓励家长多购置孩子喜爱的书籍、杂志、音像资料等，开阔学生的视野；鼓励孩子充分利用家庭现有材料，开展语文学习活动，在学习拼音、积累词语，以及习作训练中，教师可让学生用拼音拼写家里的物品，如家具系列、厨具系列、床上用品、服装鞋帽类、装饰品等。随处可得的家庭物品，都可丰富学生的语文学习内容。只要有心，家庭中很多看似寻常的物品都能挖掘出丰富的语文课程资源。

（3）家庭信息是最鲜活的小学语文课程资源。在很多时候，语文教师还是唯一的信息传播者，课堂还是唯一的信息交流的场所，试卷考查还是信息的唯一检测途径——语文学习的这种封闭状态就决定了多年来语文学习的封闭性和狭隘性。新课程标准不仅注重学生收集信息和处理信息的能力，而且提倡拓展学习的时间和空间。我们的家长分布于各行各业，有时收集资料远比我们方便得多。

（4）家庭关爱中的小学语文课程资源。家庭教育是亲情教育，即被人关爱、关爱别人的教育，这种爱与被爱的过程就是亲情教育的主要内容，家庭教育又是冶情教育，即陶冶人的情操、使之成为审美的人。家庭的温情就是在相互关爱中得到升华，而这种爱更好地促进了小学生各方面的发展。

（5）家庭教育研究中的小学语文课程资源。家庭教育是一门科学，只有了解孩子、理解孩子，才能因材施教，才可能获得成功。语文丰富的人文内涵对学生精神领域的影响是深广的、多元的，要在家庭教育中学科学、用科学，要从了解孩子的心理需要入手，用科学的方法，重视语文的熏陶感染作用，让好书影响、改变学生的生活。

（6）在家庭的交往中利用小学语文课程资源。孩子具有天生的语言潜能，语言的发展、思维的发展和社会性发展是辩证统一的。语文倾向于合作交流，活的语言总是存在于认识和交往之中。在学校，我们教育学生对人讲诚信、讲互助、讲礼仪、讲团结；回家后，让家长鼓励自己的孩子多与小伙伴一起玩耍，自己去处理与玩伴发生的矛盾；当客人来访时，多给孩子机会，让他们礼貌地待人接物；对于家庭中发生的事，鼓励孩子勇于向父母发表自己的看法，真正融入家庭生活中去。这样孩子既可获得语言交际、语言表达能力上的发展，又获得了精神世界的丰富和发展。

（7）家长与孩子心灵对话中的小学语文课程资源。超越课堂，不仅要把语文从课堂延伸到学生的生活中，还要触及他们的心灵。教师可以开展家长和孩子的心灵对话活动。

由此可见，在家庭资源开发利用的过程中，语言已经不只是交流情感和思想的工具，更是人的生存空间，生存条件、存在方式。学生的生活活动、情感活动、心灵活动等所有的生命运动都是语文学习的过程，只有在这样的语文学习中才能感受自然，发现社会，体悟人生。只有这样的语文学习才能为他们身心的健全发展，为他们终身学习和精神成长奠定坚实的基础。

2. 小学校内语文课程资源的开发与利用

小学校内语文课程资源较为丰富，在学校可开发的资源较多。新课标强调，语文学习应开放，处处留心皆语文，强调学科的交叉渗透。因此，关注体验学校生活，开发与利用学校课程资源是学生语文学习积累的捷径。

（1）教师课程资源的开发与利用。新一轮的国家基础教育课程改革将使我国小学教学发生一次历史性的变化，教师再也不是被动的教科书忠实执行者，而是与专家、学生以及家长、社会人士等一起构建新课程的合作者，是一批拥有新的教育观念、懂得反思、善于合作的探究者。新一轮课程改革非常重视教师的课程参与，强调改变教师的课堂生活方式，并通过这种课程参与提升教师的课程意识，掌握课程开发的技术，促进教师的专业发展。也就是说，新课程赋予了教师广泛的创造性空间，教师将随着新课程所建立的学生学习方式的改变而重新建立自己的教学模式，在新的课程环境下塑造新的角色。

在课程资源的开发与利用方面，教师具有极大的智慧潜能，是一个亟待开发的巨大资源宝库，应该加以高度重视和充分运用。面对新课程标准，教师作为课程资源建设的主体有两个方面含义：一是教师本身就是一种重要的课程资源，教师具有的知识、经验和专业技能是课程活动的重要素材，其水平决定了教师资源的品质，优秀的教师就是高品质的课程资源；二是教师能够有意识地根据学科特点开发和实施所需要的课程资源，不仅决定着课程资源的选择和利用，更是素材性课程资源的重要生命载体。

第一，教师本身就是最丰富的活资源。每一位教师都有自己的个性，他们的生活阅历、实践智慧、特长技能、道德修养、为人处世的方式都是独一无二的，教师那睿智的谈吐、精湛的教学语言、丰富的社会阅历、广博的文化知识，真诚细致的人文关怀、独到的人生感悟，先进的教育教学理念、对教材解读的深度与厚度、娴熟的驾驭课堂的能力……都是学生终身受益、用之不竭的精神资源。有能力的教师的思维方式、心理素质、价值观念、教育思想、知识储备、技能技巧、理论素养以及人格魅力等，都能在课程资源的开发中不断吐旧纳新，真正具有现实性和创造性，对学生来讲，就是种丰厚的课程资源。

搞好教学工作的关键，取决于教师素质。就素质而言，不同的教师有不同特长：有的擅长美术，有的擅长音乐，有的擅长朗读，有的擅长板书，有的擅长运用多媒体手段，这些能力在课堂教学中的恰当运用无疑会增强课堂效果，对课程资源的开发也起到重要的作用。新课程强调各学科之间的整合，强调知识与技能、过程与方法并重，强调培养学生的良好情感、态度、价值观，充分发挥教师特长，更便于挖掘教材内涵，为学生的学习活动提供有效服务。例如，教师在教学《小小的船》时，就充分运用音乐来激发学生的理解、欣赏和想象，把学生带入一个星光灿烂的美妙夜晚；一位教师执教李白的诗《望庐山瀑布》时，在动情的朗读指导中，在揣摩诗歌的诗眼中，为学生再现了一位豪情万丈，把酒当歌的诗仙李白；一位教师在教学《太阳》时，充分运用简笔画这一特长，在黑板上寥寥数笔勾勒出大海、草原、山村、森林等画面，让学生联系画面体会课文，读句子，看图说话等；还有教师充分利用多媒体技术，教学《只有一个地球》，整合相关的大量信息，丰富教材的内涵，以学生喜闻乐见的形式处理教材，调动学生的求知欲，使学生真正乐学、好学。

第二，发挥教师在课程资源开发利用中的主导作用。教师是教学的主体之一，对学生的发展起至关重要的作用。教师在本学科的课程资源的开发中就应当发挥主体优势，增强课程意识、学生意识、开放意识、问题意识，要学会使用自己的权力，从课程的被动执行者变为编制、组织、实施、评价课程的主人。但是行使课程权力，不应是外力强加的，而

中小学语文课程与教学研究

应是教师自发的要求。有能力的教师甚至有办法在自身以外的课程资源极其紧缺的情况下，实现课程资源价值的"超水平"发挥。所以教师要加强学习，学习先进的课程理论，具有课程资源开发的责任感与使命感，勇于创新，敢于突破陈规，革除陋习，不因循守旧，掌握开发与利用课程资源的技巧，形成自己独特的课程资源开发的视角和方法体系，自觉成为课程资源的开发者、创造者，推动课程资源内容开发的良性发展。

教师动用积极的情感和灵动的智慧让学生的情感和智慧和谐共生，是文本，便一定蕴藏着情感。情智教育，很重要的环节就是要锤炼教师的准确解读、深度感悟、巧妙激发和有效提升文本情感内涵的能力，从而使文本情感外化为一种积极、深刻的情感影响力，让文本情感弥散在课堂的每一个角落，浸润每颗稚嫩的心灵，但要把文本情感转化为课堂的情感生活，需要丰富的技巧和智慧。

第四，教师在课堂上的灵感就是宝贵的课程资源。教师灵感是指教师在处理课堂突发性事件时，采取具有突变性措施所取得的一种突破性的创造性认识活动。它能打破人的常规思路，为人类创造性思维活动开辟一个全新的境界。

总而言之，新教材课程资源的开发与利用需要教师发挥教育智慧以及利用多方面的力量，不断地发现、利用、发展课程资源，从而丰富课程的内涵，延伸课程的空间，以此满足教师、学生发展的需要，实现教育资源的最优化。

（2）学生课程资源的开发与利用。学生是教育的对象，更是教育的资源。在语文教材开发多元化发展，弹性课程不断出现的条件下，参与课程资源开发的主体由单一的课程与教学专家主导，正在向多元主体方向发展，以往的教育理论将学生定位于课程资源的消费者，而忽视了学生的其他角色，而课程资源开发主体多元化理论的发展，将学生的课程资源角色纳入研究中。一方面，学生作为活生生的生命个体和教育活动的主体，是课程的主体之一。学生就是一种课程资源，学生的知识与技能、能力及身心发展状况、生活环境、生活经验和学习经验、学习的方式和方法、情感态度和价值观、既定的教育需求都是可开发的素材性课程资源，在课程资源的开发与利用中，对学生资源的价值是无法置之不理的。学生是教育最重要的力量。如果失去了这个力量，教育也就失去了根本。因此，学生不仅仅是教育的对象，更是教育最重要的资源。另一方面，学生也是课程资源开发的主体和学习的主人，应当学会自觉、自主地利用可用资源，为自身学习、实践、探索性活动服务。教师需要引导和唤醒学生的主动性，充分调动学生的积极性，发挥学生在课程资源开发中的骨干、带头作用，使学生成为课程资源开发的主体，参与课程资源的开发过程。如自己制作学习辅助用的实物材料，成立课外活动小组，自己探索身边的自然环境、人文环境等。我们要树立以学生为本的课程观，发挥学生资源优势。

第一，学生的经历和体验是一种资源。学生的经历体验是我们教学的起点，知识只有与学生的体验结合起来并最终内化为经验才是有价值的。因此，教师教学必须从学生实际出发，贴近生活，贴近学生，在学生原有的经验与新的知识之间建构起一座桥梁，从而引发学生积极的思考，唤起他们的经验体验意识和学习动机，使知识与经验体验不断地拓展和提升。

在教学中教师常常能感受到学生带来的惊喜。小学语文课文中有许多事物或事件都来源于生活，都是学生在日常生活中看到听到甚至经历过的。教学中要善于引导学生努力从社会生活中去寻找他们熟悉的、看见的事物，使这些事物形象成为学生理解语文知识的桥梁。例如，在一次游戏活动中，教师把黄豆和红豆混杂在一起，要求学生想办法把它们分开，部分学生利用浮力的作用来分离，有的学生用筛子来分离，有的学生则是一粒一粒分离，都能运用他们的生活经验、所学知识成功地解决问题。

第二，学生的情感和兴趣是一种资源。要想使学生获得成功，就要想办法将学生的情感和兴趣与教学结合起来。心理学家认为，人的情趣与学习的效果之间呈现明显的正相关。保加利亚心理学家洛扎诺夫说，处于轻松、快乐状态下无意识的心理活动，最有利于激发个人的超强记忆力，这时人接受信息的能力最佳，思维力最强，学习效果也最好。因此，要使学生学有所获，教师就应善于寓教于乐，运用多种手段调动学生的情趣力量，激励学生主动探究，从而点燃学生学习语文的兴趣之火，达到事半功倍的效果。在语文教学中，我们要特别重视调动学生对语文学习的内驱力。

第三，学生生活的世界是个性化的世界，生活是与需要、愿望、情感、体验相联系的，学生的经验、兴趣、个性差异就是重要的课程资源。作为教育者，我们应当在充分重视学生中的课程资源，并注意开发与利用这些资源的同时，也为开发与利用这类资源提供条件。新课程标准要求，在学生学习过程中，积极倡导自主、合作、探究的学习方式，也正是为合理开发与利用学生中的课程资源设置的有效程序。我们只有在教学工作中积极倡导新型的学习方式，并真正落实"自主、合作、探究"式学习，才能将学生这一重要的课程资源开掘并利用好。有效的学习方式，能使学生在"学会学习"的过程中，其精神需要、自我意识、社会情感、科学态度、智慧品质以及责任感、自觉性、进取心、意志力都能得到发展，因此，在小学语文课程资源的开发与利用中，我们也要注重培养学生形成有效的学习方式，尤其是个性化的学习方式。

新课程强调教学过程是师生交往、共同发展的互动过程，教师要教学生"学会学习"。《基础教育课程改革纲要（试行）》提出，要倡导学生主动参与、探究发现、交流合作的学习方式，注重学生的经验与学习兴趣，改变课程实施过程中过分依赖教材、过于强调接受学习、死记硬背、机械训练的现状，学生能在自主、探究、合作的学习中，领会、感悟和习得各种经验，并成为学习的主人，使知识、智慧、个性全面发展，获得终身学习的能力。语文学科的教学课堂应该是开放的，书本知识要与社会实际相联系，要重视实践的作用，语文教师要善于挖掘教学内容，创造机会引导学生由被动学习方式转变为主动的学习方式，在教学过程中让有效的学习方式成为重要的课程资源。如，复习汉语拼音时，教师让学生用拼音拼写自己的姓名，经过教师批阅写对自己的姓名后，再写五个或更多同学的姓名，自己去找相关的同学一一批阅。

（3）教材课程资源的开发与利用。从课程资源的角度看，教材无疑是最重要的课程资源，但是，如果教育教学活动仅仅局限于教材，就很容易陷入单一的讲授、接受的教育模式，不利于全面提高学生的素质。我们必须看到，教材并不是唯一的载体，而知识来源于实践，教师可以组织学生参与一些实践活动，使学生在实践活动的过程中，自觉地把间接的理论知识与直接的感受和体验结合起来，这不仅可以增强学生的主体意识，激发其学习积极性，而且可以培养他们掌握和应用知识的态度和能力。

能否创造性地开发与利用教材是衡量一名教师开发课程资源能力的重要标志。一方面，新课程在课程资源的开发上，突出了一种开放的理念。按照教科书的顺序、内容照本宣科的教学方式，提倡"用教科书教"，而不是"教教科书"这给教师带来极大的自主开发教育资源的空间。另一方面，尽管教材不是唯一的课程资源，但却是最基本的课程资源。新教材的最大变化是知识的呈现方式多样，而且有可选择性，解决问题的策略多样化，强调思维的多层次、多角度，答案不唯一而有开放性，这在很大程度上激活了学生的思维，激发了学生去寻找适合自己的学习方式，对教师的挑战也是不言而喻的。

教材作为重要的课程资源，其开发与利用的重点是如何研究和处理教材。能否创造性地使用、呈现教材是一个优秀教师应具有的基本素质，也是教师角色转变的重要标志，新教科书包含多种学科文化、人文素养等丰富的教育资源。其中的信息，不管是显性的还是隐性的，均可视作塑造学生、使之得到能动发展的很好的资源，而且这种资源是在使用过程中不断挖掘、丰富的，它的价值是在"创造性"使用的过程中显现的。因此，教师要重点使用好教科书，才可能更好地开发课程资源，为育人服务。

第一，创造性地处理教材资源，激发学生学习兴趣。新课程标准指出，应创造性地理解和使用教材，积极开发课程资源，灵活运用各种教学策略，引导学生在实践中学会学习。小学语文教学并不是封闭的、孤立的，而是具有开放的、广阔的时间和空间。在开放式的实践活动中，既激发了学生的兴趣，又提高了学生的语文综合实践能力。

语文教材作为最重要的语文课程资源，其开发与利用的重点是研究和处理教材，对教材的处理不是教材内容的移植和照搬。因此，在课堂教学中，要倡导自主、合作、探究的学习方式，让学生借助教材这个例子，主动理解和体验，有所感悟和思考，获得情感熏陶和思想启迪，通过对教材的学习领悟到教材以外的东西，从而获得学习方法，形成学习能力，提高语文综合素养。

对教材的处理，主要有两种方式：一是依纲照本，逐课学习，完成教学任务；二是超越教材，大胆取舍，求同存异。但二者最终都要遵循编者的意图，落实基本的教学目标。在教学中主要采用后者。根据在实际教学中的观察，发现学生阅读教材的动机多是由于兴趣自然生成的，有的兴趣高，不待教师讲解课文，早就阅读过了，再来学习如同嚼蜡，在教学中要注意避开这种现象，对教材进行创造性处理，就能收到意想不到的效果。超越教材的创见，最重要的价值在于其中所蕴含的创新意识。

第二，拓展教材知识，挖掘教材潜藏的内在信息。教师要拓展挖掘教材资源，为学生提供丰富的学习材料，在新课程标准的指导下，新教材的特点之一是"具有基础性、丰富性和开放性"，即教学内容是基础而丰富的，呈现形式是丰富而开放的，学习和教学方法是开放而多样的，力图呈现丰富多彩的资源，给学生提供更充分的感知材料，给不同层次的学生留出一定的思维空间。因此，教学活动中教师要认真挖掘教材资源，活用教材，要会扩展教材，要求学生根据一段文字材料，运用想象力，加以引申和补充，使之成为具体的形象丰满的立体图画和绚丽多彩的画面。教材中许多古诗内容含蓄、跳跃性大，给人留下很多想象的余地。教学时，应充分利用它进行巧妙扩展，培养学生想象力，如教学《宿新市徐公店》第三行"儿童急走追黄蝶"时，可引导学生借助提示"那黄蝶可真调皮，好像在逗孩子……"，想象春天里黄蝶的翩翩舞姿和孩子追黄蝶时的天真、活泼、可爱的模样，教学第四行"飞入菜花无处寻"时，借"为什么无处寻"一问，引导学生想象垂柳的婀娜多姿、枝条的轻盈飘逸、细叶的玲珑剔透，感受春风的神奇魅力。因此，阅读教材时，教师要善于引导学生通过想象走进作品所描绘的活生生的具体形象的世界，去感受语言文字所暗示和启发的意蕴与情感。

总而言之，在教学活动过程中，教师要认真领会课程标准精神，深钻教材，领会编者意图，并创造性地使用好教材，促使学生主动积极参与语文学习活动。

第三，依据学生情况灵活使用教材。由于学生所处的文化环境、家庭背景和自身思维方式的不同，学生的语文学习活动应当是一个生动活泼的、主动的和富有个性的过程。教师作为一个组织者、引导者和合作者要关注学生学习活动的过程，对教学中学生所表现出的状况要及时把握，及时依据学生情况调整教材或创造性地使用教材。教师的"教"从根本上说是为学生的"学"服务的，也就是说要"以学定教"，现代的孩子既多样化又具个性，课堂上教师无论做多么精心的设计和引导，都很难把所有的学生都拴在同一条思路上。这就需要我们从尊重学生的角度出发，把学生的个人知识、直接经验、生活世界看作重要的、可利用的生态资源，鼓励学生对所学知识的自我解读，尊重学生的个人感受和独特见解，使教学过程成为一个富有个性化的过程。

第四，根据教学情境使用教材。教学情境是指课堂上教师、学生、教材、环境等多种因素所组成的氛围。课前的设计只是对教学现实的预计、设想，是建立在教师的经验基础上的，有很强的主观性。而在教学现实中，往往会出现预想之外的许多事件、问题、情境。

第五，依据教材，拓展阅读，扩大积累。在教学中，教师和学生要大胆地对现行教材进行增删取舍。努力让教材成为学生发展的重要策源地，并在此基础上扩大篇章的积累量。以某一篇目为基点，从不同角度进行拓展阅读，从而得到各方面修养的提升。例如，鲁迅先生的《少年闰土》中的闰土在孩子的心目中，是一个很完美、很值得向往的形象。学完课文了，学生们都津津有味地谈论着闰土的勇敢、聪明，并且在学生们对此兴趣较浓时，将《故乡》推荐给了学生。学生读完后，对中年的闰土的变化以及造成他的变化的原因，提出了各自不同的见解。有的学生讲闰土变了，变傻了，变呆了。也许让学生理解其中的深刻道理很难，不过，把学生从课内带到课外，这一点教师做到了。课外的世界更精彩，教《草船借箭》，便把学生带向三国；教《孙悟空三打白骨精》，便把学生带向《西游记》。教《春》时，带学生走进著名作家朱自清；教《猫》时，带学生走向老舍。我们的课堂阅读教学就应该这样把学生带向古代文化，带向现代文化，带向中华文化，带向世界文化。将读书的视野从课文引发开去，从文学的视野走向人文的视野，走向文化的视野，把读书作为学生重要的语文学习过程。在课堂学习课文的同时，不断激励学生阅读相关的课外书籍。学生不但积累了大量语文知识，而且在书籍的人文熏陶中建构精神世界，形成健全人格。

第六，将文本的相关资料引入课本。感知是认识的第一步，丰富的感性认识是深化我们对客观事物理性认识的基础之一。对同一主题领域素材宽泛的阅读，有助于丰富学生的感性认识，有助于他们建构属于自己的意义理解。

（4）校园文化资源的开发与利用。学校所蕴含的各种语文课程资源之中，校园文化在提高学生语文素养方面可谓作用独特，无法替代。校园文化是指为适应社会发展的客观要求，由学校全体或部分成员在学校这一特定的育人环境中所创造、积累并共享的物质和精神共同体，包括物质形态、思想观念、行为方式、制度规范等方面的内容。为了多渠道开发与利用语文课程资源，必须寻找一切有可能进入语文课程，能与语文教育教学活动联系起来的资源。因此，有必要对校园文化资源进行开发与利用，使它能有效地服务语文课程。

建设学校文化是学校发展创新的基础工程。我们要用学校文化去鼓舞、教育、陶冶学生，使他们更健康地成长，更全面地发展。一个学校经过长期的文化积淀，必然形成它独特的文化氛围与环境，在育人方面发挥着潜移默化的作用和影响。有人曾把校园文化环境称作"隐性教育资源"，意指在学校教育中发挥着潜在隐性教育的功能和作用。

（5）动态生态资源的开发与利用。学校资源还应包括师生动态生成的知识，"动态生成"是新课程改革的核心理念之一，如今课堂教学不再只是教师——学生的单向的知识灌输的关系，而是一个教师—学生、学生—学生的互动过程，其间蕴含着许多具有课程意义的氛围、环境、机会等。因为学生对问题、事物、现象的理解，需要有一个交流的过程，通过讨论各自的见解，相互促进，相互启迪，相互沟通，从而更好地学会表达的语言。所谓课堂动态生成就是指在教师与学生、学生与学生合作、对话、碰撞的课堂中，现时生成的超出教师预设方案之外的新问题、新情况。它随着教学环境、学习主体、学习方式的变化而变化，根据教师的不同处理而呈现出不同的价值，巧妙捕捉、合理利用这些动态信息，对于实现教学目标、提高教学质量，往往能收到事半功倍的效果，使课堂充满"鲜活与生动"，透射出生命的活力。

生成性课程资源是指学习过程中学习者原有认知结构与从环境中接受的感受信息相互作用、主动建构信息意义，及由此而形成的资源。对于学生学习语文、教师自我提高都有重要意义。动态生成的课程资源表现形式归纳起来主要包括，学生的提问、课堂中的错误、偶发的事件等，在课堂教学中，学生提出问题，是由于某种原因他们在学习中产生了新旧经验的矛盾冲突，这反映出学生正在积极思索，这时产生的问题往往更具有动态性、深刻性和创新性，这是学生思维与情感共生的结果，是弥足珍贵的"动态生成"的课程资源。课堂上的错误，如能巧妙地捕捉将是极具新课程教学意义的动态信息，教师的错误、学生的错误、教材的错误把握得好，都可转变为探究问题的大好机会。

在开发这些课程资源时，教师要顺学而导、学导结合，要把握好学生自主性充分彰显的教学环节。学生发现问题、提出问题是他们学习需求的反映和探究学习的开端，也是教师掌握学生学习情况的最佳时机。另外，教师还要发挥教学机智，充分利用生成性教学资源，教学机智反映在对学生学习信息的及时捕捉和反馈上，也反映在点拨教学艺术上。

3. 大众文化传媒资源的开发与利用

随着信息技术的迅猛发展，语文面对的是空前广袤的视野。能充分利用报刊、影视、网络等大众文化媒体信息资源，我们获得知识才会更加贴近生活，更加丰富多彩。在各种传媒资源当中，报刊、影视、网络的资源是学生利用率最高的。学生许多知识信息的获得是靠这种渠道来完成的。因此，我们可以把报刊、影视、网络作为语文课程资源开发与利用的一个重要途径。

（1）报刊资源的开发与利用。我们可以教育引导学生自觉养成读书看报的习惯，或者进行剪报积累。长此以往，学生对文字信息的敏感度和综合能力定会大有提高。

1）利用报刊增加低年级学生识字量。新课程标规定，一年级第一册要求学生会认的字是363个（低限），会书写的字160个（北师大版）。还提倡不间断地培养学生没有数量限制的渗透性识字能力，因此教师不能把学生认字、识字的范围仅仅局限于课本，而应该从实际出发，立足课内，放眼课外，把认字、识字的领域拓宽至学生所接触到的广阔丰富的生活空间。正是基于这样的要求，有位教师从多年的教学实践中探索总结出了一种利用报刊增加低年级学生识字量的新方法——识字袋。即让全班每个学生每天从废报纸、杂志及广告等有文字的纸上认字、识字，收集剪下新识的字贴在识字本（卡）上，将识字本（卡）按一定的标准归类，然后分装在袋子里，这就是识字袋。要求学生日积月累、坚持不懈，并分阶段进行小结。这样一来，不但能在一年级上学期轻松达到至少识字363个的目标，而且还能不断地对这些剪贴字反复认知和书写。

识字袋的活动设计主要利用报刊，把培养学生的动手操作能力作为促进认字、识字的手段，把课堂学习与社会生活与实践活动巧妙结合起来"学中做""做中学"，以"学"为经、以"做"为纬，在语文实践中养成良好习惯，提高学生收集、积累、处理、运用资料和信息的能力。这种设计与新课标一贯倡导的"大语文观"一脉相承，不仅培养了学生的创新意识，扩大了识字数量，启迪了智慧，也激发了学生热爱生活、了解生活的兴趣

2）读报自办手抄报。指导学生利用手中的报纸进行阅读或剪报。阅读后，对有价值的内容进行摘抄，并写出读后感。同时，让学生从阅读中留心报纸的版面，报头等有关内容，然后自办手抄报。把学生的手抄报装订成册，放在教室的阅览角，展示学生的作品。这样，学生既学到了知识，又训练了动手操作的能力。

（2）影视资源的开发与利用。

首先，可以利用电视媒体作为教材的配套资源进行开发，开辟语文的第二天地，专门设置"收视课"。语文教师平时应该做教学的有心人，坚持经常听广播、看电视、读报纸，从这些新闻媒介中注意学习和收集教学资料。例如，从中央电视台的《东方时空》《焦点访谈》《新闻联播》《开心词典》这些固定栏目中，从一些专题节目中，了解国内外重大事件，把时刻关注的近期发生的重大事件与问题作为热点引入课堂。如在《新闻联播》中听到我国发售奥运会吉祥物，在报纸上看到福娃的图片时，就利用这一素材，对学生进行《我最喜爱的奥运吉祥物》的习作训练。这样做不但可以使教学内容体现出时代感、生活化、实用性和趣味性，增强教学内容的内在价值和吸引力，还能开阔学生的视野和思路，既实现教材的扩展，又可以从社会需要的角度充实语文课程资源。

其次，可以利用光盘、影片作为教材的配套资源进行开发。目前，影视片的内容丰富多彩，涉及社会和生活的各个方面，为优化教学提供了优越的条件。在教学活动中，根据教学内容，合理利用这些资源，调动学生的情感活动，增强教学活动的趣味性，提高语文课的教学质量，对于有些年代久远，不易理解，难以引起学生情感共鸣的教材内容，那些

需要烘托战争氛围、体现英雄形象的内容可以摒弃传统的教法，取而代之以光盘或组织学生观看相应的影片，如《冀中的地道战》（第十册）、《狼牙山五壮士》（第十册）、《小英雄雨来》（第九册）、《飞夺泸定桥》（第十册）、《黄继光》（第七册）……都是一组革命影片，展示了炮火连天的战地，震撼人心的场面，然而，由于教材所反映的时代渐远，教材内容又不够生动活泼，对学生情感、态度的教育就显得枯燥。试想，苍白的语言，干涩的插图，生硬的情节，简单的说教，这样"讲"出来的黄继光和小雨来怎能比电影画面中的英雄形象来得更高大、生动、鲜活？这样"读"出来的枪林弹雨怎能比音响中的战场更真实、更激烈、更刺激？

在教学中，教师可寻找多种外在资源辅助学生学习，创设情景，引导学生走进学习资源。例如，有一位教师在教《狼牙山五壮士》这篇课文前了解到学生对这个故事并不熟悉，故事发生的年代离他们的实际生活也比较远，于是教师就把这个故事的片段根据课文的内容播放出来，让学生边学课文边看，不知不觉就被教师带进了教材。所以，语文教材除了使用传统的教法之外，还可以采用更先进的光盘作为载体，让电影也成为一种新的教材。

（3）广告资源的开发与利用。广告是遍布于传媒资源中的一种形式，广告也不仅仅局限于商品，而广告所反映的正是学生身边的生活，对于学生而言，广告对他们的影响已经远远超过家长、教师和教科书的作用。广告本身就是经过艺术加工了的一种文化资源，成为通俗的、大众化和流行的时代文化和商品文化。其在人们社会生活中出现的频率和影响也是不言而喻的。几乎无所不在的广告中，包含着许多鲜活而有灵性的语文知识，广告又是通过各种各样的大众传播媒体涌入学生的耳鼓和视域的，可见，在当今社会里，广告已经成为学生生活的重要组成部分。因此，广告资源可以作为语文教学的"备选材料"或"现成题材"进入学生的校外学习生活，进入语文学习领域，并形成语文教学的鲜活素材。

细心研究起来我们不难发现，广告资源在生活中是屡见不鲜的，电视广告中的语文资源可谓最丰富。认真去品味一下，广告语中也能学到不少的语文知识。教师在教学中，可让学生做过一项收集广告语的活动，每人收集十条，然后评出优胜者，对其进行品评、赏析，找出广告语言规律，总结其特点，在课堂中讨论。大家一致认为广告最大特点是千方百计引起观者、读者的注意，充分调动起他们的购买欲望。因此为了达到一鸣惊人的号召效果，广告语言大都言简意赅、形象生动，一般采用修辞手法，既有严谨、工整的精雕细刻式的成语、联语、排比句，又有综合比喻、夸张、拟人、典故等修辞手法的不拘一格的自由体，内涵丰富，感染力强。

开发与利用语文课程资源，只要语文教师和学生共同努力，积极配合，找准切入点，选准突破口，语文课完全可以呈现出开放的态势。另外，开发与利用语文课程资源的意义也远远超出其行为本身。从中我们不难出，这样做不仅极大地调动了学生学习语文的兴趣，牢固地掌握了所学语文知识，还使学生认识到了语文知识在生活中的实际运用，为学生在未来的实际生活中运用语文知识奠定了初步的实践基础。同时，在课堂上，语文教师还充分地发挥了学生资源，有效地实现了生活资源和学生资源的合理开发利用。

（4）网络资源的开发与利用。人类已全面进入了信息时代，大知识时代，网络是巨大的资源宝库，丰富的网络资源为开发语文课程资源提供了更广阔的空间。信息技术与课程整合就是要根据一定的课程学习内容，利用多媒体集成工具或网页开发工具将课程学习内容以多媒体、友好交互等方式进行集成、加工处理转化为数字化学习资源，就是说，使现代信息技术整合到学科教学中，既是现代教师应具备的基本能力，也是充分利用现代教学资源的重要途径。我们的语文学习应充分利用网络，形成网络资源共享。

1）利用网络资源，再现课文情境。课文以语言文字为主，有一定的抽象性，需要学生通过语言文字去想象、体会情境，而小学生以形象思维见长，因此为了让学生更好地认识文字所描绘的形象，可以利用网络技术演示作品中的形象。

2）利用网络资源，补充文本空白。小学课文篇幅都不是太长，大多节选自名篇名著，其中隐藏着许多空白，如作者生平、时代背景、人文典故等。教学中，利用网络资源丰富、快捷这一特点，适当进行补充，以丰富学生的语文素养。

第一，补充时代背景。例如，学习《草船借箭》一文，学生能从文本了解到的仅仅是诸葛亮的神机妙算，而对周瑜为何为难诸葛亮以及诸葛亮怎么会到东吴等恩怨纠葛充满疑惑。因此，引导学生上网点击有关《三国演义》的网站，弄清"草船借箭"的背景，观看"草船借箭"的电视剧片段，对文中主要人物的个性作感性、全面的认识。这样，不但帮助了学生更好地理解文本内容，同时也激发了学生阅读古典名著的兴趣，有助于他们积淀古典文学的素养。

第二，补充作者资料。例如，《秋天的怀念》一文以深沉的笔调回忆了自己瘫痪后，母亲对自己点点滴滴、润物无声的关爱，表达了自己对母亲无尽的思念，作者史铁生青年时期因一场重病致终生瘫痪，在他人生最辉煌的岁月遭此打击，其思想上的波动是可想而知的，史铁生写的《秋天的怀念》正是他当时真实的心路历程，为了让学生能更深地了解作者在语言文字背后表达的那种无奈与痛苦，可从网上下载史铁生的生平资料，让学生阅读，然后再读课文，学生带着对作者的同情与敬意去读课文，一定会更入情入理。

第三，补充人文典故。例如，《赤壁之战》一文中蕴含着不少著名的典故，这都是学生所不知道的。从网上阅读这些典故，增强了课文的趣味性，也激发了学生阅读中国古典文学作品的兴趣。

第四，补充语言文字训练。例如，学习《荷花》一文，在学生反复诵读"有的……

有的……有的……"句式后，适时点击网上关于荷花的各种图片，引导学生用这样的句式再描述各种不同形态的荷花，网上图片拓宽了学生的视野，有效地进行了仿说仿写的训练。

3）利用网络资源，开展综合实践。除了直接利用与课文内容密切相关的资料外，还可以通过网络来进行知识的拓展，这种拓展可以通过开展综合实践的方式来实现。如小学语文第六册《翠鸟》一课，课文主要从翠鸟的外形特点、生活习性、活动特点来介绍了翠鸟。学习这课后，可以"认识翠鸟"为主题进行探究活动。学生在完成本课的学习目标的基础上，以"翠鸟的外形特点、生活习性、活动特点"为单位分成三组，利用网络资源进行合作探究活动。同时让学生以组为单位把本组探究的结果以电子作品或探究小报告的形式呈现出来，并进行交流，这样既加深了学生对课文的理解，也开阔了学生的视野。

总而言之，语文课程资源的开发与利用的途径方法不是唯一的，是多种多样的，但这绝不是说我们对语文课程资源的开发与利用可以随心所欲，盲目乐观，甚至不讲规则地滥开滥用。此外，当前教育改革面临的诸多实际问题这个大的背景，坚持原则，实事求是，科学合理，与时俱进，我们主张对语文课程资源多渠道有效地开发与利用，即是要在不断吸收继承前人优秀成果的基础，给当前语文教学提供一些可资借鉴的实践参考。

（四）小学语文课程资源开发与利用应处理的关系

第一，课内资源与课外资源的关系。新课标和新教材关注并重视课外语文学习资源的开发与利用，并非由此而轻视课内教学资源特别是教材的教育价值。校内外课程资源对于课程实施都是非常重要的。就义务教育阶段而言，校内课程资源的开发与利用应该占据主导地位，校外课程资源在大多数情况下只起到一种辅助作用。课堂教学作为提高学生语文素质主阵地的地位不能变，只是以往我们忽视了对于校外课程资源的开发利用，现在应该加以足够的重视，但绝不意味着在整个基础教育范围内从根本上改变了校内为主、校外为辅的课程资源开发与利用的基本原则。事实上，课堂教学资源与课外学习资源并非对立的，而是统一的，课内教学资源特别是教材的开发利用可以成为课外学习资源开发利用的基础和依据，课外学习资源的开发利用也可以成为课内教学资源开发利用的深化和补充，甚至实现由课内到课外、由课外到课内的相互转化、对接与融合。因此，开发利用语文课程资源既要立足于课内，又要着眼于课外，要使二者充分发挥其不同的功能优势，互补功效，相得益彰，实现教育功能的整合与提升。

第二，直接经验与间接经验的关系。在开发与利用语文课程资源中，学生将会更多地直接接触实际生活，获得大量的感性知识和直接经验，教师要注意引导学生对这些感性知识，直接经验加以总结、归纳和提升。在关注学生参与实践，开展活动的过程中，应注重间接经验的指导作用和引领价值，掌握了经过反复检验的间接经验，就可以避免直接经验的盲目性和随意性，简化"尝试错误"的过程，就学生学习而言，主要是学习间接经验，不能因重视课外学习或在实践中学习而轻视书本知识的学习和课堂教学。

第三，知识、智力、能力培养与兴趣、习惯、情感态度、价值观养成的关系。充分利用课外资源学语文，特别是引导学生在活动中学语文、用语文，也在生活中学语文、用语文，这种学习方式本身就具有综合性和实践性，其学习内容亦具有多元性和多层性，因为在开发与利用多种语文课程资源的过程中，学生获得的不仅仅是智力（知识、智力和能力）方面的提高，更是促使他们非智力因素（兴趣、习惯、情感态度、价值观等）方面的自觉形成的过程。所以，教师在引导学生利用课本中的学习资源或开发课外学习资源时，应该时时关注两者统一，努力做到求知、启智、练能的过程，也即学习习惯、兴趣、情感态度、价值观的培养过程，反之亦然。

综上所述，积极开发、合理利用语文课程资源是大面积提高教学质量、培养学生语文阅读和写作能力的有效办法，同时也是新课程改革的一项重要内容，值得我们每位教师在教学中不断探索、不断改进。

第四章　中小学语文教学的多元化探究

第一节　中小学语文识字写字教学

一、中小学语文识字教学的策略

在中小学语文识字教学过程中，合理地运用科学的教学策略，可以有效地提高识字教学的效率。

(一) 遵循儿童心理，激发学习兴趣

在学习心理学中，兴趣是学习动机中最现实、最活跃的成分，是学习的重要动力。在识字教学中，要遵循学生的心理发展规律，激发学生的学习兴趣，有针对性地开展识字教学。

儿童的心理特征是好动，不能长时间专注某一事物，喜欢接触形象的、具体的、有趣的东西，记忆力比较强，但易记也易忘。针对这种状况，在教学中，教师要采用多种手段，尽可能地采用实物、标本、模型、图画、幻灯片、录音、动作、表情或语言描绘等，把生字词的第一印象深深印在儿童的脑海里；还要调动儿童多种感官参与识字，引导儿童的眼、耳、鼻、舌、手等感官参与获得新知识的活动。为了更好地实现教学效果，教科书编写者在选择教材内容的呈现方式时也力求适应学生的心理特征。

在教学时，教师可以借助教材的精心安排，精心组织并开展富有儿童趣味的教学活动，提升教学效果。

(二) 识字与写字分开，多认少写

识字与写字分开是中国传统识字写字教学的宝贵经验（中国从唐代开始就有专门用于识字写字的教材）。识字与写字分开至少有两点好处：对于识字而言，可以不受写字的影

响，保持较快的速度；对于写字而言，可以更加突出写字规律，让学生从最基本的笔画写起，练好基本功。

识字与写字是阅读和写作的基础。语文课程标准对识字教学提出了"认写分开，多认少写"的要求，这样有利于增加学生的识字量，让学生能提前读写，提前阅读。多认少写为尽快实现独立阅读创造条件，低年级学生尽快认一定数量的字具有战略价值。如果识字速度很慢，识字量很少，根本无法实现阅读的要求。时间拖得越长，学生的阅读兴趣和要求就越无法满足，会产生严重的不良影响。作为教师，首先，了解课程标准提出多认少写，识写分开这一做法的原因；其次，还应该明确识字、写字的具体要求，严格进行训练。

识字是学生学习文化的开始，学生如果不掌握一定数量的汉字，就无法阅读和作文。要落实新课标的这一要求，就要在教学中突出这个重点，在教学时间、教学环节、教师指导、学生认记写等方面予以保证，特别是在阅读课上要防止只抓课文的阅读、理解。识字，不仅是认识字的过程，还要加强字的印象，做到入眼、入脑、入心；写字，不仅是写出字的过程，还要写得正确，写得规范。在教学过程中，准确把握会认、会写这两类字的不同教学要求，是一个十分重要的问题。如果教学要求把握不准，把要求认识的字当成要求会写的字去教，提高认字的教学要求，不仅加重课业负担，而且会造成"认""写"相互掣肘，必然导致该认的不巩固、该写的写不好的结果。要求认识的字，只要求认识，在课文中认识，换个地方还认识，就可以了；要求会写的字，要能读准字音，识记字形，写得正确、端正，初步了解意思，并在口头和书面语言中练习运用。当前教学中，要严格按课标关于两类字不同的教学要求进行教学，把时间、精力以及教法的改革。

(三) 引导学生发现汉字的结构规律

构字有一定的规律是汉字的显著特点之一，在识字教学中引导学生发现汉字的组构规律可以使学生认得清、记得准，提高识字教学的效率。另外，汉字数量多，笔画繁，结构复杂，难认、难写、难记。教师一个个地教，学生一个个地学，会导致教学效率较低。如果能让学生掌握识字的方法和规律，让学生举一反三，触类旁通，可以为自主识字、开放识字打下坚实的基础。

为了帮助学生更好地识记形声字，有的教师将形声字的特点编成简短押韵的歌诀帮助学生记忆：①形声字，真好记，音形义，有联系；②声旁帮着读字音，形旁帮着表字义；③学习形声字，辨认要仔细。

除此之外，还可以组织学生进行归类识字，如象形字归类识字、指事字归类识字等，通过这种方式帮助学生发现规律、掌握规律、运用规律。

（四）自主识字，开放识字

1. 自主识字

语文课程标准特别重视对学生自主识字能力的培养，在各个学段的教学目标中都有明确的要求：第一学段：学习独立识字。能借助汉语拼音认读汉字，学会用音序检字法和部首检字法查字典。第二学段：养成主动识字的习惯。有初步的独立识字能力。会运用音序检字法和部首检字法查字典、词典。第三学段：有较强的独立识字能力。这就需要教师让学生成为识字的主人，让学生选择自己喜欢的方式识字。

学生在入学前所受的教育有较大的差异，因此，识字教学尤其需要因材施教，鼓励学生用自己喜欢的方式识字是一条有效的途径。对于学生而言，课本中出现的生字，那些自己已经认识的字，就去考考别人或是做做小教师教教同学，那些自己还没有认识的字，就借助拼音或语言环境自学，或是与水平差不多的同学比赛，比比谁认识得多，认识得快。这样，只要学生能够尽快地记住汉字，方法不求统一，学生干自己喜欢干的事就不会觉得厌倦，而是一种满足，一种心理需求的满足。

2. 开放识字

语文是母语教育课程，学习资源和实践机会无处不在，无时不有。教师应该树立大语文观，帮助学生利用好资源，开放识字的空间和渠道，指导学生在具体的与生活密切相关的语言环境中自主识字，从而提高识字效率。

（1）寓识字于家庭环境中。家庭教育是现代教育的重要组成部分，它相对于学校教育具有针对性更强、方式方法更灵活、更能切合学生生活实际的特点。家庭生活中处处都有学语文的机会，处处都有识字的契机。

（2）寓识字于学校生活中。学校生活对于刚入学的孩子来讲是新奇的，校园良好的育人环境和丰富的学习生活也是引导孩子及早识字的一个条件。如把每日课程安排写于黑板一侧，学生对科目名称不断熟悉，从而逐步识记；放手让学生互相发放作业本，识记同学姓名；带学生参观校园，识别校训班训，认识办公室、教室门牌……把识字寓于学校生活中，既帮助了学生熟悉学校环境和校规，又积累了新的字词，可谓一举两得。

（3）寓识字于社会环境中。社会为孩子学习祖国文字提供了广阔的课堂。大街上的广告标语、商店门前的醒目招牌、广场边上的文化橱窗、购物架上的商品标牌，林林总总的文字无不显示了祖国文字的巨大魅力，也深深吸引了孩子好奇的视线。我们可利用这些有利资源，指导学生从中识字。

首先，引导学生对这些文字产生强烈的认知欲望，激发他们利用环境因素自主识字的动机；其次，在课堂识字教学时注意联系社会环境中那些"脸熟"的字，刺激学生记忆，使无意识记忆转化为有意识的记忆；再次，要指导学生把课堂中所学的识字方法运用于社会实践中，主动识记生活中自己感兴趣的字。鉴于学生学习风格和个性不尽相同，教师还应鼓励学生用自己最喜欢、最得力、最习惯的方法进行识字；最后，开展社会实践活动，如"社会用字调查""文字纠察队""收集文字灾害"等，把识字同用字结合起来。

（4）寓识字于课外阅读中。在阅读中识字，能调动学生识字的主观能动性，有利于分散识字的难点，减轻识字带给学生的压力。把识字寓于课外阅读之中，是孤立识字无法与之相比的。

首先，要指导学生精心选择课外读物，这主要因孩子的年龄特点和兴趣而定，可以是短小精美的诗文、简短含蓄的寓言，也可以是丰富多彩的科普读物、妙趣横生的谜语笑话；其次，要在指导阅读的过程中培养主动识字的意识，使学生不仅只把注意力放在插图和故事情节上，还要自觉能动地选择汉字进行识记、积累，当儿童感到识字对阅读有用处时，识字的积极性、主动性、自觉性就一定会伴随着阅读能力和兴趣的提高而日益增长；最后，要努力激发和保持学生课外阅读的兴趣，教师组织多种形式的课外读书活动来激发学生的阅读热情，如成立课外阅读小组、开展读书竞赛活动、组织朗诵会故事会等。只有当学生从阅读中尝到乐趣，才会更加主动地识字，并使阅读成为自己精神生活中不可缺少的一部分。

（5）开放成果，巩固成效。为了巩固识字成果，更好地总结识字方法，教师还可以组织丰富多彩的检查、总结、交流的活动，使学生有机会展示自己的识字成果，交流识字感受，为自主识字形成良性循环。第一，识字经验交流会。让学生在小组里或在班上讲述自己认识某一个字的途径、经过、方法，以促进学生之间相互交流，共享识字经验，扩大识字效果。第二，识字竞赛活动。举行"识字擂台""识字大比拼"等竞赛活动，使学生们有充分表现的机会，并带动在识字活动中还不够积极的孩子热情参与。

（6）自主识字本展示会。虽然在自主识字活动中我们遵循"顺其自然"的原则，可以只识不写，不规定硬性统一的任务，但为了把无意识地接触汉字变成有意识地认字，教师可以鼓励学生把自己主动识记的字做一些收集和整理工作。其中有一种方法深受学生欢迎，就是引导学生把日常生活中看到的报刊的标题刊头、产品介绍资料、食品包装等收集起来，从中选取自己感兴趣的字识记，然后剪下来（也可保持原貌），贴在自主识字本上，并进行编绘。这种自主识字本图文并茂、生动有趣，更能促进孩子对识字活动产生浓烈的兴趣。在自主识字本展示会上，孩子们尽情地展示自己的得意之作，相互交流，共享乐趣，既充分肯定了自己的劳动，又能从中感受到满足和成功。

识字教学中，通过各种途径和方法鼓励并引导学生自主识字，开放识字的渠道，学生可以从中感受到学习和创造带来的快乐，这样不但确立了学生在学习中的主体地位，还有利于培养学生自主学习的意识和习惯，而且还能在不断的"新发现"中满足学生的成功感，使"苦学"变成了"乐学"，激发他们的创新能力。

（五）掌握识字与写字的三套工具

汉字是由音、形、义构成的统一体，要求会写的字必须使学生读准字音，识清字形，理解字义。这就要求学生掌握一些具体的方法。

1. 读准字音的工具

（1）借助汉语拼音读准字音。语文课程标准要求第一学段的学生能借助汉语拼音认读汉字。因此，借助汉语拼音读准字音既是学生必须具备的能力，又是读准字音最常用的一种方法。

（2）利用形声字的特点读准字音。在学生需要认识的生字当中，形声字占的比重最大，因此当遇到不认识的形声字时，可以根据形声字形旁表义、声旁表音的特点推测生字的读音。

（3）容易读错的字的教学方法。汉字中有非常多的同音字、近音字、多音字，这给学生准确地辨认字音带来了困难。为了帮助学生读准字音，对于多音字可以以词定音，例如乐、强、朝等有多个读音的字，将它们放在具体的语言环境中来辨析。对于同音字可以集中辨形，例如带、戴、代；脑、恼、瑙；作、做等读音相同的字，可以进行归类识字，通过辨析字形来确定读音。

2. 认清字形的工具

（1）笔画分析法。笔画分析法是通过分析一个字由哪些笔画组成进行识字的方法，例如"日"字由竖、横折、横、横组成。这种方法适合学生刚学汉字以及学习独体字时用。教学时既要讲清这个字由哪些笔画组成，又要说明笔顺规则，还要指出每一笔画在田字格的位置。这种方法的好处是可以巩固对汉字的零件——笔画的认识，有利于掌握书写顺序，有利于正确认识字形。

（2）部首分析法。部首分析法是通过分析一个字的部首，让学生掌握偏旁部首的基本字。如"木、土、火、金、丝、水、手、心、示"等，尤其要使学生掌握它们偏旁化后的形体变化。

（3）造字分析法。造字分析法是利用汉字的象形、会意、指事、形声等造字规律帮助学生识记字形的方法。例如，教"日、山、田、火"等字，可用象形做比较；教"上、卜、本、刃"等字，可用指事规律教；教"尖、贫、暮、休"等字，可用会意规律教；教"抱、跑、袍、炮"等字，可用形声规律教。把汉字造字的规律教给学生，可收到举一反三、触类旁通的效果，能使学生深刻地记住字形。

（4）结构重组法。即采用在熟字基础上（加、减、并）学新字的方法进行教学。第一，"加"的操作，在熟字教学的基础上加笔画或偏旁构成新字；第二，"减"的操作，在熟字教学的基础上减笔画或偏旁构成新字；第三，"并"的操作，两个或几个汉字相并列构成新字，这样就简化了记忆程序，缩小了记忆单位的数量，扩大了组块记忆的容量，同样有利于降低识记字形的难度，提高识字效率。这种教学方法符合学生的认知心理，有助于把握认知规律，变机械识记为意义识记，提高识字能力。

（5）形近字比较法。形近字比较法是通过对形近字进行分析比较识记字形的方法。汉字中形近字多，有的笔画相同，位置不同，如"由"和"甲"；有的字形相似，笔形不同，如"处"和"外"；有的字形相似，偏旁不同，如"晴"和"睛"；有的字形相似，笔画多少不同，如"今"和"令"；有的字形相似，笔画长短不同，如"土"和"士"；有的结构单位相同，部件位置不同，如"部"和"陪"；有的音同形近，如"很"和"狠"；有的音近形近，如"很"和"恨"；有的形近音异，如"贪"和"贫"。引导学生通过对形近字字形差异的比较来识记字形，可以降低错别字出现的概率。

3. 用活字义的工具

汉字是表意文字，绝大部分汉字有独立的意义。字义教学对学生掌握字形有很大帮助，可以减少机械识记，增加意义识记。汉字具有同义、近义、多义、反义等复杂现象，所以从字的教学开始，就要帮助学生建立正确的概念，使之领会字义的内容、感情色彩和用法，不断丰富学生的词汇并能正确地运用于读写。字义教学要联系学生已有的知识经验和具体的语言环境，坚持直观性原则，选择恰当的教学方法，激发学生学习兴趣，使学生领会字的含义和用法。

（1）构字法。构字法是根据汉字的造字规律帮助学生理解字义的方法。如象形字"爪"，像手指状，教师根据字形稍加描绘，学生不但能了解字义，还能掌握字形；学习指事字"互"，教师告诉学生："互"字上下两横的中间，竖折和横折相互勾连，相互靠在一起，表示互相依靠、互相帮助的意思；学习会意字"休"，教师告诉学生：左边是人，右边是木，表示人疲劳了，靠在树木旁休息；学习形声字，教师讲清偏旁部首表义，基本字表音的特点。这种方法既可使学生掌握汉字的构字规律，又能使学生正确理解字义，还可提高学生学习汉字的兴趣。

（2）直观法。直观法是通过观察实物、图画、表情、动作、实验、表演等帮助学生理解字义的方法。如教"尖"字，让学生看圆锥体，使其知道上小下大就是尖；教"拿"字，做手指一合就拿住东西的动作；教"灭"字，做火上加盖就灭的实验。这种方法形象直观，学生学了以后印象深刻。

（3）联系法。联系法是运用学生经验中熟悉的词语和具体事物来理解字义的方法。如学"昔"字，告诉学生就是我们平常所说的"从前"；学"潜伏"一词，可联系电影中有关的场面使学生懂得潜伏就是为了完成某种任务而隐藏、埋伏的意思。这种方法可以唤起学生已有的生活经验，达到牢固地记住字义的目的。

（4）运用法。运用法是通过组词或造句帮助学生理解字义的方法。在汉语中，词有单音词、复音词之分。当一个字同时也是一个词时，可以以这个字为单位进行教学；当一个字不能表示一个意思时，就必须和别的字组成复音词来教。有些字因组合的不同，意义也随之变化。

（5）比较法。比较法是通过找近义词、反义词让学生理解字义的方法。教学时，对生字多分析，多比较，可以准确地理解字义，区分具体事物的细微差别，提高理解、运用语言的能力。汉字中有许多字，从意义上看是基本相同的，只是在程度、色彩和使用范围上不同，如"拿"和"取"，"赠"和"送"，"吃"和"食"。通过近义比较，既能帮助学生理解字义，还能使学生学会准确用词。汉字中还有许多反义词，如"苦"和"甜"，"进"和"退"，"正"和"反"。通过反义比较，学生对学过的生字易懂易记，还能加深对字义的理解。

（6）类推概括法。类推概括法是通过类推和概括的方法去理解字义的方法。类推法是通过熟悉的总概念去认识个别概念。例如，食具是总的名称，根据各自不同的特征和用途，分为碗、匙、盆、碟等。学习"碟"时，可以告诉学生这是一种食具。概括法是通过熟悉的个别概念认识总概念。例如学"文具"这个词时，可以告诉学生，笔、墨、纸、砚都是文具。

虽然按字音、字形、字义三个方面分别介绍了一些具体的教学方法，但在实际教学中，彼此之间是互相渗透的，音、形、义的教学往往是紧密联系在一起的，教师可以根据学生的学习情况和生字的难易程度有针对性地选择某一种或几种方法使用。

二、中小学语文写字教学的策略

中小学语文是教育的重要学科之一，而写字教学是语文教学中基础之基础，它是中国义务教育阶段语文教学的重要任务之一，同时也是素质教育的一项重要的教学内容。学生通过长期的写字训练，可以受到美的熏陶，陶冶高尚的情操，培养审美观念和一丝不苟、爱好整洁等良好习惯。由于受过去应试教育的影响，许多学校虽然开设了写字课，但形同虚设，有的教师忽略了写字教学，把写字课挪为他用，有的只重形式，忽视过程，教学要求不严，对学生的书写指导不到位。因此，改进教学方法，提高教学效率，对于提高学生的书写能力，进而提高学生的语文素养，意义是非常深远的。

(一) 提升思想认识，注重写字教学

写字教学在语文教学中占很重要的位置，是听、说、读、写四大基础训练中的重要组成部分，是极其重要的基本技能之一。因此，加强写字教学是所有教师的共同任务。教师应提高对写字教学的认识，充分认识到写好字的重要性，明确写字教学的目的、意义。具体分析，写字教育有以下重要意义：第一，写字教学是巩固识字教学的有效手段；第二，打好写字基础，培养书写能力；第三，培养认真负责的学习习惯；第四，培养对祖国语言文字的热爱，进行审美教育。

(二) 培养学生写字的兴趣

写字，是以汉字为载体的，具有独特的抽象性，是人与人之间交流的一种方式，亦是书写者传达自己思想感情的外在流露，因而它又具有思想性和工具性。正是写字所具有的种种特性，使学生常常会感到比较枯燥和乏味，对写字产生厌倦。写字是借助线条的切割和计黑当白的空间分布来表现的，它不能像绘画那样呈现五彩缤纷的形象世界，再加之学生年龄小，自控能力较差等种种因素，为此，兴趣便成为决定写字教学成败的重要前提，在写字教学的起始阶段就应当重视对学生写字兴趣的激发和培养。

（1）让学生明确写字的目的。使学生认识到写好字不仅能准确顺利地交流思想、互通信息，而且写字也是一门艺术，能给人以美的享受，陶冶人的情操。

（2）使写字教学富有趣味性。写字的对象是汉字，而每一个汉字又都是抽象的文字符号，具有一定的固定模式，故而学生常常会陷于机械的书写过程，使写字在单调、连续的操作中成为一种消极的过程，因此，写字教学中强调快乐学习更为重要。

第一，善于从写字教材和写字实践中挖掘出一些有趣的东西，如在教学中适当渗入一些幽默化的语言和某些生动形象的动作，可以使学生感受到写字是一种享受，从而乐于学习。

第二，运用直观生动且比较贴近生活的实物作为被书写的对象，把抽象化的文字符号转变为具体直观的形象化实物线条。

第三，讲述古今中外书法家的故事，介绍他们的主要事迹，学习他们勤奋好学和持之以恒的精神，养成坚忍不拔的学习态度。

第四，根据儿童好胜心强、自尊心强的特点，举办多种形式的作业展览，组织各种形式的书法比赛，有意引进"竞争"意识，激发学生的学习兴趣，调动学生学习的积极性。

第五，在写字时学生容易产生疲惫烦躁的情绪，放些悠扬的轻音乐，无疑会使学生们心情舒畅，心境开朗，从而使注意力重新回到练习中去。

（3）让学生体验成功的快乐。教师要随时注意心理效应，要善于发现学生的闪光点，并加以肯定，使学生产生一种愉快的情感体验，比如在作业批改上，每次要加以适当的表扬，一定会有效地支撑学生奋发向上，增强克服困难的勇气与自信心。

（三）培养学生良好的写字习惯

写字教学对学生而言，关键是基础问题，而写字姿势和执笔方法又是基础中的基础，教师在教学中切不可忽视。尤其是低年级学生，从小对他们进行良好习惯的培养，将会让他们受益终身。

1. 使学生掌握正确的写字姿势

培养良好的写字习惯，就要从认真写铅笔字开始，从保持正确的写字姿势开始。让孩子保持正确的写字姿势，仍然是当前语文教学中比较突出的薄弱环节。语文教师应从实施素质教育的高度，从培养学生良好的学习习惯和促进学生身心素质全面发展的高度，义不容辞地承担起指导、督促学生始终保持正确读写姿势的任务。正确的写字姿势是：身体坐正，两肩齐平，头正，稍向前倾；坐直，胸挺起，胸口和桌沿离开一拳左右，两脚平放在地上。右手执笔，左臂平放在桌面上，用左手按纸。本子要端端正正放在桌上，当字写到每页的三分之二时，把本子往上移一移，以免把肘臂移到桌下，影响把字写好。眼与纸面不可过近，保持一尺左右。开始练习时，这样的姿势很难维持，要经常提醒纠正，养成习惯。指导学生正确的写字姿势，可用标准姿势的挂图，讲清正确姿势对健康和写字的重要意义，可把挂图挂在墙上，让学生经常对照。

2. 指导儿童执笔方法

执笔正确与否，直接影响到书写的速度与质量。以往教学中，许多教师对写字姿势的理解只停留在"三个一"上，对最为关键的执笔方法往往不能提及。正确的执笔方法应该是：右手执笔，在离笔尖约一寸的地方，大拇指与食指的关节自然弯曲，中指在内侧抵住笔杆，无名指和小指依次自然地放在中指旁，并向手心弯曲。笔杆斜靠在虎口上，虎口呈扁圆形，笔杆和纸面成35度左右，只有保持这个倾斜度，才能看清自己写的字，就不会歪着头，趴在桌子上，无法保持正确的坐姿。

开始练习时，要让学生摆好写字姿势和执笔姿势以后再写字，教师逐个检查，对于不合要求的地方，不能轻易放过，要耐心纠正，具体指导。在写字过程中要教育学生养成爱惜和节约书写用具的习惯，指导学生保管好书写用品，并且有条不紊地使用学习用具，尽量少用橡皮、涂改液、改正纸。对写字的要求，数量要适度，不能要求学生一下子写很多字，尤其是初入学开始写字时，要写慢、写好，逐步提高写字数量。除此之外，还要争取家长的配合，注意矫正儿童不正确的姿势，并根据家庭情况，尽可能地给儿童创造良好的学习条件。

3. 教给学生写字的方法技巧

（1）笔画的指导。笔画是汉字结构的最小单位，是组成汉字的基本要素。所以，学会基本笔画，是练字的基本环节。在学习新字之前或同时，要让学生先认识笔画的名称，再结合有关事物的图像，让学生认识基本笔画的形态特点。可以用笔画的运笔图帮助学生掌握基本笔画的写法，或者把笔画的写法编成歌诀，引导学生掌握规律，提高书写基本笔画的自觉性。对于低年级要充分利用田字格，帮助学生找到起笔、收笔的位置。

（2）写好字，笔顺规则不可忽视。汉字书写的笔顺规则常见的有七条：先横后竖；先撇后捺；从上到下；从左到右；从外到内；先里头后封口；先中间后两边。首先，在教师指导下，先让学生观察分析笔画正确的书写顺序，丰富感性认识，比较相同点，再帮助学生概括笔顺规则，提高理性认识；其次，让学生阅看课本的生字表，寻找适合的字例，扩大认识范围；最后，指导书写，使之回到书写实践，巩固提高，训练学生能自觉地按照笔顺规则来写字。

（3）对田字格的书写指导。田字格是儿童初学写字时使用的，它的四个区域和横竖两条中线，可以帮助儿童安排好字的间架结构，将字写得正确工整。教师要指导学生特别注意田字格中的横中线和竖中线，以掌握字的中心，并且写字时注意不要把格子都占满，四周留一点空隙。在写字前，用手或铅笔边说边指出田字格部位，引导学生注意各种结构单位搭配时的比例，让学生把握田字格方位。

综上所述，写字教学是继承和弘扬中华民族传统文化的一项基础工程，对提高学生科学文化素质，促进学生身心健康具有直接影响，对学生意志的磨炼、情操的陶冶、坚强品格的培养都会产生潜移默化的作用。"字如其人""字正人正"，教师应该摒弃那种"熟读唐诗三百首，不会作诗也会吟"的传统的机械练习的陋习，而代之以科学的、合理的、有效的教学方法，使写字教学既新又活。

第二节　中小学语文阅读与习作教学

一、中小学语文阅读教学

阅读教学是语文教学的基本环节，是形成学生语文能力的重要基础，是母语教育的主要载体。在中小学语文课堂教学中，阅读教学比重最大，用时最多。阅读教学的效果直接决定着语文课程教学的效果，决定着人才培养的质量。

（一）中小学语文阅读教学思考与建议

1. 中小学语文阅读教学的思考

中小学语文阅读教学形式应该是丰富多彩的，教师不应该将目光盯在课堂教学上，而是要放宽眼界，有效地把课外阅读和课内教学联系起来。"一个优秀的语文教师，不是简单地告诉学生这道题怎样做，而是教会学生学习的方法，培养孩子良好的阅读能力。"① 作为一名语文教师，应该如何把握阅读教学，具体思考如下：

（1）以情趣引导孩子阅读，让阅读真正成为"悦读"。人们常说兴趣是学生最好的老师，学生对某件事情感兴趣，才会用心去学，学时才会专注，所以教师在教学的过程中，一定是要以情趣为导航，去激发学生的学习兴趣。在兴趣的促使下，学生才会产生浓厚的学习动力，自发、自愿、主动去学习。当然教师引导学生的方法很多，可以用故事的形式，可以用谜语的形式，可以用巧设的形式，当然还是可以创设情景让学生之间展开一场竞赛，总之教师引导学生对阅读产生兴趣的方法很多。不管采用哪种教学方法，都要在学生的兴趣上给予重视，让学生在认知、阅读的过程中产生趣味，让学生感觉到阅读是一件非常有趣的事情。

（2）活跃课堂氛围。中小学的语文阅读课堂上，氛围很重要，氛围应该是活跃的，学生应该是有自己的观点和见解的，在课堂上教师要鼓励学生积极踊跃地表达自己的观点，而不是满堂灌，教师的观点就是学生的观点。死气沉沉的课堂氛围是任何一个学生都不喜欢的，学生在这样的学习氛围中也不可能产生阅读的兴趣。在语文阅读课堂上，教师不怕学生有自己的观点，不怕学生的观点和教师的观点是有分歧的。有学生提出和自己相反的观点就认为是对自己的不尊重，这样的思想千万不要有，在语文课堂上，教师和学生是平等的，教师和学生一起学习，一起研究，一起争辩，这样的学习氛围才有助于学生学习。

（3）师生共读，享受阅读的快乐。在教学中，教师主张学生自由阅读，但是这不等于教师让学生听之任之，老师要边读边指导，最好和学生一起共读，一起在阅读中享受阅读的快乐。在阅读的过程中，建议教师用一个和学生平等的身份参与到学生的阅读中来，会让学生感受到亲切，可以和自己一起阅读，一起交流，一起研究。

（4）师生协作，提高阅读能力。传统的教学模式都是在阅读之前，教师先设定好问题，然后学生带着问题去阅读。在这样的教学模式中，学生完全是陷入被动的地位，阅读中是不能培养学生积极思考问题的能力的，学生完全陷入教师的思维中。在这样的教学模式中，教师占主导地位。现代教学应该是以学生为主体的，在阅读的过程中，教师去引导

---

① 周立珍：《对现代小学语文阅读教学的思考》，载《初中生优秀作文》2015年第17期，第28页。

学生思维，不是代替学生去思考。在教学中，应该是让学生在读的过程中去感知课文的内容，思考后再去精读课文，然后在教师的引导下学习重点段落。教师要引导学生从课文中走出去，去扩展学生的视野。在整个阅读的过程中，教师始终是引导的作用，学生才是阅读的主体，教师的目的是让学生学会阅读的方法，提高阅读的能力。

（5）口语的艺术。阅读也是口语艺术的一种展现方式，教师在阅读教学中语言的示范性能力最基本的要求。由此可见，同样的教学方法，但是不同的语言所展现出来的效果是截然不同的。在语文阅读教学上，教师是要用自己的话来向学生传授知识，用通俗易懂的语言让孩子接受和掌握相关的知识。在阅读教学中，教师不管是在引导学生思维，还是给学生讲解，还是给学生进行情景描述，还是复述阅读的内容，都是要做到语言活泼新颖的，教师的语言是要富有情感的，要有魅力的。教师的语言是要对学生产生一种刺激的，是会引起学生注意的，是会给学生一种美的享受的，让学生在不自觉中去模仿教师的语言，去学习教师的语言。

在教学中，语文教师都是要有自己的语言风格，这样的教师教学才有魅力，才会吸引学生的注意力，激发学生的学习兴趣。教师的语言风格是多种多样的，可以是诙谐幽默的，可以是生动形象的，可以是冷静客观的叙述，究竟选择怎样的语言风格就看教师自己的喜好，或者是自身的条件了。事实证明，有语言艺术风格的语文教师对学生语言方面的影响是巨大的。语文教师的这种语言风格甚至会影响到学生的一生。对于学生而言甚至是终身受用的，所以作为语文阅读教师必须要训练属于自己的语言风格，必须要讲究口语艺术，用自己的语言艺术去教学，让孩子在阅读中产生更大的兴趣，让学生积极地参与到阅读中来，感受到阅读的快乐。

2. 中小学语文阅读教学的建议

阅读是运用语言文字获取信息、认识世界、发展思维、获得审美体验的重要途径。阅读教学是学生、教师、教科书编者、文本之间对话的过程。

阅读是学生的个性化行为。阅读教学应引导学生钻研文本，在主动积极的思维和情感活动中，加深理解和体验，有所感悟和思考，受到情感熏陶，获得思想启迪，享受审美乐趣。要珍视学生独特的感受、体验和理解。教师应加强对学生阅读的指导、引领和点拨，但不应以教师的分析来代替学生的阅读实践，不应以模式化的解读来代替学生的体验和思考；要善于通过合作学习解决阅读中的问题，但也要防止用集体讨论来代替个人阅读。

阅读教学应注重培养学生感受、理解、欣赏和评价的能力。这种综合能力的培养，各学段可以有所侧重，但不应把它们机械地割裂开来。

在理解课文的基础上，提倡进行多角度、有创意的阅读，利用阅读期待、阅读反思和批判等环节，拓展思维空间，提高阅读质量。但要防止逐字逐句的过深分析和远离文本的过度发挥。

各个学段的阅读教学都要重视朗读和默读。各学段关于朗读的目标中都要求"有感情地朗读",这是指,要让学生在朗读中通过品味语言,体会作者及作品中的情感态度,学习用恰当的语气、语调朗读,表现自己对作者及其作品情感态度的理解。朗读要提倡自然,要摒弃矫情做作的腔调。

应加强对阅读方法的指导,让学生逐步学会精读、略读和浏览。有些诗文应要求学生诵读,以利于丰富积累、增强体验、培养语感。

在阅读教学中,为了帮助理解课文,可以引导学生随文学习必要的语文知识,但不能脱离语文运用的实际去进行"系统"的讲授和操练,更不应要求学生死记硬背概念、定义。

(二)中小学语文阅读教学的过程分析

1. 中小学语文阅读教学过程的规律

不同时期的教材大都会探讨阅读教学的过程或步骤,其依据当然是阅读教学过程的一般规律。因此也有教材先探讨一般规律再探讨教学过程。其实,阅读教学过程的基本规律也是不同时期教学大纲所关注的内容。

从语言文字到思想内容,再从思想内容到语言表达;从整体到部分再到整体,这确实是阅读教学过程应该遵循的基本规律,这一基本规律在许多论著中都有论述,具体如下:

(1)指导学生阅读一篇课文,必须把它作为一整篇文章让学生读懂,要带领着学生从文章里走个来回。教学的大致程序为:先把语言文字弄清楚,从而进入文章的思想内容,再从思想内容走出来,进一步理解语言文字是怎样组织运用的。

(2)文学作品的教学,在准备谈话后通过阅读全文让儿童对作品有了初步的完整的认识,然后在这个基础上再逐部分地阅读并加以分析。这就是从整体到部分。各部分阅读分析之后,进行复述工作和概括性谈话,使儿童在熟悉作品每一部分的基础上,思索作品的整体,领会各部分之间、形象与基本思想之间的联系。这就是由部分再回到整体。这样才能透彻地理解课文,获得鲜明而完整的形象并受到深刻的感染。特别是教学篇幅较长的作品,教师先把全篇作品做扼要的讲述,略述全文结构的梗概,或者指出贯串全文的线索,目的在帮助儿童了解某一部分的时候,知道它跟整篇的联系。然后逐部分地讲读。讲读某一部分,要注意它跟别的部分的承上启下的关系。可以运用编段落大意、复述、总结方式,让儿童获得对全篇作品的完整的领会。这样的分段阅读分析虽分两堂或三堂来完成也是不会使形象割裂的,因为它注意到从整体到部分又从部分回到整体的原则,注意到部分与整体、部分与部分间的联系。

其实,不仅文学作品的教学应该遵循这样的规律,任何文本的教学,都应先让学生对文本有个整体的了解，然后再深入理解"部分"，最后才能达到"整体"的掌握。

（3）讲读课的课堂教学不必固守一定的模式，但在教学的时候要有个整体性观念。要从整体入手，先对文章的整体有个初步的认识，再深入到各个局部，然后再回到整体上来，获得进一步的更完整、更深刻的认识。阅读之初，要凭借着语言文字读进去，了解文章的主要内容，体会作者的思想感情。在对文章的思想内容有了一定的认识和感受以后，还要进一步再读语言文字，体会语言文字是怎样反映思想内容的，加深对语言文字的理解，进一步提高理解水平。

（4）读者要读懂文章，当然也"披文入情"，从理解字、词、句、篇入手，进一步理解文章内含的思想、观点、感情。一般地说，阅读教学的过程（步骤）可以按照由整体到部分再到整体的顺序进行教学。

（5）单篇课文的理解可以通过自上而下加工和自下而上加工，"篇章结构的理解"与"字、词、句的学习""互为学习的条件"，"没有严格的或单一的起点能力"。这里虽然没有提出一定要"自上而下"先梳理"篇章结构"，再学习"字、词、句"，即从整体到部分，但是，对"篇章结构"的理解也是"字、词、句的学习"的条件，最起码也能说明让学生先大体了解课文整体情况对于详细学习"字、词、句"是必要的。

（6）阅读过程首先是一个整体感知的过程，即从整体教学目标出发（一册书、一个单元或者一篇课文）安排教学程序，让学生直接接触课文，而且是整篇课文。通过初读感知，迅速地抢占制高点，在脑海中形成一个知觉整体，尽管此时可能是混沌而朦胧的，然而却是极有意义的。然后，在读中鸟瞰各个部分，去认识各个部分在整体中的地位和作用，从而使自己对整体的把握更准确深刻又全面具体。

从整体到部分再到整体的教学思路也是符合图式理论观点的。从图式理论来看，人们在阅读一篇新的、内容不熟的文章时，如果见到一个熟悉的标题，读者总是根据这个标题所提示的原有知识来同化文章中的相关内容。对于内容丰富的文章，读者一般首先了解文章的大致结构和主要内容，通过反复来回阅读，不断加深对文章的理解，最后能从主题思想、写作方法、遣词、造句的特点等方面来分析和评价文章。

从语文课堂的总体结构看，要考虑四个维度：一是哲学的维度，即整体—部分—整体；二是心理学维度，即内化—外化；三是教学论维度，即感知—理解—巩固—应用；四是阅读学维度，即熟读—读厚—读薄—读精。

2. 中小学语文阅读教学过程的课堂模式

中小学语文课堂教学的整体效果是以课堂结构的合理性为前提的。探讨合理的课堂结构是阅读教学研究的重要内容。从语文教学论著中不难找到各式阅读教学过程的结构模式。

（1）"一般模式"及"变式"。语文教学法或语文课程与教学论教材中提出的课堂结构"一般模式"及"变式"，具体如下：

1）人民教育出版社 1958 年出版的《小学语文教学法》对各类课文都提出了一般的教学步骤，如阅读文学作品的一般步骤为：准备谈话；阅读全篇作品和读后谈话；分段阅读分析；编段落大意和复述课文；总结谈话。

2）江苏教育出版社 1993 年 8 月出版的《小学语文教学研究》介绍了讲读课、阅读课、课外阅读指导课三种课型的课堂结构。

3）魏薇主编的《小学语文教学法》认为，"单篇课文教学常规"一般包括"预习—读、议、讲—练习—成绩考核"四个部分。该教材对四部分的目的、方法进行了分析说明。另外，该教材还对几种模式做了简单论述。

4）江平主编的《小学语文课程与教学》认为，一篇课文的教学过程大体上有三个阶段：初读课文阶段、精读课文阶段、熟读巩固阶段。该教材对这三个阶段的意图、做法作了简单说明。另外，该教材对阅读教学中的变序教学问题也进行了说明，提到了"直奔中心""举一反三"两种变序方法。

5）王守恒著的《小学语文教学与研究》认为，课文教学一般有三个阶段：初读课文，整体感知阶段；精读课文，思考感悟阶段；熟读课文，总结巩固阶段。该教材还介绍了阅读教学程序的五种"变式"：直接切入式、举一反三式、跳跃阅读式、由果溯因式、一篇带多篇式。

6）皮连生主编《教学设计》认为，单篇课文一般涉及字、词、句方面的目标和篇章结构方面的目标。其教学顺序一般是通过课文阅读，先让学生熟悉课文内容，在此基础上让学生掌握字、词、句方面的目标；然后进行深加工阅读，掌握篇章结构方面的目标。篇章结构方面的目标属于语文高级技能（与认知策略学习相似），一般不可能通过单篇课文完全掌握，需要在后继的课或教学单元中，通过类似篇章结构的重复学习与变式练习才能逐渐掌握。

（2）较有特色的阅读教学模式。自 20 世纪 80 年代以来，我国阅读教学研究异常活跃，有关阅读教学课堂结构的成果层出不穷。以下探讨一些较有特色的阅读教学模式。

1）"揣摩、引导、讨论、点拨"课堂结构。从适应培养自学能力的需要出发，在实践中探索出的一套阅读教学课堂基本结构。"揣摩""讨论"是指学生的学习实践，"引导""点拨"是教师在其中起的主导作用。

2）"整体回环阅读教学法"。根据人们认识事物"往往是先从整体入手，然后分为若干个部分深化，最后再回到整体"的规律，该模式设计了阅读教学的五个基本步骤：提出课题，明确任务；通读全文，抓住中心；依据中心，理清思路；围绕重点，分段精读；由段至篇，回环整议。

3）语文单元达标教学课堂教学结构。这是一种借鉴布卢姆掌握学习理论而设计的语文课堂教学结构。一篇课文的教学一般分为感知了解、分析理解、概括深化三个学习阶段。其课时教学模式一般分为四个环节：激发兴趣，明确目标；指导自学，实现目标；综合训练，深化目标；反馈矫正，达成目标。这种教学结构的突出特点是以教学目标为依据，以指导学生自学为途径，以反馈矫正为保证，以使绝大多数学生达到教学目标为目的。

4）情境教学模式。情境教学是语文教学中影响最大的一个教学流派，前面已介绍过。情境教学的步骤一般为：初读——创设情境抓全篇，理清文章思路；细读——突现情境抓重点，理解关键词、句、段；精读——凭借情境品语感，欣赏课文精华。

5）六步教学。定向—自学—讨论—答疑—自测—自结，这是特级教师魏书生提出的六步阅读教学程式。这种教学方法按"定向（提出课文的学习重点）—自学—讨论（提出自学中的问题和师生讨论）—解答（找查工具书参考书，或由同学、教师解答）—自测（练习）—小结"来组织阅读过程。"六步教学"的特点在于把教师的指导和学生的自学紧密结合起来，让学生能独立解决阅读任务的一部分或大部分。

6）"明确目标，强化训练"阅读教学课堂结构。该课堂结构包括五个环节：整体感知、重点突破、全面欣赏、巩固语言、综合考查。该结构是针对当时阅读教学存在的两个问题而设计的：重视对课文的分析理解，而忽视语言的积累和运用；对课文分析面面俱到，目标不明确、不集中，抓不住重点。其特点是重视目标的作用、重点突出、训练扎实。

7）"五环节七步骤"课堂教学结构。这是以系统论为理论依据而设计的一种课堂结构。其教学过程包括五个环节：基础训练；出示目标；指导学习，反馈矫正，巩固提高；总结达成度。其中第三个环节包括交替进行的"指导学习""反馈矫正"和"调控训练"三步，其余环节各为一步，因此共七步。每个步骤都规定了调控时间。这一结构具有两个明显特点：一是课堂设计有明确的目标和过程，二是课堂教学重调控、重强化。

8）"问题研讨式课堂教学结构"。这是在目标教学理论、合作教学、和谐教学方法影响下设计的一种阅读教学课堂结构。在提前分好组的情况下，该结构有五个环节：激情导入、出示学习问题、小组学习讨论、班级交流学习情况、质疑交流。

9）"读读、说说、议议、写写"。读读——指导学生朗读课文；说说——引导学生感知课文内容；议议——启发学生围绕中心句，层层展开，理解课文内容；写写——指导学生展开想象，练习写话。这一课堂教学结构，力求让学生多读、多说、多议、多写，把读、思、说、写有机结合，从而培养阅读能力，促进语文能力的全面提高。

10）"导读—扶读—自读"教学模式。这种结构适用于教学几个部分结构、写法基本相同的课文（如教学《美丽的小兴安岭》《美丽的公鸡》）。"导读"，即在教师指导下阅读；"扶读"，即让学生尝试利用上述方法阅读，教师相机帮扶；"自读"，即运用学法自学课文，在自己读书、思考的基础上讨论、交流。这种教学结构有助于学生理解学习过程，积累学习方法。

11）"群文阅读"的课堂结构。"群文阅读是在单位时间内阅读多个文本，或者是把多个文本作为一个整体展开阅读。"有人把群文阅读的课堂结构按"文本处理程序和个体学生阅读数量的不同"分为一篇带多篇、群文齐读、群文共享等类型。"一篇带多篇"是指师生首先重点阅读第一篇文本，从第一篇文本中发现理解的模式或者结构，然后应用这种模式或结构来理解其他文本。"群文齐读"的课堂结构，简单而言，就是师生对群文的阅读是一齐展开的，所有学生阅读所有文本，通过对所有文本的阅读产生一个共有结构或者合成结构。"群文共享"并不像群文齐读那样是所有学生读所有文本，而是不同的学生读不同的文本，然后把自己阅读的内容与大家分享。

（3）阅读教学课堂结构的一般模式。阅读教学的课堂结构是多种多样的。不同的课堂结构具有不同的特点或优势，当然各种结构往往也有一定的适用范围或自身的局限性。掌握各种课堂结构的特点，适应各种情况的教学当然是必要的，但掌握适用范围最广的、最一般的阅读教学课堂结构更是十分必要的。这里所说的适用范围最广的、最一般的阅读教学课堂结构，也就是阅读教学课堂结构的一般模式。当然这里的"适用范围最广的、最一般的"也只是相对的，不同的教学论教材（或不同的人）所归纳的一般模式也是不尽相同的。

参考各种相关模式与理论，对语文阅读教学的课堂结构，可以设计出含有"导入激趣、整体感知、理解感悟、练习积累、反思总结、延伸作业"六环节的一般模式。

1）六环节一般模式。具体有以下方面：

第一，导入激趣。导入激趣这一环节的主要意图或目标是：创设情境，集中注意，导出课题，激发兴趣。可分两步进行：①导入课题。通过一定方法，自然导入课题。②解读课题。引导学生解析课题，激发学生的阅读兴趣与阅读期待。

第二，整体感知。整体感知这一环节的主要意图或目标是：初读课文，自主识字，了解内容，培养自学能力。可分两步进行：①提出要求自学。中高年级这一步也可放在课前，即安排课前预习。②检查自学或预习效果。检查学生对字词、课文内容等预习或自学情况，鼓励学生质疑问难、合作学习。低年级重点落实识字。

第三，理解感悟。理解感悟这一环节的主要意图或目标是：熟读课文，理解内容（字词句段篇的意思、含义），体会感情，理解（领悟）写法。这一环节的整体思路遵循两条基本规律："语言形式—思想内容—语言表达"，"整体—部分整体"。可分四步进行：①梳理结构。引导学生寻找关键信息，梳理课文脉络，从宏观上把握课文结构，建立整体观念。这一步体现的是阅读教学过程基本规律中的第一个"整体"。低年级或简短的课文此步可省去。②分步解读。按照一定的思路，引导学生一步步或一部分一部分解读课文：抓住重点语言文字，引导学生理解、体会其意思、含义、情感、作用等。这一步体现的是阅读教学过程基本规律中的"部分"。③感悟拓展。在分步解读的基础上，引导学生回顾整体内容，联系实际或有关资料，谈认识与感受，明白道理，升华情感，落实人文目标。这一步体现的是阅读教学过程基本规律的第二个"整体"。从"理清结构"到"感悟拓展"，经历的是阅读教学过程基本规律中从"语言文字到思想内容"的过程。④领悟写法。理解课文内容以后，特别是高年级的教学，应该引导学生发现与归纳课文在表达方面的特点或优点。这一步体现的是阅读教学过程基本规律中从"思想内容"再到"语言表达"的过程，也是促进读写结合的关键一步。低年级此步可省去。

第四，练习积累。练习积累这一环节的主要意图或目标是：巩固知识，积累语言，训练技能。低年级要注重写字训练；中高年级要重视拓展阅读与仿写等表达训练。

第五，反思总结。反思总结这一环节的主要意图或目标是：查漏补缺，总结升华。

第六，延伸作业。延伸作业这一环节的主要意图或目标是：巩固知识，全面拓展。

此模式是一篇课文教学的一般模式，即一篇课文的教学一般包含这六个基本环节。当然如果一篇课文用两课时或三课时进行教学，这六个基本环节就应安排在不同的课时中，且各课时还应补充一些必要的环节，以保证其课堂结构的相对完整性。例如，如果一篇课文用两个课时进行教学，那么就可以将一、二、三环节放在第一课时，四、五、六环节放在第二课时，或者将一、二环节加上指导写字放在第一课时，其余环节放在第二课时；第一课时最后应该加一个课堂小结及布置作业的环节，第二课时的开头则应加一个复习导入的环节。

2）六环节一般模式的特点。这个模式，尽量借鉴各种模式的优点，体现阅读教学的规律与先进理念。其特点主要表现在以下方面：

第一，整体上遵循了学生知识学习基本过程的规律与教学论中一般知识教学过程的观点。"注意—感知—理解—巩固—运用"这是学生学习某一知识的基本过程，这一模式中的六个基本环节正是遵循着这一过程设计的，这与教学论中有关知识教学基本过程的观点也是一致的。

第二，遵循了阅读教学"从语言文字到思想内容，再从思想内容到语言表达"的基本规律。语言文字与思想内容是无法截然分开的，但教学过程的不同环节或阶段对两者的处理是有主从之别的。"从语言文字到思想内容，再从思想内容到语言表达"正体现了阅读教学过程不同阶段语言文字与思想内容的主从关系。从"整体感知"环节到"理解感悟"环节中的"感悟拓展",整体上体现的正是"从语言文字到思想内容"的过程;而从"感悟拓展"到"领悟写法",再到"练习积累"中"写"的训练,则体现了"从思想内容到语言表达"的过程。

第三,遵循了阅读教学"从整体到部分,再从部分到整体"的规律。有专家认为,篇章结构的理解与字、词、句的学习互为学习的条件,没有严格的或单一的起点能力。但是,阅读理解过程中,对字词句等"部分"的准确而深刻的理解离不开上下文,离不开文章"整体"的关照;理解部分最终指向的也是对文章整体的把握。因此阅读教学中指导学生对课文的理解应该遵循"从整体到部分,再从部分到整体"的规律。本结构"理解感悟"环节中的"理清结构""分步解读""感悟拓展"三步,正体现了"从整体到部分,再从部分到整体"这一规律。

第四,较好地处理了学生学习主体与教师教学主导的关系。本结构重视学生的学习主体地位,每项教学任务的完成都从尝试学习或质疑开始。例如,"整体感知"环节先让学生自学,再检查自学效果;检查自学效果时也是先让学生汇报、评价,然后教师再做评价与引导;"理解感悟"中的"理清结构""分步解读""感悟拓展""领悟写法"等步骤,以及这些步骤中的每一小步,也都尽量从学生质疑、尝试释疑与自学开始。当然在教学过程中,也注意了教师的适时引导点拨。

第五,较好地体现了语文学科特点与教学规律。本结构较好地体现了语文学科工具性与人文性的关系,注重语言文字的扎实训练,注意了对文章人文内涵的感受与理解。特别是"理解感悟"环节中"感悟拓展"步骤的设置,以及"练习积累"环节中练习项目的提示,有利于工具性与人文性的全面落实。

(三) 中小学语文阅读教学的策略

1. 树立大语文观,关注学生语文素养

大语文观要求我们把语文学习和学生的终生发展结合起来。语文素养是指或者说主要是指书面语的语文修养。学生在学校学习,不是为了学说话,更重要的是为了识字、学文化、掌握好书面语。一个人只有掌握了书面语才能不断接受高素质的教育,包括文化科技教育和道德品德教育。一个人也只有掌握了书面语,才能用娴熟的书面语准确地表达自己的思想观点、情感态度。书面语水平提高了,也将有助于提高自己的口头表达能力。

知识是语文修养的基础,但是仅仅有知识并不一定就具有深厚的语文修养。语文修养是在对语文工具的运用和实践中逐步培养起来和不断提高的。语文修养主要表现在阅读能力、表达能力和纠错能力。就阅读能力而言,不仅能知道读的文章或书说了些什么,而且

能一下子抓住要义，更能有一定的鉴赏能力。

2. 让语文课回到语文本身，让学生学会阅读

依据新修订的课程标准要求，阅读教学要重视语文学习的完整性、实践性和学段性，让语文课回到语文本身，通过教学，让学生学会阅读、学会表达。

长期以来，阅读课教学的过程设计有两种：一种是文本解读型，就是以解读文本的思想内容为主线，在解读过程中插入语文知识和语文方法的教学；另一种是技能掌握型，就是遵照语文知识或者技能学习的规律来设计教学过程，文本解读只是教学过程中的一个环节。

（1）单元求整。人教版教材的编写，是以单元为教学板块编写的。在研读教材时，要把整组教材进行合理规划，整合所有有用的资源，在不同块状教学中，梳理出一个序列来。

（2）单课求速。具体而言，精读课文、略读课文要区别对待。

1）精读课文的教学。精读课文承载的是本单元阶段目标的呈现和把握的任务，所以讲究的是精细、充分、透彻的阅读。所谓的精细、充分、透彻，绝对不是逐段、逐句地去细致分析，而是在我们整体感知文章之后，快速切入本单元的重点所体现的段落和语句中，到了这里就要给学生充分、单纯的阅读空间，让学生在各种读的形式中，通过词句、各种表达方法去感受文章的主题以及文章主题的表达方法。

2）略读课文的教学。略读课文是本单元训练项目的实践，是精读习得能力的迁移。现在对于略读课文教学的处理有误区，认为略读课文读读就行，生字词学会了就行。这样是不对的。所谓略读课文，略的是除了应该迁移能力之外的全部，生字词可以略掉，但从精读课文中学习到的能力，必须在略读课文中加以实践。这一点要细细去做，其他跟重点无关的全部可以略掉，不必深究。

（3）读与练同行。新修订的课程标准提出"语文课程是一门学习语言文字运用的综合性、实践性课程"，语文课的本质是要培养学生的语文素养、语文能力。阅读既是心灵感悟的过程，也是语感实践的过程。在教师指导下的"读与练"同行，使"读"有了具体的目标和内容，有了深刻感悟的读，是心灵的阅读，是培养学生语感的重要途径。

3. 注重在诵读优秀诗文中培养想象力

想象力是智力发展的一个重要组成部分，它对儿童的学习起着重要作用。没有丰富的想象，学生不可能深刻领会所学的内容，也不可能全面提高语文能力和发展语文素养，更无法运用所学知识进行创造性活动。而优秀的诗文具有想象丰富隽永、清新自然的特色，其强烈炽热的情感总是借助想象以创造丰富多彩的形象，描绘生机盎然、优美新奇的意境，是发展学生想象力的好教材。

这次课标的修订，在第二学段的阅读目标"诵读优秀诗文，注意在诵读过程中体验情感，领悟内容"[①] 中加入了"展开想象"，正是出于对想象力培养的充分重视。在具体的教学中我们可以咀嚼"诗眼"，在辨析揣摩中诱发想象；整体把握，在品味意境中引发想象；含蓄"留白"，在余韵补白中挖掘想象；改编续写，在拓展训练中促进想象。

例如，教师在教授《望庐山瀑布》时，使学生理解体会"生"（升腾之意）、"挂"（化动为静，形象地表现了倾泻的瀑布在远看中的状态）、"飞"（给人以瀑布急流飞奔的感觉）、"直下"（突出气势）等词，同时一边引导学生透过语言文字理解诗句，一边使其联想平时熟悉的"日照、香炉、紫烟、瀑布、银河"等表象，并在头脑中进行加工改造，这样就能组合成一番美丽壮观的庐山瀑布的景象，从中受到美的陶冶。又如教授"金沙水拍云崖暖，大渡桥横铁索寒"（《长征》）时，透过对"暖""寒"等重点词的理解，就可想象到红军巧渡金沙江后的欢悦情形以及红军飞夺泸定桥的惊险悲壮场面，红军那种革命乐观主义精神和大无畏的革命英雄主义形象自然地展现了出来。

4. 注重"非连续性文本"的学习

非连续性文本不是由段落构成，它基本是由数据表格、图表和曲线图、图解文字、凭证单、使用说明书、广告、地图、清单、时刻表、目录、索引等组成的，非连续性文本具有直观、简明、醒目、概括性强、易于比较等特点，非连续文本阅读主要要求进行说明、解释和讨论等。以下就具体的非连续性文本阅读教学提出一些建议：

（1）在教学、作业中积极补充非连续性阅读文本，增加学生这方面的阅读活动与能力训练。除了数据、表格等材料外，可以引进包含图示、地图、曲线图等的文章，增加学生阅读非连续性文本的兴趣。例如，教六年级的时候，整理课文重点是学生最烦的，费时费力，容易让学生引起厌烦情绪。如果指导孩子用图表的形式来整理知识点，让学生把课文重点用自己喜欢的形式记录，用这样的方式来提炼观点、归纳摘录等，既省力，又能把关键的内容显现出来，孩子们很喜欢这种练习。同时，孩子们的学习效率也提高了不少。

（2）在阅读方法指导上，要更关注学生自主学习能力的获得，鼓励学生多使用工具书。不会读、不理解的字词要勤查字典、词典，同时，读书中遇到问题，进行探究性学习时有了课题，教师也要鼓励学生从《十万个为什么》《辞海》等经典著作中寻找答案与理据。重视非连续性文本教学，还要关注检索能力的培育。未来生活与今后工作常要面对海量的信息、爆炸式增长的知识，读什么，怎么读，必须有所为有所不为，因此需要学习筛选，需要根据问题、需求去有方向地"访问"、有目的地"检索"。

[①]　申晓辉、赵翠明：《小学语文课程标准与教学》，苏州大学出版社2015年版，第98页。

二、中小学语文习作教学

(一) 中小学语文习作教学的建议

写作是运用语言文字进行表达和交流的重要方式，是认识世界、认识自我、创造性表述的过程。写作能力是语文素养的综合体现。写作教学应贴近学生实际，让学生易于动笔，乐于表达，应引导学生关注现实，热爱生活，积极向上，表达真情实感。

关于"写作"的目标，第一学段定位于"写话"，第二学段开始"习作"，这是为了降低学生写作起始阶段的难度，重在培养学生的写作兴趣和自信心。

在写作教学中，应注重培养学生观察、思考、表达和创造的能力。要求学生说真话、实话、心里话，不说假话、空话、套话，并且抵制抄袭行为。

为学生的自主写作提供有利条件和广阔空间，减少对学生写作的束缚，鼓励自由表达和有创意的表达。

写作教学应重视引导学生在自我修改和相互修改的过程中提高写作能力，要重视写作教学与阅读教学、口语交际教学之间的联系，善于将读与写、说与写有机结合，相互促进。要关注作文的书写质量，要使学生把作文的书写也当作练字的过程。积极合理利用信息技术与网络的优势，丰富写作形式，激发写作兴趣，增加学生创造性表达、展示交流与互相评改的机会。

(二) 中小学语文习作教学的策略

习作教学是语文课程的重要组成部分，语文课程标准也提出作文是学生认知水平和文字表达能力的体现，是字、词、句、篇的综合训练。习作教学无论是对于全面提高学生的语文素养，还是对学生今后的生存发展都有极其重要的意义。

1. 降低要求，转变角色

（1）降低要求。教师在教学活动中扮演着非常重要的角色。教师的观念决定着其习作教学行为。当前，许多教师没有运用新课标理念指导教学，教学观念陈旧、落后。有的教师盲目拔高了学生习作训练的标准，不仅要求学生将作文写具体、写生动，还要体现高尚的情感、卓越的品质，将培养作家作为习作教学的目标。有的教师要求学生按照一定的套路来写作，学生写出来的内容千篇一律，缺乏个性，局限了学生思维的发展。

语文课程标准对学生作文的要求只有八个字"文从字顺、具体明确"，仅此而已。因此要紧密结合语文课程标准的学段目标安排训练，不宜盲目拔高习作训练的标准。一、二年级注重夯实基础，培养学生正确朗读课文和准确书写字词的基本技能，重点训练看图写话，画图配话，以激发兴趣为主要目的；三、四年级重点训练流利地朗读和半自动化的书写技能，注重文段的训练，以写通顺为目的，重在贯彻我手写我心、快乐作文理念；五、六年级以读促写，重在引导关注生活，实现读写迁移，培养发散性思维和创造性思维，激发学生的主动写作的欲望，激励进取精神。总而言之，教师要以新课程理念为指导，从学生知识的生长点出发，循序渐进实现螺旋式整体推进，真正地促进学生习作能力和语文学习品质的提高和发展。

（2）转变角色。学生写作文最常遇到三类问题：一是学生不愿意写，没有写作的愿望；二是学生觉得没东西可写，缺少写作素材；三是不会写，缺乏写作方法、技巧。教学时，教师往往把时间和精力放在解决第三个问题上，而缺乏对前两个问题的关注。这样，习作教学就变成了以教师命题、学生写作为主要形式，以传授写作的技巧为主要内容的活动。至于学生愿不愿意写，有没有内容可写则不在教师的考虑范围之内，这源于对学生写作活动的片面理解，即把学生的写作活动理解为学生个人掌握作文知识和技巧的单一性活动。在习作教学活动中，教师应该转变自己的角色，不仅做一个写作知识的传授者，还要做学生情感体验的激发者，写作素材收集的指导者。为此，教师应该做到以下方面：

1）树立以学生为主体的教学观念，以倾听者和对话者的身份组织学生的写作活动，尊重学生的独特感受与独特思考，同时进行人格的引领。

2）了解儿童生活，懂得儿童心理，充分挖掘语文教育资源，创设有利于学生写作活动的写作情境，为学生的自主写作提供有利条件和广阔空间。

3）引导主体参与，组织、引导、启发、协调好写作前或写作过程中的对话活动，激发情感，打开思维，指导方法。

4）改变评价观念与评价方式，用欣赏的眼光来阅读学生的作文，善于发现学生作文中的积极因素，不压抑学生的写作欲望。鼓励在教师指导下学生的自我评价、自我修正与自我展示以及学生之间的互评互改等活动。此外，教师要开辟多种园地，搭建更多平台，为学生的习作"发表"提供尽可能多的机会。

2. 激发兴趣，加强动机

在作文教学活动中，激发兴趣的常用方法有以下四种：

（1）使学生明白写作的目的。有关学生写作动机的问题，其核心是要让学生清楚"为何要写作"和"为何要学习写作"，对中小学生而言，这不是一个简单的问题。当前的学生大多只知道"为分数而写""为完成教师布置的作业而写""为受到表扬而写"[1]等。而要使学生产生强有力的作文动机，就必须激发他们较高层次的社会性的需要，如交

---

① 申晓辉、赵翠明：《小学语文课程标准与教学》，苏州大学出版社 2015 年版，第 119 页。

往的需要、认知的需要、审美的需要和取得成就的需要，而不能停留在分数、教师和家长的要求、奖励与表扬等低层次的需要水平。

语文课程标准告诉我们，学生学习写作的目的在于自我表达和与人交流，其终极目标是为生活服务，提高生活质量，这些是学生难以理解的，但是教师可以通过生动的谈话或创设有趣的情境，来激发学生认识自己表达与交往或自我实现等高层次的表达需要，然后因势利导地和学生一起确定作文题目和要求，让学生充满情趣地进行写作。

（2）创设情境。精心依据作文教学的目的来创设相应的写作情境，创造适合习作的大环境，在轻松和谐的氛围中，诱导学生进入特定的艺术境界，找出需要表达的内容，捕捉写作素材，触发习作的灵感和激情。教师可以运用形象谐趣、童真味、情感味浓郁的言语，去描述、去烘托出特定的氛围，来拨动学生的心弦，令学生如见其人，如闻其声，如临其境。还可以根据写作的需要，选择相应的音像课件来渲染气氛，把学生带进写作的美妙景象中，给学生强烈的感染。

（3）组织活动。举办一些贴近自然、贴近生活、贴近社会的活动，让学生在五彩缤纷的大千世界里观察生活，积累多姿多彩的作文素材，使学生深深地感受到美的律动，激起强烈的表达欲望，自然妙笔生花，其乐无穷。

（4）提供发表机会。搭建习作展示平台，在教室里展示学生的优秀习作成果，或者编辑学生个人作文集，亦会激发学生的写作欲和表现欲。

总而言之，要采取多种途径，让学生热情高涨地投入到习作中去。因为兴趣是写好作文的起点，所以激发兴趣是作文教学的永恒主题。

3. 多元途径，积累素材

知识在于积累，写作素材同样需要积累。因此，除了激发学生的写作动机之外，教师在教学过程中还要逐步培养学生的积累习惯，使其能有意识地、自觉地捕捉出现在学习、生活中的人、事、景、物，并将之诉诸笔端，养成观察生活、体验生活、记录生活的习惯。

（1）通过阅读积累。阅读对写作有着直接的促进作用，学生学写作文必须要大量阅读。多读能使学生开阔视野，丰富体验。读书还有利于积累词语、名句、佳段，也有利于掌握更多的写作技巧。博览群书，是与古今中外的大师们对话，是接受前人思想光辉的沐浴，是从人类精神文化遗产中摄取人文的和精神的营养。因此，为了提高学生阅读的效果和质量，教师还需要做好以下阅读指导：

1）根据课标的要求，对不同学段学生提出相应的课外阅读要求。如第二学段的阅读要求是：背诵优秀诗文50篇（段），课外阅读总量不少于40万字。教师要对要求的落实情况进行监督检查。

2）做好读书的指导，教给学生读书的方法。教师要指导学生读哪些书，怎样读书。

3）教学生写读书笔记的方法，逐步养成写读书笔记的习惯。写读书笔记可以有效地积累词句，并且养成良好的读书习惯。

4）开展各种读书活动，比如读书交流会、好书推荐会、读书笔记展览等。巩固、展示学生的读书成果，形成学生持续阅读的动力。

（2）通过生活实践积累。生活是写作的源泉，没有丰富的生活实践，写作便如同无源之水。走进生活，体验大自然不仅可以让孩子体验到人与大自然的和谐，培养他们对大自然的朴素情感，也有利于培养学生善于观察、乐于观察，用心体验周围事物的好习惯，丰富学生的情感，丰富学生习作的源泉。因此，要让学生积极参与生活实践，亲身体验。要尽可能地创造机会，组织学生参加一些有益的活动，如春游、参观工厂、公益劳动、兴趣活动、各种比赛活动等，让学生从生活中、从活动中撷取素材，表达自己的所见、所闻、所感。只有这样，学生才会感到有东西可写，文章才显得真实、可信。要使写作教学贴近学生生活，教师要做到以下方面：

1）尊重生活，体验生活、热爱生活。只有保持对生活场景的关注和对生活的热爱才可能获得真实、丰富的情感体验，在这方面，教师要以身作则，教师和学生分享感受、见解的过程也是潜移默化地影响学生的生活态度的过程。因此，让学生关注生活，教师首先要善于关注生活、体验生活，引导学生留意并学会观察周围看似平淡的生活。

2）思考生活，表达生活。在观察生活、体验生活的基础上，教师还要引导学生思考身边的生活，指导学生多角度、有创意地反映身边的生活。学会思考也就是学会分析事物，它是观察训练的发展，在观察进行到一定阶段后就要对学生进行分析能力训练。因为学生的认识是一步一步由低级向高级发展，即由浅入深，由感性认识上升到理性认识。提高学生观察事物、分析事物、认识事物的能力，由感性认识的观察发展到理性认识的思考分析，透过现象抓住事物本质，这是符合认识规律的。促进学生思考的常用途径有以下两条：

第一，想象联想。在实践中，观察是常与想象、联想结合在一起的。把观察与联想、想象结合起来，对学生而言并不是很困难的事，当他们带着好奇的目光去观察周围世界的时候，联想和想象会情不自禁地发生。

第二，提出问题。在观察过程中，学生要善于发现观察对象存在的问题，然后通过调查访问等方式进一步思考分析，找到问题的答案。学生在观察时，无论运用哪种思考方法，能由此及彼、由表及里地进行推理，做出正确判断，认识事物就有一定的深度与广度，思维就可得到科学的锻炼而逐渐走向深刻。掌握这些方法，还可以帮助学生养成调查研究和用事实说话的良好习惯，丰富生活积累的内容。

4. 以读促写，以说促写

听、说、读、写是四种基本的语文活动形式，它们相互联系、相互促进，不可偏废。将阅读教学、口语交际教学和写作教学结合起来，可以极大地提高写作教学的效率。

（1）以读促写。学生的写作经历了由仿到创的过程。写作始于仿写，而仿写要以读为前提。尤其是阅读教学中学生对课文的阅读，对学生的写作具有直接的借鉴作用。由此可见，学生写作能力的提高离不开阅读教学。

1）课外阅读常抓不懈。推荐图书，提示方法，精于组织，使学生的课外阅读更加有效，做好这项工作将会极大地提高习作教学的效果。

2）阅读教学中的写作训练。

第一，读中写。在阅读教学中要合理挖掘教材内部的写作因素，以期有目的、有计划地进行写作指导。教材选的课文，大部分都是文质兼美、风格迥异、表达独特的名篇佳作。教师在进行阅读教学时，要有意识地引导学生对这些课文进行阅读感悟，使其对课文的表达形式和表达方法有所了解，积累丰富的语言词汇。同时，教师在阅读教学中，针对某些课文的特点，指导学生进行适当的写作训练，以写促读，以读促写，读写相互渗透。还可以加强仿写的指导，让学生模仿某些范文的立意、构思、布局谋篇或表现手法进行习作训练，拓宽学生写作的思路，从读、仿中悟出写的门径。例如，读书时随时将自己的感受、观点、疑问记录下来，以及在阅读教学过程中进行的仿写、改写、续写等训练，都是将阅读和写作紧密结合、以读促写的有效途径。

第二，读后写。例如，教学《美丽的小兴安岭》后，可以把学习按时间顺序、抓住特点描写景物，作为一个读写结合的重点，安排学生进行写作训练。把引导学生写读书笔记作为写作教学的重要内容。不动笔墨不读书，让学生养成喜欢读且每读必写的习惯。读书笔记的类型很多，可以是好词佳句的摘录；可以是书的内容提要；可以是零星的感想，或是由此而引发出的自由联想；可以三言两语，也可以长篇大论。这是激发学生阅读和写作兴趣、提高学生读写能力的有效途径。长此以往，写作能力就会得到同步提高。

第三，写前先读。写前先读是指在写某一题目的作文之前，阅读与此类作文有关的文章，目的在于找出范例，便于模仿。也可以针对学生过去作文中存在的问题有的放矢地找一些课内外的文章，让学生先阅读后落笔。

（2）以说促写。口头语言与书面语言，是互相影响、紧密联系的。口头语言的发展，是书面语言的先导和基础，是内部语言转化为书面语言的桥梁。想得清楚，说得清楚，写出来就明白。因此，要提高书面表达能力，必须按照先说后写的顺序进行训练，主要有以下重要途径：

1）听后说写。听后说写就是让学生把自己听到的有趣的故事、优美的句子说出来并写下来。按照由易到难、由浅入深的原则，可以先讲述一个简单的歌谣，让学生听后说出来，说清楚之后再写一写。慢慢地，引导学生把从广播里、电视里听到的小故事记下来，讲给教师、家长和同学们听。这样，时间长了，学生不仅养成了集中精力听、用心记的习惯，还提高了说写水平。

2）做后说写。教师可以结合少先队、班级的活动安排，或者有目的、有计划地组织学生参与一些活动，让他们把经过说出来、写下来，以培养他们的说写能力。如学校开展尊老敬老活动，活动一开始就动员大家做尊敬老人和长辈的模范。要同学们做一件尊敬老人的事，把事情的经过写下来。由于学生有了明确的目的，也注意了做的经过，所以写得既真实又完整。还可以结合自然课和美术课上学生做的实验和粘贴画，让学生把做的过程记下来。这样，无论是在家里还是在学校里，学生做过有兴趣的事就让他记录下来，养成自觉练笔的习惯

3）看后说写。看后说写主要是看图说话。课文中的插图，基础训练上的"看图说话"，都是看后说写的内容。每次说话课，可以先教给学生观察的方法，然后再把每幅图分开看，在观察的基础上让学生说给同学听，说给全班同学听，要说得具体、形象。说完以后让学生根据教师指导的顺序写下来。

4）读后说写。读后说写主要是结合阅读教学进行。例如，《我要的是葫芦》一课，写的是从前有一个种葫芦的人，不懂叶子跟葫芦的关系，只知要葫芦，叶子生了虫子他也不管。让学生以"第二年，那个人又种了一棵葫芦"为起始句，把自己的想象写下来。这样学生的思维想象能力就得到了锻炼和提高。

总而言之，无论是听后说写、做后说写、看后说写，还是读后说写，都是从内容着手，解决了学生作文最感头痛、无话可写的问题。

5. 习作习惯，日常训练

写作作为一项技能，它的熟练和提高必然以经常练习为前提，因此很有必要将习作训练日常化。

（1）提高写作训练的计划性。写作的目的是适应生活，形成功能。因此，根据交际的条件和任务，根据现代社会信息交流的需要来安排和设计写作教学，这一点应引起我们的足够重视。在具体的写作教学活动中，教师应有意识地按交际对象、交际目的来安排相应的写作内容，如自我介绍、读书笔记、启事、广告、说明书、假条、借条、书信、导游词、小调查等，并使学生明白在不同的交际情境中因写作者持有的身份不同和为了不同的交际功能的实现，文体和语言上必须有相应的变化。

（2）养成写日记的习惯。鼓励学生把自己每天学习和生活中的事情、感想及见闻有选择地、真实地记录下来。坚持写日记，可以积累知识、积累生活经验和写作素材；有助于

培养学生的观察能力、理解能力和表达能力；同时给学生在课堂上展示自己日记的机会，好日记大家听、大家看、大家欣赏，学生的写作兴趣会一天天地浓厚起来。

（3）养成做读书笔记的习惯。引导学生多看适合他们年龄、社会阅历的各种书籍。无论是诗歌、寓言、童话还是小说，无论是古代的还是现代的，无论是文学读物还是科普读物，无论是中国作品还是外国作品，阅读的内容和范围不做限制，越广泛越好。教育学生随身准备一个记录本，遇到好的名言、佳句就摘录下来，随时积累写作素材，也可写上自己的心灵感悟。

6. 指导作文，注重评改

好作文是改出来的，教师要指导学生在作文写好之后多读、多改，注重做后评改，在"作文后"多下点功夫。

（1）多就少改。多就少改是中国古代写作教学积累的有益经验之一，其目的在于保护学生写作的积极性。在批改学生作文时，要尊重学生的原文，把错别字、病句和明显的常识性错误改出来即可，不能凭着教师的喜好和成人的写作标准盲目追求面面俱到。学生的作文不论好坏，都是他们的情感表达，教师改动过多，会极大地挫伤学生写作的自信心和积极性。

（2）有意识地培养学生自我评改的能力。作文评改的目的不在于改正错误，而在于逐步培养学生自我修改的能力，这是一个长期的过程。作文评改可分为自改自评—互改互评—师评三个步骤：第一步，学生按教师提出的修改要求自读自改自己的习作，写上自己的评语，打上分数；第二步，修改同学的习作，也写上评语，打上分数；第三步，由教师检查点评。培养学生自己修改作文的能力，不仅增强了学生的写作兴趣，还能有效提高学生写作能力，也是培养学生主动学习的一种有效方式。

第三节　中小学语文口语交际与综合性教学

一、中小学语文口语交际教学

（一）中小学语文口语交际教学的建议与途径

1. 中小学语文口语交际教学的建议

口语交际能力是现代公民的必备能力。应培养学生倾听、表达和应对的能力，使学生具有文明和谐地进行人际交流的素养。

口语交际是听与说双方的互动过程。教学活动主要应在具体的交际情境中进行，不宜采用大量讲授口语交际原则、要领的方式。应努力选择贴近生活的话题，采用灵活的形式组织教学。

重视在语文课堂教学中培养口语交际的能力，鼓励学生在各科教学活动以及日常生活中锻炼口语交际能力。

2. 中小学语文口语交际教学的途径

口语交际教学开展的途径主要有以下四种：

（1）读写教学中的依附训练。口语交际是运用口头语言进行思想交流的活动，而口语的运用无处不在，阅读教学和写作教学都离不开口头语言的运用，因此可以在读写教学中进行口语交际的训练。听讲、诵读、复述、答问、即席发言、讲述故事和见闻都是很好的训练方式。

（2）口语交际专题训练。结合教材中安排的主题组织学生进行口语交际训练，或者教师从生活中选择、确定主题进行口语交际训练。

（3）开展活动集中训练。教师通过组织学生进行专题演讲、讨论、辩论等专项活动进行口语交际训练。

（4）分项训练的具体方法。为了有针对性地提高学生听或说的能力，可以对学生进行分项训练。

1）听话训练的方法。①听读。听读是指学生通过听口诵或录音所提供的文字材料，把握其内容，理解其意图，学习其表达，以提高口语交际能力的一种训练方法。②听述。听述是指学生通过听别人的讲述、讲解、会话、讨论，从而获得知识，学习表达技能，体会语言艺术，锻炼听话能力的一种训练方法。③听问。听问是指学生通过听教师或同学提出问题，加以分析，指出问题的实质、答问的关键、解决问题的方向，或直接做出回答，从而提高听话能力的一种训练方式。④听记。听记是指学生通过收听口语材料加以记录以提高听话能力的一种训练方法。听记需要耳、脑、手互相协调，因而能够培养学生反应的敏捷性、注意的分配力、行为的协调感。⑤听辨。听辨是指训练学生在听过一段或一篇在内容或表达上，或者是在读音上或句读上有误的语言材料后，加以分辨区别，以提高听话能力的一种训练方法。⑥听测。听则是指学生通过对语言材料的感知，运用回忆、联想、想象等思维方式，产生顿悟，得出新的认识的一种训练听话能力的方法。⑦听评。听评是指学生在听过语言材料后，当即发表评论，从而提高听话能力的一种训练方式。

2）说话训练的方法。①朗读。朗读是说话训练最基本、最常用的手段。特别是文学作品的朗读，更能使学生受到一定的感染和熏陶。②背诵。背诵是一种传统的口语训练形式，要求学生在充分理解文章的思想内容、表现形式、语言特色的基础上，不看原文而准确地诵读。③复述。复述是把读过的、看过的、听到的文字读物或声像材料用自己的话表达出来的一种说话方式，也是训练学生说话能力的一种方法。④问答。问答属交流型的说话训练，它运用一问一答的形式，锻炼学生快速的反应能力和对语言的接受能力与组织能力。⑤会话。会话也是说话训练经常采用的方法之一。会话要根据特定的时空条件、特定的语言环境、不同的交际对象，灵活巧妙地组织语言，根据对方的语言和态度，随机应变，把话题引向深入。⑥发言。发言是一种即席式的独白，具有临时性、广泛性、不确定性、非正式性。发言是在缺乏准备的条件下进行的，因而需要有机敏的思维能力和快捷的应变能力，最能体现一个人口语表达水平的高低。⑦讨论。讨论是围绕一定的中心议题，大家各抒己见，求得观点的统一或问题的解决的一种群体式的交流方式。⑧演讲。演讲是指面对较多听众，借助于语言、表情、姿态、手势，集中阐述某一个问题的一种说话形式。

总而言之，口语交际教学的目标是使学生在交际活动中做到四有：言之有礼、言之有物、言之有序、言之有节。

（二）中小学语文口语交际教学训练方式

中小学语文口语交际教学训练的方式较多，常用的方式有以下方面：

1. 直接观察事物进行口语交际

直接观察事物进行口语交际是对事物直接观察后进行口语交际。观察可以在课上进行，也可以在课外观察，到课堂上来交流。学生可以观察同一事物，也可以观察不同的事物。采用观察事物后进行口语交际，须注意以下几点：

（1）在指导观察上下功夫。无论是在课上当场观察，还是布置学生课外自行观察，都要提出要求，指点观察的方法。观察过程中，教师要引导学生有重点、有顺序地观察，让他们眼看、耳听、鼻闻、手摸，运用多种感官感知事物，使客观事物在头脑中留下深刻、鲜明的印象。同时，还要启发学生多动脑筋思考，多提问，发现事物之间的联系，分析事物之间的异同，从而加深对被观察事物的认识。如有可能，教师最好能和学生一同观察，以便在观察过程中加以具体指导。

（2）设计好引导的思路，使学生交谈的内容逐步深入，那位带领学生参观植物园的教师，在口语交际课上进行引导。

（3）注意放手让学生用自己的话表达自己要说的意思，在表达的形式上不要多加限制，在表达的内容上也不宜规定得过于具体。要鼓励学生从不同的角度，用不同的语言表达自己的见闻感受，让学生无拘无束地畅所欲言。别的同学边听边想，可以插话，可以补充，也可以发表不同意见。

2. 听故事进行口语交际

在学生听讲故事后进行口语交际，故事可以由教师讲，也可以由学生讲，还可以听录音。进行这种类型的口语交际训练，要注意以下几点：

（1）选好故事，讲好故事。所选的故事应富有儿童情趣，符合学生的接受能力，能引起学生兴趣，启发学生思考。讲故事的时候，要讲得有吸引力，有启发性，能吸引学生聚精会神地听，启发学生边听边想。

（2）引导学生由所听的故事展开想象。复述故事的内容，可以作为口语交际的一个内容，但不能作为重点，因为复述主要是重复故事里的语言，简单地停留于复述，不利于学生语言能力的发展。听故事进行口语交际，应该把所听的故事作为引子，重点要交流听了故事想到的内容。可以引导学生用自己的话说说对故事的理解和感受，也可以对故事中提出的问题展开讨论，有的还可以练习续编故事。

3. 创设情境进行口语交际

创造情境，是设法把学生带入某种假设的情境，如模拟接待客人、借书、购物、打电话、帮助老人等，然后根据假设的情境练习口语交际。这种方式能使学生身临其境，容易激发他们进行口语交际的兴趣。进行这种类型的口语交际训练，要特别注意以下两点：

（1）注意想象合理。创设情境进行口语交际时，教师要鼓励学生展开丰富的想象，通过想象进入情境。在口语交际的过程中，学生的想象必然有的比较合情理，有的不大合情理，教师要及时表扬那些想象合理的发现，使想象不合理的学生受到启发。

（2）注意说话得体。创设情境说话时，学生要模拟不同身份的人来说话，做到说话得体不太容易，教师要加强这方面的引导。

4. 在讨论、辩论中进行口语交际

讨论、辩论一般由教师提出某个话题，让学生谈看法，发表见解。这种训练，对学生思维和语言能力的要求都比较高，大多在中、高年级进行。进行讨论、辩论训练要注意以下方面：

（1）专门组织的讨论、辩论，教师可以事先布置题目，使学生有所准备，如查阅有关资料，请教别人等，这样可以提高发言的质量。临时组织的即席讨论、辩论，教师应当把题目讲清楚，必要时还可以做适当的提示，并且给学生充分的思考和准备的时间。

（2）教师提供的讨论、辩论的话题，应当是发生在日常生活中的，是学生所熟悉和关心的，并且是有讨论和辩论的价值的。明显的正确观点或错误观点，不宜作为辩论的话题。

（3）对学生的发言不能要求过高。教师还应提醒学生注意使用礼貌用语，纠正不适当的语调和姿势。

以上介绍的是口语交际训练的几种主要方式。随着教学改革的逐步深入，教师们在教学实践中一定还会创造出更多新的训练方法，口语交际训练的经验也一定会更加充实丰富起来。

5. 结合实验、制作进行口语交际

实验和制作，是学生在课内、课外经常进行的活动，结合实验、制作进行口语交际，体现了学科之间的融合。采用这种训练方式，要注意以下方面：

（1）所选的实验和制作要符合学生的年龄特点和认知水平。学生年龄小，知识少，所选的实验一定要过程比较简单，结果比较鲜明，使学生能够看得明白，说得清楚。在课堂上进行的制作，应该是不太复杂，学生容易做成功、说清楚的。为了鼓励学生的创造性，丰富口语交际的内容，可以让学生做不同的实验，搞不同的制作。

（2）说话的要求要恰当。从内容上看，实验说话，一般只要求说清楚实验的过程和看到的变化，对有关的道理一般不做要求。制作说话，一般是着重介绍制作的过程，介绍作品的形状、特点、用处，也可交流制作时的心情。

（3）妥善处理做和说的关系。实验和制作在课堂上进行，能使做和说有机地结合起来，是应该提倡的好形式。但实验和制作花费的时间不能太长，要保证口语交际课的绝大部分时间用于练习听说，还要注意及时地把学生的注意力引导到互相交流上来。有的学生对实验、制作兴趣浓厚，要他们交流的时候可能还在忙着做，这就要靠教师适时、巧妙地引导。

二、中小学语文综合性学习及其教学

中小学语文综合性教学是基于教材和学生的直接经验，密切联系学生自身生活和社会生活，体现对学科知识综合运用的一种学习形态。由于综合性学习是学生根据自己的兴趣和需求去发现课题、设计课题的活动，所以通过自身努力解决课题的学习过程，可以培养学生的个性。综合性教学还可以使学生在各个学科中获得的知识、思考力、判断力、表现力、技能等相互关联，并可以将这一学习机会提供给学生。同时，综合性学习促进了信息教育在中国学校教育中的有效开展和实施，并为学生从情境中获取知识和技能提供机会。

（一）中小学语文综合性学习的重要意义

综合性学习既符合语文教育的传统，又具有现代社会的学习特征，有利于学生在感兴趣的自主活动中全面提高语文素养，有利于培养学生主动探究、团结合作、勇于创新的精神，应该积极提倡。这是对小学语文综合性学习意义的明确揭示。新课改以来的小学语文课程与教学论教材大多对小学语文综合性学习的意义有所论述。主要有以下不同观点：

（1）小学语文课程设置"综合性学习"具有多方面的意义，它使小学语文教育的价值功能有可能充分发挥。

（2）综合性学习的意义有四个方面：推动语文教学改革的发展；拓展学生语文学习的空间；促进学生多元智能的发展；促进学生综合运用能力、探究能力的提高。

（3）在小学语文综合性学习的理念下，至少在四个方面发生了质的变化：使语文课堂变大了，学生的修养更全面了，真正实现了语文学习的"学以致用"，真正践行了"合作"的理念。

（4）从语文课程设计的角度说，语文综合性学习体现了课程综合化的趋势，是落实"努力建设开放而有活力的语文课程"这一语文课程基本理念的重要途径；从课程目标的角度说，语文综合性学习有利于整体提高学生的语文素养；从课程实施的角度说，语文综合性学习有利于转变学生的学习方式。

（5）刘济远主编的《小学语文教学策略》对综合性学习的意义也从"课程设计""课程目标""课程实施"三个角度进行了论述。

由上可以看出，小学语文综合性学习的意义是多方面的，可以从不同的方面或角度进行理解。总体而言，小学语文综合性学习对于建设开放而有活力的语文课程，对于促进语文教学改革，特别是促进学生学习方式的转变，对于全面提高学生的语文素养等，都具有重要的意义。

（二）中小学语文综合性学习的类型划分

现代小学语文综合性学习的类型是多种多样的。不同类型的综合性学习显然有其不同的特点，在指导上应该采取不同的方法。因此，搞清小学语文综合性学习的类型是十分必要的。当然对其分类也是一项复杂的工作，并没有统一的标准与结论。

在分类依据或角度中，按照设计主体、主题来源、综合程度、活动形式来分类，对于理清综合性学习的思路显得特别重要。以下从这四个角度对小学语文综合性学习略做分类梳理。

（1）按设计主体进行分类。"设计主体"，即综合性学习的要求或题目是由谁设计或提供的。这在倪文锦主编的《小学语文新课程教学法》里被称作"设计主体"，而在尚继武主编的《新课程背景下的小学语文学与教》里被称作"学习主题的来源"。他们分别将小学语文综合性学习分为"教材本位""教师本位""学生本位"的综合性学习设计，或"主题源自教材""主题源自教师""主题源自小学生"的综合性学习。他们的说法有区别，但内容是一致的，其三种综合性学习的设计者都分别是教材（即教材编者）、教师、学生。

第一，教材中设计的"综合性学习"。2001 年《全日制义务教育语文课程标准（实验稿）》颁布实施以来，根据新课标理念和精神编写的小学语文教材中，都设计了综合性学习的题目或要求。这些题目或要求一般分两种形态：一种是结合着一般的课文学习或语文知识和听说读写训练而进行的综合性学习，一种是专门编排的"综合性学习"项目。这两种形态的学习的关系，类似于人们通常所说的作文训练中的"小练笔"与"大作文"，或口语交际训练中的"小口语交际"与"大口语交际"等的关系。因此，可以把教材中专门设计的"综合性学习"项目叫作"大综合性学习"。

第二，教师设计的"综合性学习"。这类综合性学习，是指教师在领会并落实好语文教科书中设计的综合性学习的基础上，根据教学或学生发展需要而选择或设计的综合性学习。

第三，学生设计的"综合性学习"。这类综合性学习，是指学生自行设计的综合性学习。

（2）按主题来源进行分类。综合性学习的主题，即综合性学习所围绕的主要问题或内容；主题来源是指获取主题的知识领域或活动范围等。此种分类在许多材料中观点差不多，但所分的类别也不完全一致。小学语文综合性学习的主题来源于学生学习、生活涉及的方方面面，主要有以下方面：

第一，来源于语文教材。如课文内容涉及的问题、课文表达特色、相关语文知识、作者及相关作品、文史知识等。

第二，来源于学习活动。如学习方法、学习活动的探讨、尝试与启示等。

第三，来源于日常生活。如生活的启示、生活中的问题等。

第四，来源于自然或社会现象。如对自然与社会的观察，自然与社会现象的启示等。

第五，来源于各科知识、各种信息资源。如从各科学习与课外阅读中发现问题、解决问题等。

（3）按综合程度进行分类。综合性学习最重要的内涵是学习内容，特别是知识与能力的综合，但其综合程度是有区别的。可以按其综合程度分为如下几类：

第一，突出语文单项知识或能力的学习活动。这类活动往往为了字词句篇或听说读写某项知识的巩固、技能的形成或兴趣的培养而开展。

第二，语文知识、能力综合性训练活动。这类学习活动不只是突出语文知识能力的某一项，而是在活动中尽量使学生语文知识能力的多个方面获得提高。例如，办手抄报、举办语文竞赛周、编演课本剧等。

第三，语文与其他学科知识综合性实践活动。这类活动主要是把语文知识、能力运用到生活或其他学科的学习、活动中去，在日常生活、社会活动或某些学习研究活动中学习语文，运用语文，体现与提高语文素养。这是语文综合性学习所应努力追求的层次。

（4）按学习活动的形式进行分类。有关教材或论著中对综合性学习的分类，大都涉及按学习活动的形式或方式来分，但其所分的类别及名称是不尽相同的。

综合性学习注重目标、形式等的综合，其活动形式应该是多种学习方式的组合，其组合形式当然是多种多样的。因此，对综合性学习方式的分类出现不同的意见是不足为奇的。当然，就具体的一次综合性学习项目或活动而言，必然有一种主要的学习方式。可以按照所采用的最主要的学习方式对综合性学习进行分类，分为以下三类：

第一，观察性学习。即引导小学生对自然、社会进行观察和思考，并把观察结果口头或书面表达出来的学习活动。

第二，体验性学习。即引导小学生设计、组织、参与某一活动，在活动中巩固、运用或获取语文知识，增长能力，提高语文综合素养的学习活动。例如：参加各种趣味语文活动；组织策划、参与校内外参观、访问、考察及社区服务等活动，在活动中学写计划与总结，表达见闻与想法等。

第三，探究性学习。即提出某一问题，围绕着解决这一问题而开展的学习活动。例如提出生活中的某个问题，通过查找资料或实验找到答案或解决办法，写出报告或研究结果，交流或表达研究成果等。

（三）小学语文综合性学习的四个阶段

现代小学语文综合性学习的类型多种多样，其学习或指导过程也一定是多种多样的。当然，综合性学习的指导过程也一定有一些共同的规律，掌握这些规律显然是十分必要的。

综合性学习的实施过程与教师或专家的认识是密切相关的；只要大体程序合理，具体环节或步骤的划分或名称可以各有特色。就一次完整的小学语文综合性学习的指导而言，一般应依次做好如下四个阶段的工作：准备—启动—展开—总结。以下对各阶段应该注意的问题进行探讨：

（1）小学语文综合性学习的准备阶段。综合性学习的指导，与所有教学活动一样，都需要教师的精心准备。作为 2001 年新课标才提出的一项重要学习内容或方式，综合性学习的教学实施更需要教师的认真准备与设计。有两项工作特别重要：一是宏观设计，二是具体设计。

第一，宏观设计。在小学语文综合性学习的分类中提到，按"设计主体"，综合性学习的要求或题目可分为教科书中的设计、教师设计及学生设计三类。其实，教科书中的综合性学习设计也需要教师根据实际进行选用或改编，学生的设计当然更需要教师提前进行规划。因此，教师在综合性学习的设计中起着最关键的作用。像其他内容的教学一样，教师应该熟悉全套教材综合性学习的编排体系，于每个学期开学前，结合课程标准、教材内容、学校活动安排、学生实际及有关资源与环境条件等，整体规划学生的综合性学习主题与大体时间安排等。当然，当具体实施的时候，还应注意根据情况的变化，灵活调整或修改综合性学习的题目。

第二，具体设计。每次综合性学习具体实施前，教师必须进行具体的设计，写出可行的指导方案（教案）。综合性学习的指导方案（教案），大体结构与其他内容的教案差不多，每部分的标题可略有不同。可包括如下部分：活动主题或题目、活动要求说明、学情分析、活动目标、活动重难点、活动方式、活动准备、活动时间、活动过程等。

（2）小学语文综合性学习的启动阶段。启动阶段即学生综合性学习的起始阶段。这一阶段的意图是：导出活动主题，激发学生兴趣，明确活动目标，设计活动方案。可按以下三个阶段进行：

第一，导入激趣。学习研究的内容或开展的活动，都应该引起学生的注意与兴趣。综合性学习主题的导出，可以从有趣的故事或谈话开始，也可以说明其目的与意义等，这样才能使学生以积极的心态投入到学习中去。

第二，明确目标。引导学生明确给定的综合性学习的要求，或自主选择、确定学习研究的问题或活动主题。教师对学生提出问题要充分肯定、热情鼓励，要尊重学生的选择。

第三，设计方案。引导学生设计完成任务的具体方案，重点规划好任务分工、步骤方法等。可形成书面的活动方案，其主要内容可包括：活动主题或课题；活动目标或任务；活动时间、地点；活动步骤；任务分工；成果形式；等等。

（3）小学语文综合性学习的展开阶段。展开阶段是综合性学习的具体实施阶段。这一阶段的意图是：根据本次综合性学习方案，开展具体的实践探究或学习体验活动。这一阶段的时间、地点都是开放的，要打破传统课堂时空限制，地点不限于学校内、课堂内，时间可以是几节课、几天甚至几个月。有教材把这一阶段的主要学习活动归纳为：观察（自然现象、社会现象）、收集（学习资料、信息资源）、记录（观察所得、学习心得）、整理（对积累的材料进行归档、分析、概括、综合等）、反思（对学习过程、收获、结果的反省认识，以及自我评价和对行动方式加以改善等）、表达（选择合适的形式"叙述"学习成果、表征学习成果）。对于观察性学习，主要是观察并记录整理观察所得；对于问题探究性学习，主要是利用图书、网络、实验、调查访问等渠道或方法获取信息，寻求答案，尝试写研究报告等；对于活动或实践体验性学习，主要是具体开展活动，学写活动总结或表达活动见闻与想法等。

这一阶段以学生的自主活动为主，但教师不应完全撒手不管。教师应了解与关注学生的学习情况，适时督促与指导。要特别关注弱势学生，鼓励他们积极参与，大胆实践，促使每个学生都有收获。

（4）小学语文综合性学习的总结阶段。总结阶段是综合性学习不可缺少的重要阶段。这一阶段的主要意图是，交流共享，提升学习效果。可按以下步骤进行：

第一，汇报展示。让各小组汇报学习研究情况，展示学习研究成果，以实现成果共享、相互启发。

第二，评比反思。主要有两个方面：①成果评比。鼓励学生对别人或其他小组的成果进行评价，以实现相互帮助、相互促进。②自我反思。鼓励学生谈自己的收获与不足，以学会反思、提升能力。

第三，总结延伸。教师对本次综合性学习的情况进行整体梳理、总结，布置延伸作业，巩固提升学习效果。

（四）中小学语文综合性学习的教学建议

综合性学习主要体现为语文知识的综合运用、听说读写能力的整体发展、语文课程与其他课程的沟通、书本学习与生活实践的紧密结合。

综合性学习应贴近现实生活。联系生活中的实际问题开展学习活动，在实现语文学习目标的同时，提高对自然、社会现象与问题的认识，追求积极、健康、和谐的生活方式，增强抵御风险和侵害的意识，增强在与自然、社会和他人互动中的应对能力。

综合性学习应突出学生的自主性，重视学生主动积极的参与精神，主要由学生自行设计和组织活动，特别注重探索和研究的过程，要加强教师在各环节中的指导作用。

综合性学习应强调合作精神，注意培养学生策划、组织、协调和实施的能力。

综合性学习的设计应开放、多元，提倡与其他课程相结合，开展跨领域学习。跨学科学习，也应以提高学生语文素养为目的。

积极构建网络环境下的学习平台，拓展学生学习和创造的空间，支持和丰富语文综合性学习。

第五章　中小学语文教学设计及其运用

第一节　中小学语文教学活动的设计与实施

语文教师应高度重视课程资源的开发与利用，丰富的课堂活动是课改的体现，通过师生的互动既能活跃气氛，又能激发学生的学习热情。但活动的开展不能流于形式，要适时适度。课堂教学活动的有效设计与实施应成为教师备课的重点。

第一，中小学语文教学活动的有效性：围绕教学目标的有效活动设计。教学是预设与生成、封闭与开放的矛盾统一体。"教学三维目标就是预设，设计教学活动就是要实现教学目标，但新课程理念下的语文课堂是活跃动态的。"① 因此，教师要善于驾驭课堂，灵活地整合教学内容，以促进课堂生成。

第二，教学活动的层次性：教学环节的内在联系与科学衔接。课堂活动的形式是多样的，有讨论、朗读、辩论、演讲、欣赏影音等。众多的活动选取哪些，要考虑到教学环节的内在联系与科学衔接。活动的设计要有层次，符合学生的认知规律。语文课有四大板块：创设情境、整体感知、文本探究、拓展延伸。课堂互动的层次性不仅体现在活动之间，也体现在一种活动内部。例如，朗读，可以齐读、范读，也可是分角色朗读或配乐朗读；可读片段也可读全文。

第三，教学活动的互动性：学生语言实践活动与思维活动的质量。新课标提出语文在发展语言能力的同时，发展思维能力，激发想象力和创造潜能。逐步养成实事求是，崇尚真知的科学态度，初步掌握科学的思想方法。因此，学生的能力发展是语文教学的终极目标。课堂活动的开展不是图热闹，而是真正让学生的语文思维得到锻炼，从实践中学习语文，并学以致用。在先进的教学媒体的影响下，学生的注意力会从文本转移，如朗读课文时给学生配乐。好的配乐朗读要求读者对文章和音乐要有深入了解，才能准确把握朗读节

---

① 　吴静：《谈中学语文教学活动的设计与实施》，载《新课程研究（基础教育）》2010年第8期，第37页。

奏，表达出情感的跌宕起伏，而这对中学生而言要求较高。时间不允许他们去熟悉音乐，只有跟着感觉读，读完为止，这就失去了配乐的意义。聆听的学生也只会把注意力集中到音乐上，体会不出文章的韵味。活动没有真正锻炼到学生的朗读能力。

教师还要严格控制讨论的时间，八分钟左右为宜，达到全班讨论、大部分得出结论即可收束。一节课最多只能设计两个讨论活动，总让学生处在自由发挥的状态不利于对教材的整体探究。评价时教师要宽容，对新颖答案要及时鼓励和给以专业化的评价，如从运用的修辞、表达的流畅、课外知识的涉猎等角度，而不是"很好""不错"这样的套话。评价也要客观，盲目鼓励并非好事。

当课堂时间有限时，朗读、正音和解词等环节可放在课前的预习活动中，不必占用课堂时间。因为这些活动相对简单，学生完全可以自主完成，应把时间让给更有意义的问题。另外，提高语文课堂有效性是所有语文教师追求的目标，也是使语文走出逆境的必由之路。教师在设计教学活动时要质朴，实施教学活动时要机动，以简洁的教学流程获得良好的教学效果，提高课堂有效生成，培养出有个性有才华的学生。

第二节　微课在中小学语文教学设计中的应用

微课最早出现在 20 世纪 80 年代，是由美国学者提出。微课主要是指运用信息技术，根据人们学习规律，将碎片化学习内容展现在人们面前。一般而言，微课具有课时较短、内容较少、资源容量较少、主题突出、成果简化等一系列特点。长期以来，我们的教学模式都是以教师作为中心，这并不符合中小学生学习规律，因为中小学生们学习集中时间相对较短，无法长时间保持高度集中。微课以具体生动事物作为教学重点，时间较短、主题鲜明，不仅对中小学生语文教学起到了推动作用，同时还可以活跃课堂气氛，有助于提高学生们学习效果。除此之外，相关教育部门的中小学语文改革也强调现代技术在语文教学中的运用，需要大力推进微课在教育中的使用。

一、微课在中小学语文教学设计的应用问题

第一，微课的应用频率较低。对于部分中小学语文教师而言，很多教师只是偶尔在教学中使用微课，甚至有一部分教师从来没有接触过微课，很少会有教师经常在教学中使用微课。由此可见，在中小学语文教育之中，微课的使用频率并不高，人部分教师只是偶尔使用，甚至有一部分教师根本没有接触过微课内容，更谈不上如何驾驭微课。对于部分教师而言，微课教学资源非常稀少，而很多教师工作非常繁杂，再加上教师们传统的教学思

维和方法，导致教师使用微课次数非常少。

第二，微课教学效果不够显著。在使用微课教学之时，只有 1/4 的教师认为微课有助于提高学生们学习效率，有 1/4 的教师认为不会有任何提高，有 1/2 的教师认为效果不够明显。从这一数据中我们可以发现，微课在小学语文教学中的作用不够显著。在对教师进行调查时，部分教师认为微课的使用有助于提升课堂教学氛围，但是提高课堂教学氛围，加强师生之间的互动并不等于提升了学生们学习效果，因此很多教师认为使用微课并不能够显著提高教学质量。

第三，微课的应用方式局限于课堂教学。当前，很多中小学语文教师使用微课仅仅局限在课堂教学之上，教师并没有在课前预习或者是课后复习中使用微课，因此微课仅仅是教师作为提高学生们学习兴趣的一种方法。从总体上看，教师们只是在课堂教学之时使用的微课，但是使用微课形式非常呆板，使用范围又过于局限，导致微课对学生激发作用不够明显，难以显著提高学生们的学习效果。

第四，缺乏系统微课设计教学。当前，很多中小学语文教师在使用微课教学之时并没有做好充足教学设计，只是简单的将一些原有模板套路到教学过程之中，这种机械的教学方式体现了教师并没有真正掌握微课内涵，教师自身对微课教学也存在着迷茫和困惑。

二、微课在中小学语文教学设计的应用原则

第一，微原则。微原则是微课的一项重要特点，主要表现在微课资源容量较小，微课时间较短，微课选题范围较小。在中小学语文教学之时，语文教师微课教学时长应当控制在 15 分钟之内，所选择教学内容也应当是以某个具体知识点为准或者某个重难点问题为准。

第二，以学习者作为中心。微课是向学习者提供服务，所以衡量微课教学效果的重要指标就是学习者的学习效果。在设计微课教学内容之时，所选择的课程以及各项资源都必须以学习者作为中心。在中小学语文微课设计之时，教师首先必须了解学生们学习需求，了解学生们最想学习怎样的内容，同时分析学生们学习特点。因此，中小学语文教师必须始终坚持与学习者作为主体，充分调动广大学生学习兴趣，激发学生学习欲望。

第三，交互性原则。在设计微课之时，微课不能从头到尾都是文字性的讲述，这样很可能会使得学生感到非常无味，长此以往就会失去对学习的学习兴趣。因此，在开展微课设计之时需要根据中小学语文学习内容需要插入一些视频或者是图画，增强微课的生动性，提高学生的学习兴趣。

三、微课在中小学语文教学设计的应用策略

第一，加强微课和中小学语文学科的整合。在中小学语文教学之时，我们可以将微课与语文基础知识进行结合，制成趣味性微视频供学生们自主学习和观看。例如，在开展文章讲学之前，教师可以将文章写作背景、作者生平事迹以及文章写作方法制作成微课，供学生们进行预习观看，节约课堂教学时间，同时可以提升课堂教学效果。与此同时，教师也提供基础网络支持与保障；要加强职业院校教师的信息化技能培训工作，把相关内容列入"高校国培计划"①，从战略高度加强信息技术培训，为教师信息化素养的提升做好支撑。

第二，学校要建章立制，出台鼓励政策，营造信息化学习氛围职业院校还要专门制定相应的教师信息化素养提升制度，对教师进行有效性、针对性的信息化培训，对教师进行信息化能力考核，并作为年终评先评优的重要依据；以学校为依托，以教育局为引导，分层次、分学科、多形式地组织信息技术与学科融合创新的教学教研活动，大力营造良好的信息技术能力应用氛围；出台相应信息化鼓励政策，将教师信息化素养提升与职业能力考核、职称评定相关联，激发教师提升信息化能力的热情；加强学校教育信息资源库建设，方便教师利用教育信息技术进行日常教学。

第三，根据教师实际情况和需求，有针对性地开展教师信息化素养提升培训。信息化素养提升培训要有针对性和实效性。信息化素养提升的过程不能简单地认为是信息机器、信息技术的引入过程，不能简单地等同于计算机化或网络化，而是要从根本上转变教育思想、教育观念，以信息化的思维重新认知教学的全过程，因此要对学校教师、技术与管理及行政人员进行不同层次的信息化培训，从信息化技术与课程教学相结合、与学校建设相结合、与日常行政管理，全方位把互联网技术密切渗透到职业院校的日常教学和管理中，才能全面体现教育信息化。

第四，转变信息化观念，开展思想上的革命。观念问题是职业学院教师信息化素养提升的主要障碍，想要提升教师信息化素养，必须从上到下、从教师到学生全方位进行思想和观念上的革命。信息化素养的提升不是简单的教学方式的改变，而是利用信息化技术对传统的教学模式进行改造和升级，无论是教育主管部门，还是职业院校师生，都要站在"互联网+"的时代背景下以信息化技术为依托，重新探索职业教育模式，以信息化的观点对知识传授过程进行系统分析和重新认识，并在实践中不断完善方案，最终形成新的信息化教学模式。

---

① 钟立平：《微课在中小学语文教学中的应用问题研究》，载《农家参谋》2020年第21期，第276页。

第三节　中小学语文课堂教学中情境教学的运用

　　长期以来，语文教学被列为义务教育阶段的重点学科。因为语文不光是中国文化的传承与积累，更是理解其他学科的基本工具。在语文教学中，阅读和写作通常被认为是教学的重点，因为和成绩的提升息息相关，这就扭曲了语文教学的真正目标，语文是简单的、有意境的、有积累和有情感的学科。以提升成绩为重点的语文教学会阻碍学生对语文的热爱，还会限制学生的想象思维的培养。导致学生在语文学习上只会死学硬背，没有真正理解语文所要表达的真切思想。所以，在语文课堂上中引入情景教学法会对语文教学有一定的帮助。

一、教师语言行为是一种情景教学方式

　　在中小学的语文教学中，教师极富感染力或是形象生动的语言或发言能够带给学生不一样的感觉。在这个过程中，教师在教学中将现代汉语中的语色、语调适当地加以应用，同时加之表情的配合，可以让学生在教师的感染下更好地进行语文学习。

　　"在中小学的语文课堂上，教师在正式进入教学环节时，通常会介绍所学内容的人物背景、所处的时代背景、作者的情况以及写作背景等。"[①] 此时，教师就可以通过自己的语表行为将学生带入教学内容。例如，在学习王湾的《次北固山下》时，在交通便利的今天，学生很难理解旅居异乡的诗人的思乡之情，这首诗是以景抒情，写的是思乡情切但丝毫体现不出悲伤之感，这种复杂的情感表达，是教师发挥其语表行为的关键时刻，语言的魅力在于其是一种艺术的表达方式，教师的语言使学生进入那种思乡的情绪却又积极正面的氛围，让学生在语言环境中发挥自己的想象力，把握诗歌的真实情感。

　　在语文的汉字学习中，教师的语言艺术也十分常见。例如，学习"蚯蚓"二字时，教师可先介绍蚯蚓是一种虫子，以"虫"作为偏旁无异议，又因为蚯蚓没有脚，同时在爬行时一会儿是直的，一会儿又变成弯的，所以，"蚯"字下无"点"，"蚓"是一弓一竖组成。教师这样的语言表述使相对复杂的汉字变得简单、易记。

二、现代信息技术为情景教学增加色彩

　　语文中的众多元素都是在被感知的情况下方可做最好的理解。在语文教学中，常常被

---

① 余波：《浅谈情境教学在初中语文课堂教学中的应用》，载《教育》2016年第12期，第43页。

人提到的观点是，能够被学生感知的、具象的情感在语文教学中发挥着极大的作用。"当作者的情感、课文的情景真实地、生动地展现在学生面前，语文的教学才是真正的教学、语文的学习才是容易的。"①

科技快速发展的今天为语文教学，尤其是为情景教学法在语文课堂上的广泛应用提供了许多创新、便利的条件。教师在语文教学中采用多媒体授课时选择网络上内容丰富的课件，使中小学的语文课堂教学变得丰富多彩，兴趣盎然。在阅读文章时，教师可选择更具感染力的声音资源为同学们朗读课文；在遇到复杂难懂的外国作品时，可用多媒体播放相关的作者介绍或是影视片段等，如此这些都是为了使语文教学更加形象、生动，帮助学生具象思维的形成。

中小学的语文课中，诗歌的学习占有重要地位。很多诗歌都是借景抒情，有些情景，学生在现实生活中是很难见到的，此时借助现代信息技术，不失为是一种最恰当的情景教学。例如，著名诗句"大漠孤烟直，长河落日圆"是描写沙漠的景色，学生皆是少有机会见到真实的沙漠情景，那种荒凉之感也是无处可寻。教师在授课时播放沙漠的景象，是可以帮助学生体会诗歌的真实意境的。

三、课堂多向交流为情景教学创设条件

语文作为一种交流方式，在语文课堂上也要很好地被应用。中小学阶段，语文课堂教学不仅仅是教师与学生的双向交流，而是学生、教师、教材之间的多向交流。教师与学生之间、学生与学生之间的交流是简单、直接的。在教学过程中，教师的侧重点不光是讲还有听，听学生的声音、听学生不解、听学生的需求。在听之后，教师再耐心地引导、纠正，这样才会营造一个自由、轻松的语文学习课堂。在语文教学中增加演讲、作品欣赏、讨论会等交流形式，也是为情景教学创设条件。

以培养学生核心素质为目标的现代教学手段复杂多样。其中，以情景教学法最为实用和贴近真实环境。语文作为一门多元素融合及学习其他知识的工具，更需要创设一种更为实际、更为具体的教学手段帮助学生进行学习。在中小学的语文课堂上，由于学生的学习能力以及理解能力，情景教学法在众多教学法当中被应用得更加全面。

---

① 王凤丽：《浅谈情境教学在中小学语文课堂教学的应用》，载《课程教育研究》2018年第37期，第44页。

第六章　中小学语文教学的实践研究

第一节　中小学语文教学中德育渗透的实施

在中小学语文教学中德育渗透是一种隐性的德育灌输，即让学生在语文学习的潜移默化中受到德育教育。利用中小学语文课堂教学进行德育渗透，须以语文课文为主要工具。语文课本是学生接受德育教育的主要依据，但目前中小学语文课堂现状却往往是教师对一篇篇课文详细分析，语重心长、苦口婆心，学生却左耳进右耳出，没有收到德育的实效。究其主要原因是教师未能真正打动学生的心，未能将语文课文中的教学内容与学生的生活实际紧密结合，未能做到真正的"德育渗透"。

由此可见中小学德育教育与语文学科教学二者之间应是密不可分、相互渗透、相互促进、相辅相成的关系。因此，每一位中小学语文教师均应担负起"既教书，又育人"的重任。寓德育于语文教学之中，不仅可以陶冶学生的情操，培养学生的高尚品质，还可以促使学生树立正确的世界观。

一、中小学语文教学中德育渗透的重要意义

第一，德育教育自身发展的需要。德育是社会的一个永恒的话题，它不仅是一个人的灵魂，而且也是一个民族的灵魂。人类对德育的认识从来没有停止过，无论是在遥远的古代，还是在今天，无论是在中国还是在外国，它永远是人们讨论的教育问题。

第二，未成年人生活化德育实施的需要。所谓生活化德育是指学校德育从学生的现实生活、现实存在、现实活动出发，采取感性的、活动的、实践的方式，让学生在他自己所需要的情景活动中去经历，去感悟，去建构自己的价值理想，去提升自己的文化素养、生命质量。社会的进步与发展呼唤传统德育转型，要求学校德育从无"人"的、与学生生命相脱节或相悖的、对学生的发展起着制约作用的格局中走出来，向"以人为本"的、踏着学生生命的节拍、和着学生生命的律动，并促进学生的生命健康发展的方向转型。"为了

学生的终身发展"，现代德育要求关注学生个体生命潜能的实现、生命需要的健康满足；尊重学生个体生命的多样性、独特性；强调学生在他自己的教育中的积极主动作用。因此，回归世界、回归生活的"生活化德育"已经引起人们高度的重视。

第三，中小学语文学科课程发展的需要。当前形势下，国际的竞争实质上就是综合国力的竞争，而教育是综合国力的基础。从我国德育发展的历程来看，德育是整个中华民族的责任。让未成年人在德、智、体、美、劳等各方面都得到发展是我们社会主义教育的方针，语文作为中华民族最重要的交际工具，是人类文化的重要组成部分。由此可见，人的培养在于教育，德育则是教育的首位。

二、中小学语文教学中德育渗透的研究价值

从个人的道德发展来看，道德是在生活中教化和自我教化的。德育不仅是构成道德实践的因素，而且只有在生活实践中进行，德育才不会远离生活，才是以人为目的的。德育在生活实践中进行，并且使社会和个体的道德实践不断向更高的境界超越。因此，德育不仅对于社会形成积极的道德风尚极为重要，而且是个体的道德价值的实现、道德品质的提升的根本途径。学校德育不仅仅是学校组织开展的德育教育课程和德育教育活动，而是贯穿于学校教育的一切方面。德育存在于学校教育整体，德育如果离开了学校教育各个方面的协同影响，就不能对学生的道德发展形成有效的价值引导，单纯的学校道德教育是不复存在的。学校德育具有以下价值：

（1）学校德育的超越性。学校德育是指向受教育者发展的可能性的。只有学校德育具有了超越性，才能引导学生不断地在道德理解、道德判断能力、道德经验、道德智慧、道德品质各个方面获得更新和发展。

（2）学校德育的引导性。学校德育是道德价值的引导和个人德性追求的自主活动结合。引导性意味着德育的影响是建立在受教育者的自主性上。如果没有道德选择的自主性，德育是没有任何意义与成效的。

（3）学校德育的发展性。学校德育所面对的是处在道德形成期的学生，所以德育的根本目的在于在道德成长过程中合理而正确地引导学生在道德理性、良知、道德实践能力、道德品质等各方面获得良好的发展

（4）学校德育的实践性。学校德育从根本上说是通过学生的日常生活，以及自身经验而产生作用的。因为，德育的学习与发展是在生活的实践中进行的，离开了生活，德育是无意义的，也是无效的。

三、中小学语文教学中德育渗透的主要内容

中小学语文教材编选的每一篇课文，在语文知识教学、思想品德教育的不同层面隐含着不同侧重点，语文教师应该细读文本，立足教材特点，有组织、有目的、有针对地对中小学生进行品质教育。

（1）拼音拼读识记中渗透文明礼仪教育。汉语拼音教学中蕴含着文明礼仪教育的人文关怀。一年级新生对语文这一抽象概念的认识是从汉语拼音开始的，而且学习汉语拼音的过程是比较单调枯燥的，但是一年级学生情感却是不稳定的，直观形象思维占优势。因此，在教汉语拼音的过程中，教师在注重培养学生学习语文兴趣的同时，教师可以根据学生年龄特征，选择直观具体的事物和生动活泼的形式，化抽象为具体，化呆板为生动，是拼音教学渗透德育的常用方法，不仅能提高学生的注意力，激发学生学习的兴趣，还能引起学生良好情感的产生，有利于教学，更有利于德育渗透。教师在学生识记过程中培养爱心，培养学生合作意识，培养文明礼仪的人文精神。

（2）识字写字指导中渗透审美情趣教育。低年级的识字教学是置于阅读材料中的学习。汉字置于语境中构成了语言节奏，发生了语意变化，产生了文字的美感，传递着作者的情感，教师应当善于激发并且点燃学生学习的兴趣和欲望，以润物无声的教达成学生学习语文的逐渐感悟，以活泼生动的教学带给学生快乐的学习情绪，从而让学生产生爱上语文的情感。识字、写字教学是中小学语文的重要环节。语文教师在组织识字、写字教学中应该依据中国传统的汉字的构词规律，运用美育教学的原则，渗透德育。引导学生仔细观察，探求汉字构字的奇妙，引申汉字与日常做人处事之间的联系，将识字、写字教学与人格教育相机结合，让学生在情趣盎然的汉字学习中掌握汉字的文化，感受中国汉字的审美情趣，同时明白做人的道理。

（3）语言文字训练中渗透民族精神教育。语文学习必须是以语言文字为载体的，学生的语文学习过程也一定是将知识的积累、技能的掌握和情感、态度、价值观的提升融为一体的过程。只有通过对课文的整体感悟和循序渐进的教学设计，才能不断引导学生深入体会和感受祖国语言文字的魅力，才能真正在语文课堂教学中继承和弘扬民族精神。

（4）美文诗篇朗读中渗透环保生命教育。在中小学语文教材中有一类课文选编的都是一些文质兼美的文章，而这些文章往往凝结着作者本人的情感精华。因此，教师在语文课堂上可以利用文美的好材料，以"文美""意美"调动学生学习语文知识的积极性，陶冶学生高尚情操，培养学生学好语言文字的热情和能力。文美，就是让学生在品味祖国语言文字的优美中，激发喜爱祖国语言文字，努力学习语文科的热情。意美，一是立意深远，耐人寻味；一是构思巧妙。在教学中，抓住这类文章领略大自然的美丽风光，感受人与自

然的和谐美；了解小动物的特性，感受人与动物的友好相处。教师用点拨诱导与自主感悟相结合，引导学生感悟人生哲理，树立关注环境生态，珍惜爱护生命的意识。

（5）唐诗宋词赏析中渗透品行情操教育。在我国，诗的历史源远流长，产量极其丰富，其中的许多诗至今仍闪烁着璀璨的光芒。中小学儿童正处于记忆、语言、思维发展的黄金时期，多背古诗词，对于促进智力发展，培育良好的品德情操不失为一种行之有效的方法。在古诗教学中培养学生乐观向上的心态，在古诗教学中学会重情重义，珍惜友谊，在古诗教学中感受劳动人民劳动的艰辛，培养学生怀有一颗悲悯之心，在古诗教学中，感受古代杰出人物和劳动人民自强不息、坚决维护国家独立尊严的光荣传统的品质，激励学生从小树立报国之志。在古诗文的教学中，使学生对祖国秀丽的山河加深认识，激发学生热爱祖国壮美河山的思想感情。

四、中小学语文教学中德育渗透的实施成果

（一）挖掘教材内容，发挥文本的德育功能

中小学语文教材非常关注学生年龄特征，把内容全面、类型多样、蕴含丰富的文章编入其中。在语文教学过程中，教师要抓住各类课文特点，把德育教育目标分化渗透于其中。以自主阅读为主，在读中感悟，再加之教师精妙的点拨诱导，动之以情，晓之以理，持之以恒，导之以行。

（1）紧扣文本题眼，开启学生情感共鸣。如果说课题像一篇课文的"眼睛"，那透过这双"眼睛"就可以"走进文章灵魂的深处"。那么，我们可以把文章题目中的关键词称为"题眼"。通过抓题眼来阅读文章，对于我们把握文章的中心主旨，概括课文主要内容，理清文章的脉络很有帮助，也能激起学生的情感共鸣，引发阅读的兴趣。

（2）抓住关键词句，激发学生情感体验。在中小学语文课堂教学中要实施德育与智育的统一，是不能离开语言文字训练的环节去进行德育的，更不能让语言文字训练从属于德育。作者的思想感情往往蕴含在文章的字里行间。在语文教学中，如果我们引导学生抓住课文的关键字、词、句深入剖析品味，并把德育渗透到语言文字的讲析中，不仅容易领悟文章的主旨及其深刻的内涵，让学生在加深课文语言文字的品读中，迸发感情火花，达到语文课堂教学的育人目的，还能达到智育与德育的自然融合。

（3）分析人物形象，深化学生情感领悟。中华民族浩如烟海的历史长河，孕育和培养了一批又一批英雄豪杰、仁人志士。在他们身上，无不闪烁着我们民族最耀眼、最动人、最可以世代相传的人文精神和思想光辉。因此，在分析这些作品时，要积极引导学生感受这些人物的伟大精神力量和人格力量，长此以往，使学生辨别是非曲直、真善美丑，培养

其形成正确的人生观、价值观、审美观。

(二) 语文实践活动，点燃学生的情感火花

通过语文课外活动对学生进行德育是语文整体教育的组成部分之一。语文课外活动能丰富学生的语文知识，促进学生语文能力的提高和思想品德的熏陶。活动的设计要贴近学生的思想实际并注意有层次性和针对性。

(1) 创设情景，课本剧编排表演中渗透德育。我们身边蕴藏着许多自然、社会、人文等多种语文课程资源，要有强烈的资源意识，积极开发和利用各种语文课程资源，设计丰富多彩的中小学语文活动课。语文课外活动可以适度地调节学生的心理，促进学生良好心智的发展，所以，它不仅是中小学语文课堂教学的有效补充，也是在学科中实施德育渗透的重要途径。

(2) 激发习文，作文实践活动中渗透德育。中小学语文课是开放的学科，它来源于生活，又服务于生活，因此在语文教学过程中，应组织学生进行多元德育教育。因为，德育不仅仅存在于中小学语文阅读教学之中，小学语文作文课中的德育元素也是不容忽视的。小学语文作文教学中可以培养学生仔细观察事物、透彻分析事物、客观认识事物的习惯和能力，可以训练学生娴熟地运用口头或书面语言及表现技巧等再现事物的特质，形成一定的写作技能。学生在观察、感悟、分析事物的习作过程中，一定会产生种种思想情感，对所写事物产生并表达出一定的见解或评价。所以，语文作文教学中也承担着德育教育的责任。

(3) 交流沟通，学生作文评价中渗透德育。在常规的作文教学中，德育的渗透体现在学生的"写"这一方面，即让学生在作文的过程中感受生活，形成正确的人生观、世界观，丰富情感，陶冶情操。而教师对作文的"评"这一方面，则只是从作文技巧方面进行，忽略了其德育的功用。其实在学生的作文评语中蕴含着德育教育的大好契机。因为学生在文章中出现的思想品德、情感个性等方面的问题，教师在批改评判作文时如加以引导点拨，因势利导，能更好地教育学生，引导学生树立良好的"三观"。

(三) 利用现代媒体，优化德育的教学资源

随着信息化社会的不断发展，语文教学的手段也变得更加现代化，其中语文多媒体教学具有显而易见的魅力：它节省了大量的教学时间，能够使文字变成画面；抽象的化为形象；复杂的化为简单；静态的变为动态，使语文教学充满情趣和活力，变得更加丰富多彩，从而达到优化课堂结构的效果。

(1) 播放录音，听觉上激趣入情。中小学语文课程资源还包括工具书、其他图书、报

刊、电影、电视、网络等，比较常见的是引进相关文字或音像资料，或作为课文学习的背景，或作为补充阅读材料，或以此组织语文综合性学习等。

（2）放映录像，视觉上激趣融情。在小学语文课堂上，教师要善于创设与课文内容相匹配的特殊情境，让学生仿佛置身于文本渲染的情境之中。在一种特殊的心理暗示影响下，去感知课文的内容，以产生强烈的情境感应效果。

（3）演示课件，感官上激趣动情。对于低年级的学生而言，对事物的认知、识记水平还停留在形象思维上较多，语文教学运用多媒体课件充分体现了人的认识规律，人的联想记忆方式组织教学多媒体，以多媒体方式——文字、图形、图像、动画、影像和声音显示教学内容，可以充分调动学生身体的各部分感官，有助于学生对知识的识记，激发学生的认知情感。

（四）拓展课外阅读，培养学生的高尚情操

课外阅读是语文德育实施的途径之一。在《语文课程标准》中也明确强调了"九年课外阅读总量应在400万字以上""热爱读书，每天阅读，养成习惯，坚持终生"。可见，中小学语文教学要立足对中小学生课外阅读的指导，并渗透课外阅读的评价，从而提升中小学生的人文素养，提高中小学生的语文学习能力，培养中小学生搜集信息及处理信息的能力，养成良好的阅读习惯，促进健康的心理，形成优秀的品德，铸就高尚的人格。

（1）童话故事阅读，启迪高尚美德。小学低年级学生以形象思维为主，认识具有很强的形象性，易受情景暗示，他们的情感易受具体事物的支配。童话故事给学生提供了丰富多彩的道德形象，让学生爱学、爱模仿，学生会在不知不觉中潜移默化地受到教育。

（2）寓言故事演绎，感悟人生哲理。小学语文教材中有一些寓言故事，通过这些短小精悍的寓言故事阅读，让学生感受到人生的哲理，使学生变得更聪慧、更睿智。

（3）经典诗文阅读，知晓道德规范。在信息时代的今天，学生获取知识的途径非常多，网络、电视以它丰富多彩的画面，吸引人的情节紧紧地抓住了学生的心，它们带给了学生大量的信息。

五、中小学语文教学中德育渗透的实施建议

第一，强调阅读教学的以生为本，重视学生内心体验。体验的"亲历"，就意味着要在生活中去亲身参与并且动手操作，这就离不开语文的实践运用。让学生亲身经历，便不可能完全是理性的、抽象的认识，大量的应当是形象的、直观的，这才会有体验的产生。显然，这很符合语文教学的基本特点。

第二，注重教师的言传身教，建立和谐师生关系。注重中小学语文教学中语文教师言

传身教的熏陶感染作用，就是要发挥语文教师独特的人格魅力，用教师自身的人文精神去滋润、去涵养、去提升学生的人文素养和品位。在语文课的教学中，要使学生有感悟，教师首先要有感悟；要使学生能体验，教师首先要能体验；要使学生受感动，教师首先要受感动。只有当教师热情投入、真情流露、热情洋溢、激情四射的时候，才能真正做到以情悟情、以心契心、以神会神，学生才能感受到真正的熏陶和感染。从这个意义上说，语文教师本身人文素养是非常重要的。

总而言之，中小学语文教师只要把握住语文教材中的德育的特征，将语文教学活动与德育教育有机地结合起来，充分发挥中小学语文教学中教师自身的榜样作用，营造民主和谐的师生关系，中小学语文教学中教育的奇迹才有可能创造。

第二节　中小学语文教学中人文教育的实施

人文主义教育理论已成为我国推行素质教育，培养全面发展人才的新理论。在中小学语文教学中如何实施人文教育，以提高中小学语文教学中实施人文教育的理论水平，这是当前中小学语文教学的一个重点。语文教师应深入研究人文教育，形成系统的理论探索，以人文教育观点理解中学语文的教材与教法，用人文教育思想指导中小学语文教学，以适应培养创新型、发展型人才的需要。结合多年任教中小学语文的经验，中小学语文课实施人文教育主要应该从以下方面着手：

一、提出适当目标，让学生明确任务

教师在讲授新课前，应让学生认识学习的目的、任务、要求，以及在实践中的应用价值、在知识体系中的地位，坚持以人为本的改革理念，促进学生发展，淡化"学科本位"。学习目标愈明确，愈是能够激发学生的积极性和学习兴趣，从而产生强大的学习动力，达到提高学习效果的目的。例如，在教学《春》一文时，首先向学生提出认知目标——说出本文准确运用比喻、拟人方法来说明事物特征的语句；情感目标——观察自然的兴趣和热爱自然的情感有所增长；技能目标——能准确地运用比喻、拟人等修辞手法来说明事物特征。这样，学生就能带着问题去学习，做到有的放矢，也能激发学生学习的主动性和积极性，从而收到意想不到的教学效果。

二、创设学习情境，激发学生学习兴趣

学生的情感与作品的情感不同步时，他们很难真正领悟作品的意蕴。教师应根据学生

主体的实际，设置学习情境，形成学习氛围，激发学生学习的兴趣、情感等非智力因素。

"设疑"、以问题入境，可激发学生的求知欲，使学生积极、主动地学习。例如，《杨修之死》一文中，曹操表现为一个老谋深算、虚伪奸诈的人；而在古诗《观沧海》《龟虽寿》中，曹操却表现出慷慨激昂、乐观积极的一面。由此可见，教师可组织学生展开一场辩论，在讨论中，教师可积极引导学生引经据典、旁征博引、各抒己见，引出《三国演义》《三国志》，让学生进一步认识历史对曹操的评价，从而调动学生学习的积极性，丰富课外知识，锻炼口头表达能力，培养学生的创新思维能力。

三、构建知识体系，注重学法指导

学生对知识的建构是在原有的知识经验中，在教师和同学对事物的讨论中形成的。因此，教师要把原有的知识作为新知识的生长点，引导他们从原有的知识经验生出新的知识经验。教师要在教学过程中帮助学生克服学习中的困难，更多地通过讨论、谈话来完成教学任务。教师要传授知识，更重要的是进行学习方法的指导。统编教材具有典范性和不可替代性，但它只是一个例子，只是学生学习语文的一个桥梁。教师必须正确引导学生把课内和课外、学习和运用结合起来，培养学生终身学习的能力。

四、学会迁移运用，变"学会"为"会学"

创新教育非常重视学生主体性的发挥，主张把教师教的过程变成引导学生发现问题、分析问题和解决问题的创造性活动过程。教师要引导学生运用已获得的知识、技能去学习、分析、理解、掌握新知识，产生新技能，变"学会"为"会学"。如教学作文时，教师往往以范文为例。因此，教师必须讲好范文，多引入一些与范文类似的篇章，使学生把握范文的文体、写作特点、修辞手法等规律性的东西，以便在写作实践中迁移运用。例如，在对《父亲的手提箱（节选）》一文进行迁移时，教师可让学生先谈谈怎样理解感恩，领悟父母对自己的爱之深。总而言之，通过迁移，人文精神将能贯穿语文教学活动的始终，使课堂散发出人性之美。

五、学以致用，培养学生的创新能力

首先，巧设练习是发展创新能力的途径。好的练习能使学生在"学会"的过程中向"会学"转化。例如，在写作议论文中的驳论文时，教师可结合典范驳论文《中国人失掉自信力了吗》讲写法：先摆出对方的错误观点作为批判的靶子，再正面说理，举例阐明自己的观点，最后得出结论，升华观点。这样的练习既可复习课文内容，又能使学生掌握驳论文的写法。其次，大胆质疑、求异想象是创新的手段。又如，教师在教《马说》一文时，可以组织学生讨论如何看待"世有伯乐，然后有千里马，千里马常有，而伯乐不常有"这一问题：是不是没有伯乐就没有千里马呢？这种练习容易让学生产生想象，在整个过程中，学生能够大胆质疑、求异，进行创新。

学以致用，还包括把语文学习的触角伸向课外，如报纸杂志、文学作品、广告、通知、标语等，甚至延伸到历史、地理、政治等其他学科，以"求知"促"创新"。现行语文教材在每个单元后都配有综合实践活动项目，指导和训练学生学以致用，在实践活动中渗透和培养学生的人文素养，以全面提高学生的综合运用能力。在日常教学活动中，教师可以此为基础，设计出更多能够激发学生学习兴趣的实践性小活动，如演讲、班级论坛、读书报告会等，以丰富多彩的活动载体和活动形式，为学生提供自主探究、自我展现的舞台和机会。以活动的形式整合知识与方法、"工具性"与"人文性"，能有效提高学生语文综合应用能力。而且，学生在综合实践活动中也能进一步从个体生活、社会生活及与大自然的接触中获得丰富的实践经验，培养人文素养。

总而言之，中小学语文教学要在听、说、读、写、思、演等语言运用能力方面深化人文素质教育。在中小学的语文教学中坚持以人为中心的教育观、超越的人性观、旨在陶冶的课程观应为中小学语文实施人文教育、推行素质教育的纲领和行动指南。中小学语文教学承载了人文教育，是实施人文教育的主阵地，体现了中小学语文课程改革对人文教育的要求、中小学语文课与人文教育的密切关系、人文教育在中小学语文课中的核心地位及积极作用。教师在中小学语文教学中实施人文教育，要把握好实施的具体方法。只有这样，才能充分发挥中小学语文作为人文教育主阵地的作用，才能更好地实现中小学语文教育的培养目标。

第三节　中小学语文教学中的情感教育及其实施策略

一、中小学语文教学中的情感教育

情感是人对客观事物是否符合自身而产生的态度，反映了主客体形式，是主体的人的需要和客观事物之间的关系，是人类文明的凝聚、内化以及升华，更是个体和社会文明水准衡量的重要尺度。"中小学语文教学中的爱憎和褒贬以及喜怒，都具体表现了道德情感和理智情感以及美的情感。"①

① 魏翠艳：《中小学语文教学中的情感教育及其实施策略》，载《中学时代》2013年第10期，第32页。

教育者通过一定的教育教学目的，根据相应的教育教学活动，促使学生的情感领域发生积极的变化，产生新的情感，从而形成新的情感品质的过程就是情感教育。情感教育能拓展学生的思维空间，提高学生的思维品质，还能调动学生认真学习和体验生活的积极性，有着举足轻重的作用。根据情感的规律，在教育活动中我们需要充分发挥情感教育的作用。

第一，重视教学过程中的情感目标。应抛掉以往只重视知识的本体和使用价值，以及教学目标限定在知识的掌握和运用上的错误做法，重视教学中情感的调动和情感的陶冶。

第二，在教学中重视学生的情感特征和理智感能。学生对学习过程的重视能激发情感特征和理智感能，还能促进教学的进行。情感过程直接影响了学习的效率。

第三，在教学中加强师生的情感交流。情感为纽带是贯穿在整个教学过程中的，师生的情感随着课文情感的起伏而推进、延续。课堂教学因为有了情感纽带的牵动、维系，变得更富诱惑力。

二、中小学语文教学中情感教育的实施策略

中小学语文教材中，有许多文质兼美、图文并茂的文章，充满了对祖国、对人民、对大自然、对亲朋好友的深挚情感，字里行间洋溢着或优美或清丽或崇高或悲壮的美感在教学中，不仅要传授语文知识，还须同时进行情感传递和情感教育。

（1）挖掘中小学语文教材，准确把握教材中的情感因素。中小学语文教材中，无论是优美的小诗，还是严谨的长篇华文，教师都能凭借它们进行情感教育，都能成为对学生进行语文智能教学和情感陶冶的载体。此外，教师要根据不同课文确定不同的情感侧重点，进而有针对性地、有效地进行教学。有些课文可以抓住人物的语言、动作、神态和性格特征，使人物形象丰富起来；有些课文可以通过对比加深印象；有些课文可以抓住景物的特点，使学生产生喜爱之情等。

（2）创造情境，以情导情。中小学生的情感往往是比较肤浅的，他们的情感易受教师情感的影响，也易被课文中的人物形象和故事情节所感染和支配。教师应该积极地创设情境，启发学生，激发他们的感情，增强学习的热情。第一，挖掘感情点。中小学语文教材都是根据学生的身心和情感发展特点来编选的，其中蕴含着作者丰富的情感。要让作者的情感被学生所感受，并能使学生所有体验和有所感悟，就要求教师准确把握好文章的动情点，做好与学生的情感撞击，从而达到共鸣的充分准备。第二，营造情境，传情达意。营造一个让师生情感相融的情境是尤为重要的，教师在课堂教学中必须牢牢抓住一个"情"字，以声传情，以情动人，从而使学生加深对课文的理解。

（3）建立良好的师生关系，加强学生主体情感的体验。良好的师生关系是实施情感教

育的前提。而在中小学语文教学中教师应做到以下两点：第一，尊重学生。长期以来，我们习惯给一些学习有困难和行为有过失的学生强加不良称号，这会直接影响学生的身心健康。因此，教师应始终牢记，学生只有在和谐的环境与氛围中学习，并受到别人的尊重，才能学会尊重他人。第二，关爱。关爱是教育的温馨与人性化所在。爱学生，就必须善于走进学生的情感世界，而走进学生的情感世界就必须首先做学生的朋友，去感受他们的喜怒哀乐。对学生的关爱，互相交流是很重要的。情感体验有很多方法，可以根据语文教材中的情节虚拟各种情境。如突发事件的事故中，人与人之间会发生怎样感人的故事，从而使学生从中得到启迪，可以用多媒体教学或让学生观看影片，以强化某种有益的情感，也可以让学生直接走入社会，走入大自然，体验生命与世界的美好，获取直面挫折、战胜困难的信心与力量。

综上所述，在现代中小学语文教学中，情感越来越表现出它重要的地位，若我们可以正确认识并善加运用情感教育，在教学过程中教师、学生以及文本的情感因素能发掘并且应用于中小学语文教育教学里面，能起到推动中小学语文教学的作用，我们应该把情感作为教育教学的催化剂，从而实现对教学增效的目的。

第四节　中小学语文教学中实施和谐教育的实践探索

和谐教育的内涵是指通过教育（社会、学校、家庭）培养身心和谐发展的人，使他们在品德、认知、情感、意志、人格等方面和谐、自由地发展。和谐教育是对全面发展的继承与扬弃，更注重受教育者个人人格的完美及心理健康、能力方面的充分发展，属于教育目的范畴。它有内外两大系统，外部系统主要表现为受教育者与社会、自然、文化、道德方面的和谐，内部系统主要表现为受教育者在身心、认知、情感、意志人格等方面的和谐。当今社会观念、生活节奏、社会体制都发生较大变化，信息日益丰富，竞争日益激烈，社会对个体人提出了更高的要求。要想成为一名合格的社会成员，能很好地适应社会发展，必须在身心素质方面和谐发展。

一、和谐教育的主要内容

和谐教育与愉快教育、成功教育、创造教育一样，都是实现素质教育培养目标的教育模式。这些称谓不同的教育模式的根本区别，主要的不是表现在培养目标方面的差异而是广泛存在于各教育模式对教育过程现存基本矛盾认识的差异，建构模式的具体理论依据的差异，教育行为方式的差异，以及由这诸多差异所形成的教育环境的差异。和谐教育认为，从教育过程的角度看，影响教育质量和效益的基本矛盾，是学校教育教学活动与学生身心发展的不适应。由于这个基本矛盾长期以来未能很好地解决，因而引发了德育实效性不高，学习负担过重，厌学情绪滋长等矛盾的产生。和谐教育紧紧抓住了这个基本矛盾，在教育教学过程中着力追求教育与学生发展的和谐，追求学生身心发展的和谐性，目的是从学生现实的认知特点、认知发展水平与需要出发，对教育教学的要求和内容进行创造性地处理，使学校各种教育教学活动，与不同年龄阶段学生身心发展的基本规律相适应，促使学生个体的发展达到其自身最佳程度或最佳状态。所以，持续不断地追求学生发展的和谐性，是和谐教育的本质特征，也是和谐教育模式区别于其他教育模式的质的规定性。

此外，和谐教育的内容主要分三个方面：个人身心的和谐、人与人（社会）的和谐以及人与自然的和谐。其中，个人身心和谐是基础，人与人（社会）的和谐是主体，人与自然的和谐是最高境界。三个部分相辅相成，由低及高，构成了和谐教育的完整体系。

（一）学生身心的和谐教育

作为完整系统的每一个个体，是由两个子系统构成的，这就是身体（生理）系统与心理（精神）系统：一般的共识是二者协调统一，身心才会健康。作为教育的主导力量，学校必须培养学生身心各方面的素质。具体而言，有以下方面：

（1）生理和谐教育。人的生理和谐包括眼、耳、鼻、舌、身等身体各个器官的和谐，机体功能的协调一致，脑和体的协调整合，等等。

（2）智能和谐教育。智能和谐教育包括知识结构的和谐与智力的和谐，知识结构的和谐即各种知识要素的内在结构和其间的相互关系的和谐；智力和谐即各种不同智力要素及其相互关系的和谐。作为受教育的个体，保持智能和谐发展至关重要。由于应试教育，使人们尤其是学校忽略了对学生进行体质、卫生的训练，忽视了运动技能的养成。

（3）心理和谐教育（又称为人格和谐教育）。个体的人格指其精神面貌的总和，包括动机系统、心理特征系统与自我意识系统三个方面。今天，有人认为，由于近代以来人们过分注意科技，以至于人被科技所异化，人被抽象化、符号化、非个性化、工具化，呼吁教育要重建人的价值世界，由关心学习到关注人格，如在教育中要注重培养学生的学习兴趣、学习能力。学生人格的形成固然受家庭教养方式、遗传、社会环境（交往）的影响，但不可否认，在幼儿园、小学、中学阶段，正是他们人格形成的关键时期，其中性格中的态度特征如对人、对己、对事的态度及情绪、意志特征是其进入大学学习，参加社会生活的必不可少的心理素质之一。

在学校教育过程中注重学生性格的健康发展应引起足够的重视。大约在初中阶段儿童的自我意识基本具备雏形，其中对自己的生理、心理、文化等方面的认识及由此产生的内心体验如自尊、自信或自卑等，对个体的待人接物、潜力的发展、能力的表现有很大影响。作为教育工作者应在教育过程中因势利导，培养他们健全的人格。在教育的起点与归宿问题的教育目的方面，我们认为，教育应该以培养个体在身心、人格、人际、文化诸方面和谐发展的人为目的。

教育作为一种比较特殊的生活方式，既要使生活于其中的人感到幸福，也要使其获得一种生活得幸福的能力，真正的教育是个人获得幸福的有效手段与工具。作为基础教育阶段的中小学教育，要打好终身学习的基础、身心健康的基础、做人的基础、发展的基础、成才的基础，和谐教育责无旁贷。

（二）学生与社会的和谐教育

在教育中，必须把个人发展同社会发展统一起来，只有二者的协调一致，才能使个体获得真正全面而和谐的发展。

（1）学生与学校、家庭、社会的和谐教育。人们都已认识到，只有学校、家庭与社会三方面的教育是协调的，才有可能培养和谐发展的人，人的个性化发展与家庭、社会的进步是相互协调相互促进的，和谐教育有互助互爱、遵纪守法、远见卓识、热爱祖国、关心人类、劳动创造、各得其位的特征。学生是学校教育活动的主体，学生成长的大部分时间空间都在学校，学校必须为学生的和谐健康成长提供所需要的方方面面的服务，为学生营建和谐的成长环境，使学生置身其中，健康成长；人性成长的基础性资源源于家庭，家庭是学生成长的重要空间，一个和谐的家庭对学生人格的和谐成长起着不可替代的作用，学生与家庭只有和谐融洽，才会和谐健康成长；同样，人必须适应社会并改造社会，而社会必须符合人的发展要求，最终达到和谐互动，公立教育和公民培养充分证明人与社会和谐的重要性。研究认为，没有学生与学校、与家庭、与社会的和谐共处，没有学校、家庭与社会的协调教育，是不会有真正的和谐教育的。

（2）学生与文化的和谐教育。在与文化的关系上，和谐教育具有热爱先进文化，自觉学习创造的特征。随着改革开放的不断深入，信息渠道的便捷、畅通，文化的多元性，网络的大众化，许多中小学生不能正确对待外来文化与传统文化。他们更注意于网络式的快餐文化，对一些不健康的内容很感兴趣，对外来观念、影视作品盲目崇拜，而对祖国优秀文化则知之甚少。因此，加强学生与文化之间的和谐互动，是和谐教育的重要内容。

（3）学生与学生的和谐教育。学会共处是 20 世纪以来联合国教科文组织在《学会生存：教育世界的今天和明天》一文中明确提出的观念。我国由于计划生育政策的执行，现在的中、小学生中大部分是独生子女，在家庭中缺乏与其他孩子的交往，使部分学生自私、霸道，缺乏生活自理能力，不能很好处理同桌、同学或同事间的关系，造成了人际关系的不和谐。和谐教育就是要培养他们相互尊重、包容、体谅、帮助别人的品格，融洽处理人际关系。

（三）学生与自然的和谐教育

在教育中必须让学生懂得，只有爱护大自然并同自然环境保持和谐协调的人，才能获得正常而和谐的发展。在与自然的关系上，和谐教育具有环境意识、生态道德、自觉爱护、积极适应的特征。让学生认识人与自然的统一，要保护自然，节约能源，维护生态平衡。

在和谐教育的三个方面内容中，学生（人）身心的和谐教育是第一层次的和谐教育，是和谐教育的微观层面，也是基础的和谐。只有具备了和谐的道德人格，才能有学生（人）与社会（人）、学生（人）与自然的和谐；离开了自我身心的和谐，人与人、人与自然的和谐就成为空谈。学生（人）与社会（人）的和谐是第二层次的和谐，是和谐的中观层面。只有实现了人与人的和谐，才能塑造出和谐的人文生态，营造出和平的国内与国际环境，进而逼近人与自然的和谐。人与自然的和谐是最高层次的和谐，是和谐的宏观层面，是教育的境界追求，也是和谐社会的根本标志。

自我身心的和谐是人与人、人与自然和谐的基础，只有具备和谐人格、实现和谐发展的人，才能达到个人身心的高度和谐，和谐发展的人，才能真正支撑起和谐社会的建设；通过个体自我的和谐发展以达到自我身心和谐，会为人与人、人与社会关系的和谐奠定心理和生理基础，进而为人类整体意义上的和谐发展创造条件。身修而后家齐，家齐而后国治，是一个由微到显、由小到大的过程。

二、中小学语文教学中实施和谐教育的特点

在中小学语文教学中实施和谐教育，这是由语文教学的特点决定的。实施和谐教育的主战场是在中小学这一基础教育阶段。语文学科是从小学一年级开始到高中三年级贯穿始终的主要学科，课时最多，在教学计划中位置最为突出。语文教学是和谐教育的基础，一切和谐教育的开始，都从学生的语文学习起步，语文学科在对学生进行和谐教育中起着重要作用。

（一）语文教学的工具性特点

语文是中小学的一门基础学科。就个体而言，人们使用语言表达思想感情，进行思维活动，以语言为工具的思维，是思维的最主要的形式和最基本的形态；就人际而言，通过语言人们可以交流思想感情，开阔视野，拓展生活空间，形成人与人之间的广泛联系；就

人类总体而言，语言是文化得以积淀和传承的载体。

语文教学为人们接受学校教育和社会教育提供了一种最重要的工具和媒介。"语文是最重要的交际工具"①，可见，离开语言，教育活动就几乎无法进行。由此可见，学生对语言这个工具掌握得如何，在很大程度上决定了他接受各种教育的效果。而语言这个工具的掌握，主要依赖于语文教学。此外，语文学科是一门基础学科，对于学生学好其他学科、今后工作和继续学习，对于弘扬民族优秀文化和吸收人类的进步文化，提高国民素质，都具有重要意义。语文是交际的工具，又是参与社会的工具，更是实施和谐教育的重要工具，它要通过工具性功能的发挥，教会学生运用这一工具去与他人交流、与社会沟通的能力，语文的学习同学生的学校、家庭、社会联系起来，语文小世界浓缩了社会大世界，语文教学要形成学校、家庭、社会三位一体的和谐教育网络，以此促进学生和谐人格的形成。

(二) 语文教学的人文性特点

语文教学的人文性，顾名思义，首先要把学生当一个"人"来看，尊重其人格和谐发展的权利，并给予充分的信任。语文人文性的内涵主要是关注生命个体，尊重个性差异，立足健康发展。语文教学不是简单的、规范化的、单一的、一致化的课堂传授，而是给予学生更多的人文关怀，关注并发展人性，以发展学生健全的个性、和谐的人格。语文的学习是一种个性化的内心旅途，是一个生命的体验和感悟的历程。学生的内心的体验和感悟往往比外在的接受和学习更为深刻，每个学生都是独特的生命个体，这又决定了体验和感悟的独特性和不可替代性。语文教学的最终归宿应该是以学生为中心，关注生命个体，关注学生的发展，尊重学生的天性，完善学生的人格。语文教育的终极目的就是要顺应和充分体现学习者的人性的需求，把一个"自然人"培养成为一个拥有健康和谐人格的"社会人"。

因此，语文教学的最终目的在于育人，即教学生学会做人，正确协调人与人、人与自然、人与社会的关系，使之共同和谐发展。也就是说学生通过语文学习，吸纳语文所蕴含的丰富的人文精神，陶冶情操，提升人生境界，形成健全和谐人格。实行语文教学，必须重视语文的人文性，培养学生的人文素质，发展学生和谐人格。

和谐社会的构建，体现了对人的个体差异的理解和尊重。作为社会关系总和的人，每个人的潜质、能力、性格、动机、兴趣、意志、情绪等各不相同，正是这些不同构成了社会的多元性和复杂性。只有承认个性并包容个性的差异，每个人的尊严才能得到很好的维

---

① 郭彦敏：《在中小学语文教学中实施和谐教育的实践研究》，载《辽宁师范大学》2006年第5期。

护，人格才会和谐，社会才会和谐。

在和谐社会中语文教学要突出人文素质教育，人文素质教育包括思想品质教育，开发人的潜能，发展人的创造性，培养人的健全人格。语文是人类文化的载体，它为我们提供了丰富的人文内涵，同时又包含着丰富的思想性。基于这一认识，在实施语文教学中，应加强思想教育、人格教育、人伦教育。语文的人文性在教学中的体现是使人成为人，是充满人性、人情和人道的教育，认识到人的发展是主体性的发展，树立教育人本论观念，注重个性生命生长，强调尊重、关心、理解、信任每一个学生，在教学中创造和谐、宽松的教学"生态环境"，激励每个学生主动、活泼地发展个性、完善人格，将来都能在社会上找到自己的最佳位置。

(三) 语文教学本身所承载的特点

语文是一门饱含着浓郁人文特色的学科。每一篇课文都是作者主观感受的表达，是内心情感的流露，积淀着丰富的文化内涵与人文精神。文以载道，其实语文教学的核心任务就是传播优秀的民族文化，而和谐思想就蕴含在优秀的民族文化之中，体现在民族文化的人文价值之中，体现在悠久的历史之中，体现在五千年的中华文明之中，体现在祖先的智慧和情感之中，体现在古老的语言文字之中。教师要善于挖掘蕴藏于语文篇章中的和谐的思想情境，尤其是古文中所蕴含的和谐思想，营造一个和谐的文化氛围，让学生置身其中，接受感染。

对现代学生实施和谐教育，在内容上要重视语文教学这个载体，挖掘文章中的和谐思想。对每一篇文章的讲授，无论以何样教法、以何样方式，首先要营造出和谐美好的思想氛围，让学生接受熏陶，接受与感染，从情绪上的影响潜移默化地深入到人格完善之中，从而塑造学生和谐的人格。

另外，语文教学为陶冶学生的情操，净化学生的心灵，发展学生和谐人格提供了有力的凭借，这是由语文的人文性决定的。语文教材中的文学作品占很大比重。这些作品以深刻的思想、生动的形象反映生活，揭示人生的真谛，赞颂真善美，潜移默化地影响学生的思想，陶冶学生的情操，净化学生的心灵，对学生健康和谐人格的形成具有十分重要的作用。

三、中小学语文教学中实施和谐教育的策略

(一) 在中小学语文教学中构建和谐的教育场

语文教学是和谐的艺术，语文学习更是和谐探求的过程。柏拉图认为协调就是美，实

际上说的就是和谐。在语文教学里，应创设和谐的环境，让学生在和谐的、宽松的课堂里探究真知，使学生在掌握真知的同时，重要的是能够培养和谐的人格。

"场"本来是从物理学中引进的一个概念。格式塔心理学家认为，像电场、磁场、引力场一样，人类的心理活动也有一个场。心理场是由人与现实环境、主体与客体、情与景相契合而形成的心理生活空间。作为教育活动中的心理场包括"教师心理场"和"学生心理场"以及二者之间与"物理场"共同作用而成的"情绪场"，它们共同构筑了教育活动中的"教育场"。

语文教学活动总是置于一定的教育场之中。和谐教育场是指教育活动诸要素的有机构建，从而形成具有审美价值的教育的心理生活时空。在大力推行新课程的今天，和谐教育场的构建将促使学生树立健康的审美情趣，形成健康的审美观和审美能力，提升其主体性，增进教育效益，从而有利于提高学生在知识与技能、过程与方法、情感态度与价值观等方面的素质，促进学生人格完善，促进学生和谐健康成长。此外，就语文教学而言，构建和谐的教育场，需要在以下方面着手：

1. 合作学习构建和谐教育场

合作学习作为新课标的学习方式，是构建和谐教育场的重要因素，它有别于传统教学的一个最明显特征，就是它有力地挑战了教师"一言堂"的专制，它在课堂上给了学生自主、合作的机会，培养学生的合作和竞争意识，强调合作动机，这些都是和谐教育场所必需的。合作学习的关键在于小组成员之间相互沟通、相互合作，共同负责，从而达到共同的目标。当然，合作学习要求教师要深入到学生当中，了解合作的效果、认知的进程，从而适时地调整教学。在过去的日常教学中，我们更多的是强调要靠个人钻研，独立完成。另外，语文课堂应该是活跃的思想交流场所，是表达和表现自己的场所。善于让别人理解自己，也善于理解别人；善于帮助别人，也乐于接受别人的帮助，既是未来融入社会的需要，也是成长的需要，这种需要的满足就是一种和谐、一种快乐。

2. 从整体出发探究教学内容

和谐的教育场主要体现为完美的教学过程，语文教学过程的流畅，讲究的是能否从整体出发将教学内容有机融合，能否用一条主线将教学内容串起来，能否在步骤过渡间用精妙的语言把它连接起来。在教学时，应该首先让学生总览课文，感知文章主要内容，把握文章概要，初步了解作者思想感情。在此基础上，让学生质疑、探究，品读句段，解读文本，让学生的情感自然融入教材的情理之中，达到人文合一的境界。

3. 重视课堂教学内容的丰富

一个和谐的教育场，应该具有十分丰富的教学内容。教学内容的丰富，不但有利于激发学生的学习兴趣，还有利于养成学生的语文素养，形成语文能力。为此，语文课堂教学，应重视课堂教学内容的丰富，尽可能地满足学生对知识的渴望，扩大学生的知识面，激发对问题的思考，以期达到课堂教学内容丰富多彩、趣味盎然的和谐境界。认知结构的理论告诉我们：迁移是指先前的经验对当前的学习的影响。先前的经验对当前的学习起帮助的、积极的、正面的影响的是正迁移，反之就是负迁移。我们在占有丰富课堂教学内容的同时，要根据认知规律，使后学习对象与前学习对象保持信息的联系，保持结构的一致。这样就使增补的教学内容与课文的教学内容达到互相补充、水乳交融的和谐状态。让学生把习得的内容应用于类似的新的情景中去，即由课内延伸到课外，促使学生对学习的知识能力重组和扩大，培养学生分析、判断、类推、归纳、综合的能力。

4. 凸显和谐教育场的教育功用

教育内容是教育过程中全部指向性活动以及每项活动的具体内容、活动的方式方法等。在学生的学科世界里，经过精心选择的学科教材都具有美的属性，如科学美、符号系统美、人情伦理美、思想感情美等。在学生的生活世界中，源于生活本身的人、事、物，自然的、人化的因素，都蕴含着具有教育意义的美的成分，经过教师的加工改造，融进了教师的主观因素，从而获得了新的审美属性。这需要教师具有较高的审美素质和教育、心理水平，能够运用形象、多样、创造性的方法，立足于学生的需要，激发学生的上进，使教育过程成为教师的价值引导和学生自主建构的过程，使它充满发现、分享、成长、兴奋和爱和谐教育场的教育功用具体表现在以下方面：

（1）激励功能。和谐教育场为教育活动提供了最佳的情绪背景。它以其愉悦性、形象性激励着学生的学习欲望，激发其学习动力。它能够通过满足个体的情感需求从而扩大个体的"理性内需"，只有理性的需求旺盛，个体才能如饥似渴地学习、吸收现代文明成果，无愧于理性的、自觉性的现代人；同时，也才能创造出更高级的"情感内需"来，以促进个体全面素质的发展。

（2）美化功能。和谐教育场的美化，使之具有审美教育的功能。它通过挖掘教学内容本身的内在美和运用教学形式艺术化的外在美，来促进学生素质全面和谐发展。教学美育要求教学既要深入挖掘和揭示教学内容本身所蕴含的美，并使学生感受、体验到教学内容的美，又要采取审美化的教学手段，科学设计艺术化的教学形式，组织审美化的教学过程，充分激发和调动学生学习的积极情感体验，使学生在"美"或"艺术"的形式中有效地接受"教"的影响，这样的教学美同样给学生带来令人振奋的愉悦，它消除了教学过程中的焦虑感和疲倦感，增添了教学情趣，教师和学生都能在适宜的感受中保持心理平衡，保持和谐愉悦，而这一切就能保证智力教育的任务愉快完成。只有把美育渗透到教学活动中去，教学才会是愉快的、和谐的。

（3）陶冶功能。在和谐教育场中，通过生成教育美感而产生陶冶功能。教育美感是人对美的教育反映中所得到的精神愉悦和享受。作为审美对象的教育场，它是人的本质力量在教育领域的感性显现。因此，通过对教育美的欣赏和创造能满足人的精神需要。教育美感正是经过感知、想象、情感和理解等多种心理功能的综合而产生的。刚性教育经过审美媒介的柔性自理，即把严肃的理性说教融入了具有审美意义的艺术形式和令人兴趣盎然的活动，就会产生"寓教于乐"的审美效应。

（4）创造功能。在和谐的教育场中，当教育主体在愉悦的情绪下，积极主动地参与下，其主体性因素被充分调动起来，从而有利于个体创造性的发挥，这种以形象性为其主要特点的教育活动，对于人的想象性开发具有重要的作用。因此，和谐的教育场还具有激发创造性的功用。

（二）在中小学语文教学中构建和谐的师生关系

平等是和谐的基础，体现了对人的尊重。如果师生不是平等的朋友式的，心理的距离必然会增大，心灵上就难以沟通，自主学习的情绪难以稳定，这将限制学生的和谐发展。当学生满足了师生间的平等、互尊、合作的需要，学生才会真正达到自主、自尊、自重，学生自主学习的和谐人格才能真正建立。当学生的情感需要得到满足，在和谐的学习环境里，感到自身的价值得到尊重，才会轻松地投入学习。实际上，尊重学生不同的思维模式，乃至求新、求异的思维，就是我们尊重学生的人格的具体体现。师生应相互尊重，课堂上有不同思考，师生可以一起谈观点、论认识。在和谐的气氛中，师生一起学习，一起去探求，才会有新的发现。因此，现代课堂教学应确立师生平等的教学理念，构建平等对话的教学平台。

在传统的教育思想中，由于过分强调教师的主导地位，过于强调师道尊严，使师生之关系完全变成一种静止的统治与管理状态，没有了动态的活性，失去了发展的动力，既而也失去了平衡与和谐。和谐教育思考的师与生之间的关系应该是和谐的，充满生命活力的发展机制，这种和谐是在承认师生角色本身规定性的差异的前提下，是不同而合，互为补充，是承认对立统一，是建立在差异之上的和谐，是一种师生之间矛盾关系充分展开以后经过博弈与均衡所形成的一种高层次的动态、稳定、内生的自为性和谐。"师生和谐"模式下师生的角色定位是"教师为主导，学生为主体"，师生平等、民主、和谐，这是一种理想的师生关系，也是和谐教育所需要的。

语文教学应在师生平等对话的过程中进行，和谐的师生关系注重学生的感悟，强调的是人与人精神相融合。我们之所以要在语文教学中强调在师生之间建立和谐关系，是因为对课文不可能只有一种唯一正确的理解，应当让学生畅所欲言；在写作中不应该排斥个人的认识和感悟，而要让学生写自己所想要写的东西。教学是教师和学生的协同活动，双方缺一不可。面对如今的中小学生，教育者只有通过平等、真诚、合作才能真正收到教育的效果。

1. 构建和谐的教学关系

师生和谐的集中体现是在"教"与"学"的关系上。教学活动是学校教育的主要工作，优化教学过程是实施和谐教育的核心环节。教与学在教育实践中是两种行为、两个过程，又统一于学校连续不断的教育活动之中。"教"与"学"和谐的实质就是要使教育的节奏与学生发展的节律和谐。这一要素所追求的目标是，"节奏适度、激活潜能、思维协调、和谐共振"。学校各种"教"的活动，既要为"学"的活动调整好学生自身内在的学习准备，如激活学生内潜的学习兴趣与愿望，调动起学生的能动精神与积极态度等；又要为"学"的过程创设良好的外在环境，如必备的学习设施与材料、良好的条件与氛围等。

在教育教学过程中，教师扮演着双重社会角色，他们既是教育者，同时又是服务者，这就要求教师一方面对学生的发展发挥导向作用，又要为学生发展寻找并创设所需要的条件，做好服务工作。教师要从微观教育教学目标的确定、教育教学内容的选择、教育教学方法与手段的设计、教育教学时空的安排、教育教学情境的设置等方面来调控教育的节奏，积极地适应和影响学生发展的节律，不断地提高"教"与"学"和谐的水平和层次。

2. 营造和谐的情绪氛围

"师生和谐"，首先，尊重学生作为主体性的存在，师生关系最根本的是人与人之间的主体平等的关系；其次，理解学生是发展中的人，具有不确定性和未成熟性，以及个体相对的独立性；最后，师生间的和谐是基于师生是科学共同体平等的成员，教师充当平等中首席的角色，其方法是能力培养和思维训练，其理论背景是人本主义，核心是以学生发展为本，培养和谐的可持续发展的高素质人才，这种教学模式通过建构以反思、反馈、互动、共享为特征的学习型互助组织来予以实施，实现师生和谐互动、共同发展。以互助促"师生和谐"教师与学生之间的关系，一方面，教师帮助学生学；另一方面，学生帮助教师教。帮助，就意味着教师必须到学生心灵世界中去寻找好学上进的那部分脑细胞，使之兴奋起来、学起来。

班主任和学生之间就是服务与被服务的关系，是互助的关系。教师帮助学生发展、完善美好的人性，使人生有意义；同时学生也帮助教师进一步发展完善自己，使人生更有意义。

（1）以平等对话促"师生和谐"。在"师生和谐"模式下，教师的角色变了。如同教练，他的角色定位于"指导"，目标是培养优秀运动员。教练可以做示范动作，还可以根据运动员的反馈，调整训练方案和示范动作，但绝不可以代替运动员参加比赛。在这里，教师由全知全能的角色变成为学生的"同学"，教师的主要职能嬗变为服务、指导，具体化为"激趣、启疑、导思"。为学生解决问题、重构知识提供支架，提供服务，引导学生思考。在这个过程中，教师实现了由单纯的传授者向传授者与受启发者相结合的角色转变。学生实现了从单纯的学习者向研究者的角色转变，这样，就为师生之间的沟通建立了一条通畅的桥梁，使平等对话成为现实，有了这种现实，才会有真正的和谐，才会有学生和谐的成长。

（2）以尊重理解促"师生和谐"。"师生和谐"的核心是以学生发展为本，开发学生的多元潜能，内化学生的品质。人才培养实际就是人的潜能的开发，能力培养和思维训练是开发潜能的重要方法。在"师生和谐"下，教师与学生人格平等、价值平等，积极互动、共同发展，在这样的观念下，学生体验到平等、自由、尊重、民主、信任与关爱，受到鼓励、鞭策、感化、召唤、指导和建议，营造出宽松、和谐的教育情景和精神氛围，形成积极的、丰富的人生态度和情感体验，从而形成自强不息、积极进取的价值观，使学习的主体性、能动性、独立性不断生成、张扬、发展、提升。

（3）以信任依靠促"师生和谐"。人本管理是教育管理中最重要的选择，其最主要的特征是相信人。管理者必须相信组织中所有的人都能够为组织尽可能多地做一些该做的事情，也只有管理者相信组织中所有的人都能够做好自己分内的事情，才能够把一些事情放心地安排给组织中所有的人。管理者的信任是管理过程的前提，如果没有信任，如果不相信组织中的任何人，那么，被管理者往往就会工作或生活在某种不信任、相互戒备、相互提防的氛围中，就没有和谐可言，就会降低组织员工的工作情绪和效能，会延误或影响组织预定目标的如期实现。如果管理者能够充分相信被管理者会做好自己该做并能做的事情，并且引导和教给他们做好这些事情的方法，那么，被管理者在充分得到管理者信任的情况下，努力探讨更切合实际做好本职工作的方法，做好本职工作。

依靠人是人本管理的又一显著特征，它是建立在相信人的基础上的一个突出特征，缺乏这一特征则不会是真正的人本管理。管理者如果只相信人，而不依靠人，这种相信最终会失去被管理者的信任。被管理者会认为，管理者的"相信"只是一种假象，不是真正的相信，如果真正的"相信"就加以"依靠"来辅佐。管理者真正做到依靠人是一个思想的飞跃，因为管理若能做到依靠人，首先要把权利下移，依靠谁，谁就会拥有被依靠的权利，如果没有权利的下移，这种依靠也是虚假的。

（4）以扬长避短促"师生和谐"。任何人都是以自己的长处来服务社会的，不是以其短处来服务社会的。如果全社会的人都能找到自己的优点与长处，并且能够充分发挥自己的优点与长处，那么，和谐社会的建设步伐将会更快。

（三）在中小学语文教学中构建和谐的情境

现代教学论从心理学的角度出发，将学生参与教学活动的心理成分划分为两类，即认知因素和情感因素，认为教学过程是情感过程与认知过程的有机统一，情感与认知在教学过程中相互渗透交融。尤其是情感过程在培养学生和谐人格方面具有不可替代的作用。进入 20 世纪 80 年代，我国的语文教育工作者在吸收中外情感教学理论的基础上进行了一系列的探索，和谐教育、愉快教育、情境教育，从不同角度、在不同程度上关注到了教育过程中的情感因素，立足于全面发展的人的培养，关注情感过程，从情感教育的视野来探索语文教学新的策略，从而陶冶情感，发展个性，建构学生和谐的人格。

1. 激发情感

（1）教师要善于调动、表达自己的情感，并以自己的真情实感引发学生的情感。情感具有感染性和迁移功能，教师要善于把课文的情感内化为自己的情感，再把自己的情感传达给别人，就会使别人为这些情感所感染，也体验到这些感情。在此基础上，再把学生的情感引入到所感知的对象之中，从而使师生在情感上产生共鸣与和谐，情动于衷，唤起和激发学生的情感，达到师生和谐的教育效果。

（2）由于情感体验的自律特征，课堂心理环境的安全、自由、宽松就成为主体情感得以顺性舒展的重要前提。因此，平等、合作、和谐的师生关系能给学生以自由舒展的心理空间，使学生沉浸在一种丰富、和谐、温暖、疏朗的氛围中，这不仅有助于学生情感的引发和展开，而且能够满足学生独立、自尊、理解、信任等情感需要。

2. 创设情境

无论是艺术欣赏还是艺术创作，触景生情是最普通、最常见的一种审美的情感活动，这也正是情感的情境性特征的体现。一般而言，与情感教育密切关联的阅读情境的创设方法主要有三种，即以语言描绘情境、以多媒体展现情境、以体态模拟情境。以语言描绘情境是指教师运用语言艺术，或描绘，或抒情，或议论，以铺陈渲染、述感追思、评价点拨，把学生带入与文本相适应的特定情境中去。由于不受时空、物质、内容等条件的限制，借助语言描绘情境也是语文阅读教学中最简捷、最方便、最经济、最基本的一种情境创设方法。以多媒体展现情境是指综合运用现代教育技术手段，如多媒体计算机、电视、录像、投影、录音等，为学生再现具体可感的情境。多媒体教学图文并茂、视听结合、信息丰富的特点，为学生提供了直接生动的感知，能迅速有效地调动学生的多种感官，并以生动的具象接通学生的生活经验，启迪学生的内心情感。以体态模拟情境主要是指教师借助表情、眼神、手势、动作等人体语言将文本中的某一特定的情境演示出来。

在实际的教学中，情境的创设往往是多种手段的综合运用。比如语言手段，其实任何一种情境的创设都离不开语言参与。如果离开了语言，即使创设了很好的情境，也难以发挥其教学作用，实现情境的价值。恰当情境的创设，不仅能有效激发和陶冶学生的情感，更重要的是在师生之间建立起一种和谐，让学生获取真知的同时，促进和谐人格的培育。

3. 诵读感染

语文教学在承载着文以载道的使命的同时，具备了表象上、形式上、语言上的和谐之美，一篇篇优秀的古今文章即如一首首动听的旋律、歌曲，有着让人难忘的节奏之美、和谐之美，这些和谐之美体现为押韵、对偶等和谐的形式特点。因此，在充满美感的诵读之中，学生们能够感受到这种和谐之美。

在语言阅读教学领域，情感除了借助语义显现相应的内涵外，还可以通过语音得以传递。古人所谓"言之不足，故嗟叹之"，体现的当是一种语音的传情。例如，姚鼐《与陈硕士札》说："诗、古文各要从声音证入，不知声音，终为门外汉耳。"换言之，诗文中的情感、作者的微言精义，需要在朗读中体会，需要熟读涵泳。"涵者，如春雨之润花，如清渠之溉稻"；"泳者，如鱼之游水，如人之濯足"，直沁人心脾。可见，这种体味式的朗读，是以声入情、进入作者世界的一条捷径。对于古诗文，尤其诗歌，借助于朗读，既能见出诗歌的音节、选词、造句的功力，更能以声音体察古人创作的情状，见出作者之神气、情感。

文以载道，其实古文教学的核心任务就是传播优秀的民族文化，而和谐思想就蕴含在优秀的民族文化之中，体现在语言文字之中。学生在学习感受之中接受语文所蕴含的和谐思想的感染，从而塑造学生和谐的人格。

4. 解读释理

解读古文的内容，解读古文的精神，为学生寻找和谐的人格榜样，寻找和谐的精神境界，实施和谐教育。例如，《礼记》："大道之行也，天下为公，选贤与能，讲信修睦。……是故谋闭而不兴，盗窃乱贼而不作，故外户而不闭，是谓大同。"

《礼记》所描述的是古代知识分子心目中理想的、和谐的社会，是一个朴素的美好的愿望，但这愿望建立于道德呼唤的基础之上，少了现实的土壤，但它为今天人们对和谐社会理想的追求奠定了根脉和基础。因此，教师在挖掘其和谐精髓施教于人的过程中，要坚持一分为二，客观解读，才可以把一个较为完善的和谐精神传授给学生体会，增强学生对和谐思想的认知，培养学生对和谐美感的追求、对和谐社会的向往，让学生明白建设和谐的道理，让学生从理性上认知和谐，自觉地塑造和谐人格，成长为和谐的人，从而树立对现实和谐社会建设的愿望和动力，使其成为和谐社会的主动创造者，为和谐社会的建设发挥作用。

（四）在中小学语文教学中构建和谐的教学模式

和谐的教学模式，是在语文教学中实施和谐教育的核心所在。这是一个方法论的问题，在实践中有两方面着手：

1. 实施"三段六步"课程模式

在中国，传统的语文教学方法以其整齐划一、忽视学生主体存在的种种弊端而被新的课改所淘汰，一种全新的强调学生主体地位的、重视学生自主成长的教学理念已经成为今天教育方法所思考的内涵，"研究性学习"的出现就是一种时代教育发展的使然，国家早在20世纪，就已经把培养学生的创新精神和实践动手能力作为教育工作的重点，写进国家重要的规范性文件之中，在这样一个浓厚的氛围之下，关于新的教与学的方法的研究可谓是风起云涌，在贯彻国家的教育方针的基础上，思考改革，致力于为师生们构建一个和谐的语文教学模式，致力于鼓励教师营建一个和谐的教学氛围，致力于让学生置身于一个和谐互动的课堂环境，去愉快地求知，去和谐地成长。

"三段六步"课程模式以语文教学民主为前提，注重激发学生的主体意识，规范教师语文教学行为，加强教学过程管理，优化语文课堂教学结构，提高课堂教学质量，用"三段六步"来建构课堂教学，建构和谐的课堂教学机制，实施"定向自学释疑探究互测自结"。

将语文课堂教学结构分为"三段"：自学段—导学段—测评段；"六步"：定向、自学、释疑、探究、互测、自结。即先"学"后"导"再"测"，主要解决"学什么""怎么学""结果怎样"。"三段六步"完整地建构起语文课堂教学的模式程序，体现教师主导，强调学生主体，促进师生和谐互动，营造民主、平等、和谐、融洽的师生关系，致力于创建和谐的课堂。"三段六步"为学生主体参与学习过程提供了充分的时间与空间，为学生创设了成功的情境，以学为本，因学定教，在教学行为上充分依靠学生，通过自主、合作、探究、开放、民主的学习方式，培养学生自学、会学的能力，促进学生和谐发展。此改革目前正在实践之中，并已收到良好的发展成果。学贵有疑。设疑是在学生感知入境的思维活动之后进行的，是让学生在借助语言形象对信息进一步"深化"情况下进行的。在设疑讨论过程中培养学生创造性思维的能力。

2. 遵循规律，培养习惯，让学生自主成长

在《中小学心理健康教育实施意见》中提出的实施原则，首先提出主体性原则："以全体学生为主体，尊重其人格、需要、情感，引导学生积极参与，指导他们学会自我激励、自订目标、自定计划、自主学习、自无反思、自我调整，做自己发展的主人。"行为可以规范，习惯可以培养，品质可以形成。形成理念就是行为养成习惯，习惯形成品质，

品质决定命运。具体有以下学习习惯：①记忆习惯。一分钟记忆，把记忆和时间联系起来，通过一分钟注意、记忆来培养学习习惯。②演讲习惯。让学生会整理、表达自己的思想。演讲是现代人应该具有的能力。③读的习惯。读中外名著或伟人传记，与高层次的人进行思想对话，很多教育尽在不言中，一旦形成习惯，会终身受益。④写的习惯。写日记，有话则长，无话则短。⑤制订计划的习惯。凡事豫则立，不豫则废。⑥预习习惯。请教师们把讲的时间让出一部分，还给学生，学生自己去看、想、预习。⑦适应教师的习惯。一方面努力采取措施提高教师的能力水平，适应学生；一方面不能马上把所有的教师都提高到一个适应学生的要求。所以学生也要适应教师。⑧自己留作业的习惯。教师留的作业不一定同时适应所有的学生，让学生做到脚踏实地、学有所得。⑨整理错题集的习惯。⑩出考试题的习惯。让学生明白试题的结构、知识覆盖面。⑪筛选资料、总结的习惯。

另外，通过培养学生习惯来促进其自主学习能力的提高，是一个很好的途径，学生自主学习、自我管理的习惯形成了，师与生之间那种硬性的管理便没有了可行的土壤，代之的是和谐。习惯形成了，自然会由此及彼，产生能力的迁移，形成良好的品质，学习就成为一件学生自觉状态下的自在性行为，极大地促进学生和谐人格的形成。学生与教师间、学生与家长间因学习而引起的那份焦虑、紧张甚至逆反情绪就会放松下来，代之以一个轻松、愉悦、和谐、融洽的健康氛围。置身这一氛围之中，学生们和谐健康的人格会逐步形成，由此形成良性和谐发展。

参考文献

[1] 蔡玉琴. 对小学语文教材改革的思考 [J]. 课程·教材·教法, 2000 (07)：11.

[2] 柴如峰, 王桂玲. 优质语文课程资源库的建设 [J]. 教学与管理, 2018 (16)：53.

[3] 广东省教育研究院, 中小学语文课程教材改革与发展研究项目组. 中小学语文课程教材改革与发展研究 [M]. 广州：广东高等教育出版社, 2016.

[4] 郭彦敏. 在中小学语文教学中实施和谐教育的实践研究 [D]. 大连：辽宁师范大学, 2006：5.

[5] 胡伯威. 儿时"民国" [M]. 桂林：广西师范大学出版社, 2006.

[6] 江平. 小学语文课程与教学 [M]. 北京：高等教育出版社, 2004.

[7] 金建生. 中小学课程与教学问题研究 [M]. 上海：上海交通大学出版社, 2019.

[8] 课程教材研究所. 20 世纪中国中小学课程标准 [M] // 教学大纲汇编·课程（教学）计划卷. 北京：人民教育出版社, 2001.

[9] 李慎之. 中国文化传统与现代化 [J]. 战略与管理, 2000 (4)：1.

[10] 李杏保, 顾黄初. 中国现代语文教育史 [M]. 成都：四川教育出版社, 2000.

[11] 梁漱溟. 东西文化及其哲学 [M]. 北京：商务印书馆, 2011.

[12] 刘济远. 小学语文教学策略 [M]. 北京：北京师范大学出版社, 2010.

[13] 倪文锦. 小学语文新课程教学法 [M]. 北京：高等教育出版社, 2003.

[14] 潘晋怡. "趣味语文"课程资源开发研究 [D]. 银川：宁夏大学, 2017：8.

[15] 皮连生. 教学设计：第 2 版 [M]. 北京：高等教育出版社, 2009.

[16] 饶满萍. 小学语文教学设计与实施 [M]. 成都：西南交通大学出版社, 2019.

[17] 邵汉明. 中国文化研究二十年 [M]. 北京：人民出版社, 2003.

[18] 申晓辉, 赵翠明. 小学语文课程标准与教学 [M]. 苏州：苏州大学出版社, 2015.

[19] 石中英. 教育学的文化性格 [J]. 太原：山西教育出版社, 2007：286.

[20] 孙秀平. 浅论新课程标准下中小学语文学科的衔接 [J]. 教育教学论坛, 2011 (22)：39.

［21］童子双. 小学语文新课程教学与研究［M］. 北京：中国广播电视出版社，2008.

［22］王凤丽. 浅谈情境教学在中小学语文课堂教学的应用［J］. 课程教育研究，2018（37）：44.

［23］王馨. 现代教育技术与小学语文教学［M］. 北京：高等教育出版社，2011.

［24］魏翠艳. 中小学语文教学中的情感教育及其实施策略［J］. 中学时代，2013（10）：32.

［25］魏薇. 小学语文教学法［M］. 济南：齐鲁书社，2002.

［26］吴静. 谈中学语文教学活动的设计与实施［J］. 新课程研究（基础教育），2010（08）：37.

［27］朱赛花. 新课程中小学语文口语交际教学探究［J］. 小学时代，2019（27）：31-32.

［28］熊开明. 小学语文新课程教学法［M］. 北京：首都师范大学出版社，2012.

［29］薛焕武，李树棠，吴德涵，等. 小学语文教学法［M］. 北京：人民教育出版社，1958.

［30］闫苹，段建宏. 中国现代中学语文教材研究［M］. 郑州：文心出版社，2007.

［31］余波. 浅谈情境教学在初中语文课堂教学中的应用［J］. 教育，2016（12）：43.

［32］张峰. 中小学语文教学中实施人文教育的思考与探索［J］. 科学咨询（教育科研），2020（01）：170-171.

［33］赵颖霞. 中小学语文课程中的传统文化教育［J］. 保定学院学报，2017，30（5）：119-120.

［34］钟立平. 微课在中小学语文教学中的应用问题研究［J］. 农家参谋，2020（21）：276.

［35］周立珍. 对现代小学语文阅读教学的思考［J］. 初中生优秀作文，2015（17）：28.